完全版

不安のメカニズム

ストレス・不安・恐怖を克服し
人生を取り戻すためのセルフヘルプガイド

クレア・ウィークス

白根美保子訳
森津純子監修

筑摩書房

不安のメカニズム 目次

不安のメカニズム

［献辞］この本は多くの人たちの勇気に助けられて生まれました。
支えてくださったみなさんに、尊敬の念と共にこの本を捧げます。

第一章……あなたが持っている「内なる力」

今あなたがこの本を手にしている理由は何でしょう？　「神経が参っている」「つらくて耐えられない」「医者に神経症だと言われた」「心の病に苦しむ家族を助けたい」……もし、そのような理由だとしたら、この本はきっと役に立つと思います。なぜならこの本はそんなあなたのために書かれた本だからです。これから私は、あなたの隣に座り、直接語りかけるつもりでお話ししたいと思います。

この本で私が伝えたいのは、あなたが抱えている心の問題、さらには神経症のような心の病がどのようにして始まり、深刻になっていくのか、そしてそれはどうしたら治せるのかということです。それをできるだけわかりやすく、でも必要があれば細かいところまでくわしくお話ししたいと思います。

■回復に必要なもの

この本のアドバイスを実行すれば、あなたは必ず回復します。そのために必要なのは、やり遂げようという気力と、ほんの少しの勇気だけです。今、「必要なのは忍耐と我慢」と言わなかったのには理由があります。心に問題を抱えた人の多くは、じっと耐えたり待ったりすることが苦手です。なぜなら、疲れ切った神経はたいていの場合、つねに興奮した状態にあるからです。実は、心が病んでしまった時、「何がどうなっているのかわからなくなって、大きな戸惑いを感じる」原因の一つは、このような心の興奮状態にあります。こういう状態の人にとっては、ただ並んで順番を待つといった単純なことすら、耐え難い責め苦になることがあるのです。でも、安心してください。そんなあなたの中にも、忍耐の代わりとなるすばらしい「内なる力」が備わっています。それについて、これからゆっくりお話ししていこうと思います。

■この本の読み方

心が疲れきっていると、本や新聞などを読むことがとてもむずかしく感じられたり、読めたとしても、読んだ後に前よりさらに気持ちが落ち込んだりすることがあります。でも、そんな状態でも、この本はきっと無理なく読めると思います。なぜなら、この本はあなた自身についての、そして、あなたの抱える心の問題についての本だからです。ですから、きっと興味を持って読んでもらえると思います。

先ほど私は、「治す」「回復」といった言葉を使いました。もしかしたらあなたは、病気にかかっていることを前提としたようなそうした言葉に強い抵抗を感じたかもしれません。中には、「私は病気なんかじゃない。頭がひどく混乱しているだけだ。今は迷路に入り込んでいて、以前の自分に戻る方法を探しているだけだ」と思った人もいるかもしれません。あるいは反対に、「心がこんなに落ち込み、疲れ切って何もできなくなっている自分は、病気に違いない」と自ら認めている人もいるかもしれません。どちらの場合も同じです。この本を読み進める前に、次のことを心に留めておいてください――「神経症」「心の病」あるいは「治療」「回復」といった言葉は、「あなたの今の状態」そして「これからのあなたが目指す状態」を表す言葉として、わかりやすく、便利な言葉なので、この本ではそういった意味合いで使っています。ですから、これからの私の話の中に、患者、病気、症状といった言葉が出てきても、便宜上そうしているだけだと思ってください。つまり、「患者さん」とは「程度の差はあれ、心に何か苦しみを抱える人」のことであり、「神経症」とは「神経が疲れてうまく働いてくれない状態」のことだと考えて読んでみてください。

■回復のカギは「内なる力」

今お話ししたように、あなたが「自分は病気だ」と思っていようといまいと、一つ確かなことがあります。それはあなたが何にも増して、「もとの自分に戻りたい」と願っていることです。だからこそ、この本を手に取ったのではないでしょうか。おそらくあなたは、町を行きかう人たちを見て、「自分はどうしてあの人たちのようになれないのだろうか？　私の身に起きているこの『恐ろしい状況』はいったい何なのだろうか？　この『恐ろしい感覚』にどんな意味があるのだろうか？」と疑問に思ったことがあるのではないでしょうか。それもあなたの願いの表れです。あなたの願いをかなえるお手伝いをさせてください。

あなたに今まとわりついているこの異常な感覚や気分は、もう何か月も、あるいは何年も続いているかもしれません。もしかすると、苦しさのあまり、絶望して自殺を考えたり、実際に企てたりしたことのある人もいるかもしれません。でも、**今どんなに大きな心の問題や重い心の病に苦しんでいたとしても、そこから立ち直り、再び人生の喜びを味わうことは可能です。**これは大事なことなので繰り返し言います。どんなに重い心の病でも立ち直ることは可能です。

あなたが先に進むために必要な「道しるべ」は、この本の中にあります。そう言われても、「今の私にはやり遂げる気力も勇気もない」と思うかもしれません。それでも大丈夫です。気力と勇気は、ちょっと外から助けを借りれば、あなたの中に必ず見つけられます。回復のための力は、すでにあなたの中にあるのです。「方法」と「道筋」さえ示されれば、その「内なる力」は必ず見つかり、力を発揮してくれます。大丈夫です。多くの経験が私に教えてくれました――必ずその力は見つかります。

私たちは誰もが、自分自身が求めることを成し遂げるだけの「内なる力」を持っています。今は気が付いていないかもしれませんが、真剣に探せばその力は必ず見つかります。あなただって、例外ではありません。今のあなたは、あまりにつらすぎるため、「私は何もできない、どうしようもない臆病者だ」と思っているかもしれません。そう思っていてもいいのです。ただ、「内なる力を探そう！」と心に決めてください。**「探そう」と決意さえすれば、必ず「内なる力」は見つかります。**

私はあなたに対して非現実的な幻想を抱いているわけではありません。まれに見る勇気の持ち主に向けてこの本を書いているわけではありません。心につらい思いを抱えて苦しんでいるあなた、ごく普通の人と同じだけのささやかな勇気を持ち合わせているあなた、そして――ここが一番大切です――ごく普通の人と同じように、すばらしい「内なる力」を秘めているあなたに向けて書いています。もしかすると、そのすばらしい力にとっくに気づいている人もいるかもしれませんね。今は心があまりに不安定になっているために、ただ、その力を確信できない、あるいは発揮できないだけかもしれません。

この本は、あなたがその「内なる力」を見つけ、さらに、その力を大きく育て、活用できるようにお手伝いするための本です。

第二章……心の疲労

あなたが今のつらい心と身体の状態から回復するには、まずその状態を理解することが大事です。わけのわからないまま、困った症状や感情の動きに苦しんでいるために、そこからの回復がより複雑に、そしてとらえどころのないもの——たとえば、ある瞬間には「ああ、よくなりそう……」と思っても、次の瞬間には「やはり、よくなるのは無理」と感じられるもの——になっているからです。**理解すればきっと道が見えてきます。**その理解の鍵は「心の疲労の仕組みを知ること」にあります。

■四つの疲労

心の疲労はいろいろな形で現れます。それらを大きく分類すると四つの疲労に分けることができます。そのうち一つだけが現れる場合もありますし、複数の疲労が現れる場合もあります。四つの疲労とは、筋肉、感情、頭脳の疲労、そしてもう一つ、「生きる根源力」を生み出す「魂」とでも呼ぶべきものの疲労です。（これらの四つの疲労はこの順番で現れることが多いのですが、私も次の章から、この順番に沿ってお話しししようと思います。）

このように説明すると何だか単純なことに思えるかもしれませんね。ところが、自分の中の疲労を、このようにはっきりと認識している人はほとんどいません。なぜなら、これらの疲労はとてもゆっくり、しかもほんの少しずつ蓄積されるため、なかなか変化に気づかないからです。この認識しにくい疲労の蓄積、さらに、それによって引き起こされるさまざまな問題の深刻化は、つねに一定のパターンに従って進みます。このパターンこそが、今、あなたの心と身体を苦しめているつらい症状の最大の元凶なのです。

実際、多くの患者さんは、「この疲労こそが、自分の病の最大の原因だったのか」とわかると、とても安心し、そのあとの回復の過程が回り道の少ない、シンプルなものになる場合が少なくありません。ただし、シンプルになったからといって、その過程を簡単に通れるというわけではありません。そこのところは誤解しないでください。

今この本を読んでいるあなたは、いったい自分の心と身体に何が起こっているのだろうと戸惑い、わけがわからなくなっているのではないでしょうか。もしかすると、今日一日を何とかやり過ごし、明日を何とか迎える——それだけのことすら、疲れ切ったあなたには、「もう無理」と感じられるかもしれません。あるいは、今日や明日のことなど考える気力すら湧かないかもしれません。ほんの数か月前には、「一日を過ごす」なんて簡単なばかりか、あれもこれも、たくさんのことが何も考えずにできていたのに……と思うこともあるかもしれません。

あるいは、「今日眠りについたらそのまま、朝になっても目が覚めなければいいのに……」と思う段階にまで達している人もいるかもしれません。「今の自分は、昔とあまりにも違う……それどころか、まるで昔と正反対の人間になってしまった」——そんな思いにとらわれ、もう何がなんだかわからなくなって、頭がおかしくなりそうに感じているかもしれませんね。

そんな風に、今まさに心を病み、大混乱の真っただ中にいる人に、「その苦しみは心の疲労からきているのですよ」と説明しても、最初はなかなか信じてもらうことができません。なぜなら、今の自分を悩ませている症状があまりにも異様な上、とてつもなく大きな消耗感を伴っているため、その原因がそんなに単純なものだとは思えないからです。それでも、いったん「最大の原因は心の疲労にある」と納得できれば、不安が少しやわらぎます。それは、「心の病にかかっているかもしれない」と思うよりは、「心が疲労しているんだ」と考える方が、得体の知れないものに対する恐怖感が少ないからです。「心の病」という言葉には、とてつもなく大きな暗闇や未知の恐怖のイメージがつきまとっています。そして、まさにその暗黒のイメージそのものが、不安や恐怖に拍車をかけ、回復への大きな妨げとなっているのです。

■心の疲労と心の病

ここで、心の疲労と心の病（本書では神経症という言葉も同じ意味で使っています）との違いをきちんと説明しておきましょう。人はたいていの場合は、「筋肉、感情、頭脳、魂」の四つの疲労のうちどれか一つ、あるいはそのうちいくつかを抱えても心の病にかからないでいられます。ところが、その人が「疲労が生み出すさまざまな影響、症状を恐れる」ようになると、その「恐れ」のために思うように日常の生活を送れなくなることがあります。この時にはじめて、心の疲労から心の病に移行するのだと私は考えています。

もちろん、神経症にもいろいろな種類のものがあります。私が一番関心を持っているのは、最も単純で最もよくあるケース、不安神経症です。

不安は、恐怖と深い関係があります。不安と恐怖の違いは、「その感情の強さ」と「感情が湧く時期」にあります。たとえば、「重大な緊急事態が、今まさに目の前に迫っている！」という時に私たちが感じるのは「恐怖」です。一方、「将来、いったいどんな大変なことが起こるのだろうか……」とあれこれ考えている時に感じるのは「不安」です。

「不安だ（anxious）」という言葉は、将来の何か不確実な出来事に関して心が動揺しているといった意味のラテン語〝anxius〟から来ています。「不安神経症」は、そのような心の動揺が常に続いていて、それによって日常生活に支障が起きている状態だと言っていいでしょう。実際には、不安神経症のために不安が続いている状態にある人は、不安だけでなく恐怖も感じています。とくに、自分の心や身体に現れるさまざまな症状に対して、不安に思うだけでなく、とても大きな「恐怖」を感じている場合がよくあります。

■二つのタイプの恐怖

今、「さまざまな症状に対して恐怖を感じている」と言いましたが、不安神経症の人が抱える恐怖には大きく分けて二つのタイプがあります。一つ目のタイプは、「神経症を引き起こすきっかけとなった最初の問題そのものは解決していて、恐怖の直接の原因にはなっていない場合」です。このタイプの人は、発端となった最初の問題そのものではなく、その問題によって引き起こされたさまざまな心と体の症状に対する「恐怖」に心が捉われています。言い替えると、このタイプの人は「今、自分の心と体に現れている症状」に加えて、「そこからどうしても抜け出せないという恐怖の迷路に陥った状態」を恐れているのです。このタイプの不安神経症の人が抱える「恐怖」は、「症状に対する恐れ」だと言うことができます。

二つ目のタイプの人が心配しているのは症状ではなく、「病気の発端となった問題そのもの（複数の場合もあります)」です。この場合、発端になった問題が解決されない限り病気は治りません。ですから、このタイプの人の回復に欠くことができないのは、「発端となった問題を何らかの形で解決し、心の平安を見出すこと」だと言えます。

私が治療してきた患者さんの大部分は、一つ目のタイプに属する人たちで、自分の心と身体に現れる症状に恐怖を感じていました。そして、多くの場合、ストレスがもたらすさまざまな不可解な体験、つまりいつもとは違う自分の感覚、反応、行動に対しても恐れを抱いていました。ですから、本書では主にそういった人たちに焦点をあててお話ししています。でも、私が勧めている「心の疲労の仕組みを知ること」は、私の患者さんのような人たちだけでなく、ほかにも、なぜ心の病になったのかわからない人や、病気ではないけれど心の問題を抱えて苦しんでいる人たちの助けにもなります。**「心の疲労」について理解すると、自分の症状や体験をより深く理解できるようになり、その理解が、今抱えている当惑を和らげるのに役立ち、回復への道が見えてくるのです。**

■心気症（病気に対して異常なまでに過敏になる心の病）

私が思うに、不安神経症を抱え、自分の症状に対して恐怖を感じている人で、本当の意味で心気症をわずらっている人はほとんどいません。そういう人はただ、心や身体の具合が悪い状態が長く続き、疲れ果てているため、敏感になりすぎているだけです。そのために次々と新しい身体的症状が出てきて、「もうこれ以上の心配や不安を抱えるのは無理」と感じてしまいます。そこで、心配から解放されるために、しばしば医者のもとを訪ね、説明を求めるのです。ですから、何度も医者にかかっても恥ずかしく思う必要はありません。むしろ、しっかり医者にかかり、次のように説明してください。

「今の私の心の状態では、新しい症状が出てくる度に、心配せずにはいられないのです。心が過敏に反応しているせいなのはわかっています。だからこそ、心を落ち着かせ安心できるよう、お医者さまに説明をお願いしたいのです」。神経症にかかっているほとんどの人は、本当の意味での心気症ではありません。その点は安心してください。

■理解することが回復の助けになる

先ほど言ったように、心が疲れ切っていても、自分の状態について異常なまでに大きな不安や恐怖を感じたり、日常生活に支障をきたすレベルに達していなければ、その人は不安神経症ではありません。心の病にかかっているわけではないのです。ただ心が疲れ切っているだけです。

心の病にかかっている場合でも、あるいはただ心が疲れ切っているだけだという場合でも、これからお話しする四つの疲労について理解することが、回復の助けになります。また、これまでに心の疲労に苦しんだことが一度もない人でも、この四つの疲労について理解することで、これから先、さまざまな疲労から自分を守ることができると思います。

私はこれまでに多くの人たちの心の回復の手助けをしてきました。そんな私に、あなたの回復の旅の道案内をさせてください。**この旅の目的地は、心と身体の疲労について知ること、そして、もしあなたが今何らかの心の病にかかっていたとしたら、そこから回復すること、心に問題、悩みを抱えていたとしたら、それを解決することです。**

第三章……筋肉の疲労

■一番目の疲労

ごく普通の筋肉の疲労がどんなものか、それを知るのはとても簡単です。激しい運動をしたあとに感じる疲労、それがごく普通の筋肉の疲労です。気持ちよく運動をしたあと、温かいお風呂にゆったりつかりながら、筋肉の痛みを心地よく味わう……そんな時、私たちは大きな達成感と満足感に包まれます。こうした筋肉の痛みが、普通の筋肉の疲労です。

でも、心の疲労からくる筋肉の疲労はこのように心地よく味わえるようなものではありません。筋肉を普段より多く使ったから起こるのではなく、長期間にわたり極度の緊張にさらすという、筋肉の酷使の結果起こるものです。

■身体を動かすことの効果

体力が消耗しきっている時に、激しいスポーツをしたいと思う人はあまりいません。私もこれまでにそういう人に会ったことはありません。でも、何年も寝たきりで、「自分は体力が弱っているからベッドから出ることができない」と思っていた若い人が、正しい治療をほんの数週間受けただけで、テニスを楽しむようになったというケースはいくつか見たことがあります。

九年間ほぼ寝たきりだったある男性は、ひどく具合が悪くて本を読む気力さえありませんでした。

それを見かねた友人が、私の本を枕元で読んで聞かせました。彼は、本を読む友人の言葉に耳を傾け、ゴルフクラブを杖代わりに歩行練習を続けました。その結果、六週間後にはテニスができるまでになったのです。この話は一九七七年、クリスマスの時期のニューヨーク・タイムズ紙に掲載されています。**人は、ただソファーに横になって気力・体力が戻ってくるのを待っているよりも、積極的に何かをしたほうがそれを早く取り戻せるものです。**

私は患者さんに「積極的に身体を動かすように」とよく勧めます。でも、激しい運動を勧める時には、それが患者さんに適しているかどうか、体調をしっかりと確かめます。水泳は身体に大きな負担をかけずにできる運動なので、多くの人に勧めます。塩分を含んだ水の中で泳ぐことはとくに心を落ち着かせる効果があるため、薬物治療を徐々にやめようとしている患者さんにもとても有効です。水泳にはそれ自体に鎮静効果があります。

薬をやめようとしている時にはひどく落ち着かない気持ちや、興奮状態になることがよくあります。でも、運動にはそうした気持ちを「発散させる」力があるのです。ですから、薬の減量中に気持ちが落ち着かなくなった時に運動を取り入れると、薬からの離脱の過程を乗り切る助けとなります。

■筋肉の痛み

休んでいる筋肉は「トーン（tone）」と呼ばれる状態にあるのが普通です。トーンとは、弛緩と収縮の間のバランスが取れた状態を意味します。筋肉はこのような状態で、使われるのを待っています。トーン状態は反射神経弓（反射的な動きを伝える神経経路）によって維持されています。たとえば、椅子に腰かけて脚を組み、上になった脚の膝蓋骨（膝こぞう）のすぐ下を叩くと、膝から下が自動的にピョンと飛び上がりますが、こういった現象は反射神経によるものです。これは反射的な作用なので、自分で止めることはできません。それに、叩き続けたとしても疲れることはなく、脚はこの反応を何時間でも続けます。反射作用（反射運動）は疲れを知りません。一方、長時間にわたる筋肉の緊張はトーン——つまり、弛緩と収縮のバランス——を乱し、疲労によって生じる化学物質を蓄積させます。それによって痛みが始まるのです。

神経症をわずらっている人が脚や背中、首の痛み、また、時として腕の痛みなどを訴えることがよくあるのは、おそらくこのような理由からです。

緊張からくる痛みはしつこく続きます。ずきずきと重くのしかかってくるような痛み、時には、脚を引きずらずには歩くこともできない痛み……そうした痛みが絶えず続いている人は、「たとえ数分でも、いや数秒でもいいから、この苦しみを和らげる方法はないだろうか。どこかにつかまったらどうだろう。できれば座りたい。横になれればもっといい……」と必死であたりを見回します。でも、そんな状態でも、器質的（物理的）にはその脚には何の問題もありません。ただ緊張によって疲労し切っているだけなのです。

また、痛みのほかに、緊張が続いたあと、筋肉に力が入らない感じがすることがあります。右脚の膝を曲げ、脚全体に力を入れて三十秒ほどそのままにしてから力を抜いてみてください。たった三十秒間、緊張させただけなのに、そのあと脚がブルブル震えて力が入らない感じがする人もいるのではないでしょうか。このようになる理由は簡単です。筋肉を動かす神経の疲労です。

■目のかすみ

筋肉の疲労は、目のレンズの厚さを調節する細かい神経に影響を与えることがあります。そのため、目がかすんだりします。とくに、視点を近くから遠くへ、あるいは反対に遠くから近くへと、焦点距離を急に変えた時に、目のかすみが起こりやすくなります。また、明るい太陽の光の下で見ているものが、日陰にあるように見えたりすることもあります。こうした症状が起こると「目がどうかなってしまったのでは……」と不安になるかもしれません。でも大丈夫です。**こうした異常は一時的なものなので、心配はいりません。**筋肉の疲労について何も知らないと、「このまま目が見えなくなるのでは……」と思って、次にそのような異常が起こるのを不安な気持ちで待つことになります。するとその恐怖がさらに緊張を生み出すことになりかねません。

■頭全体の痛み

首と頭の筋肉の緊張は頭痛を引き起こすことがあります。この頭痛は目の上のあたりから頭のてっぺん、後頭部から首にかけて、つまり頭全体に感じられます。また、こめかみのくぼみの柔らかな部分や、頭蓋の付け根から背中につながっている僧帽筋――頭を支えると同時に頭と身体を固定する助けとなっている太い筋肉――の両サイドに痛みが感じられる場合もあります。

頭痛のほかにも、頭がとても重く感じられたり、頭蓋を包む筋肉がコチコチに固まっているように感じられたりして、頭痛薬なしには夜、枕に頭をつけることもできないという場合もあるでしょう。この頭痛から完全に解放されるには、緊張を和らげることが不可欠です。ところが、神経症の人にとっては、緊張を和らげるのがとてもむずしいことなので、この痛みからなかなか解放されません。それでも、**頭痛が脳腫瘍などの深刻な病気によるものではなく、「緊張が原因だ」とわかっていれば、いくらかでも不安が和らぎ、それによって緊張も少しは和らぐことでしょう。**

■緊張を和らげる

緊張、ストレスを和らげるためのリラクゼーション・エクササイズについては、本や雑誌でもたくさん取り上げられています。心が疲れ切って神経症をわずらうまでになってしまった人たちに、こうしたリラクゼーション・エクササイズを勧める場合、私はまず、しっかりしたインストラクターについて始めるように勧めます。そうするのがむずかしい場合は、まずかかりつけの主治医に相談するようにしましょう。

それから、「常にリラックスした状態でいなくては……」と意識し過ぎると、かえって普通より緊張してしまうこともあるので注意してください。私がお勧めする方法は、一日に一度か二度、あらかじめ決めた時間だけリラックスする努力をし、それ以外の時間は「リラックスできない」と心配するのをやめることです。これを日課にすれば、潜在意識の中に「リラックスの習慣」を組み込むことができます。

実は、「リラックスしよう」と常に意識し過ぎると、かえって緊張が強くなってしまうことが多いのです。それよりは「リラックスの習慣」を潜在意識下にプログラムするほうがずっと効果的です。

座ったり立ったり横になったりしている時の姿勢も大事です。不自然な位置で頭をサポートしようとする、たとえば首を不自然に曲げた姿勢でベッドや椅子で読書するといったことは、頭と首の筋肉を緊張させせます。

それから、「今やっていることを終わらせる前に、ほかのことに目を向ける」というクセも、緊張を引き起こす原因になります。たとえば歯磨きをしている最中に洗面台の上の棚に積もったほこりを見つけて、「あ、きれいにしなくては」と思うと、「急いで歯磨きを終わらせよう」と焦ってしまいます。こういう時も、潜在意識を利用して緊張を引き起こさないようにすることができます。**毎日の日課となっている短時間の動作（たとえば歯磨き）をゆっくり行うようにして、それを習慣づけてください。**それだけで、焦る気持ちを和らげるのに役立ちます。

この章では筋肉の緊張の「治療法」をいくつか紹介しましたが、心と身体の四つの疲労の治療法については、先の章で、もっと詳しくお話しします。

第四章……感情の疲労

■二番目の疲労

ストレスにさらされていても、身体だけでもつねにリラックスした状態にあれば、感情的な疲労は起こりにくく、神経症にもかかりにくくなります。でも、実際には、人間の心と身体はそんなふうにうまくはできていません。ストレス、とくに恐怖、悲しみ、怒りといった激しい感情を伴うストレスに長期間さらされると、神経は興奮させられて、その感情を記録しようとします。ストレスが積み重なれば重なるほど、神経の興奮度もどんどん増して、多くの場合、異常なまでの集中力と速度をもってその感情を記録し始めます。こうなった神経は、つねに引き金となる「きっかけ《トリガー》」を待つようになり、ほんのちょっとした刺激でも暴走するようになります。私はこのような興奮状態を「過敏化」と呼んでいます。**神経の過敏化は心の疲労、さらにはそれによって引き起こされる神経症の大きな原因となります。**なかでも、とくに不安神経症の場合、心と神経の過敏化が大きな要因となっていると私は考えています。

心と神経が極度に過敏化していると、感情——とくに恐怖感——に押しつぶされるように感じることがあります。しかも、苦しんでいる人の多くは、それが過敏化のせいだとは気付いていないため、そうした状態に戸惑い、恐怖を感じて、自分自身を「恐怖→アドレナリンの分泌→恐怖」という悪いサイクル（悪循環）に陥れてしまいます。ここが実は一番重要な「転換点」です。なぜなら、今まで単に過敏状態にあった人が、神経症へと移行するのはまさにこの瞬間だからです。

この「恐怖のサイクル」を理解するには、神経系がどのような仕組みで働くかを理解する必要があります。

■「恐怖→アドレナリン→恐怖」のサイクル

私たちの神経系は二つの系統で成り立っています。一つは随意神経系、もう一つは自律（不随意）神経系です。

・随意神経系

私たちが思い通りに筋肉を動かすことができるのは、この随意神経系のおかげです。この神経系は脳と脊髄、そして、そこから対になって延びているたくさんの神経から成り立っていて、その神経の末端が身体の各部に達しています。私たちの意のままに、命令を直接下すことができる神経なので、「随意」神経系と呼ばれています。

・自律神経系

自律神経系はホルモンを分泌する内分泌腺の助けを借りて、心臓、肺、腸などの体内の器官の働きをコントロールしています。唾液や汗の分泌をコントロールしているのもこの神経系です。自律神経系の司令部は脳の中心にあり、そこに細かな神経線維のネットワークがつながっています。このネットワークは脊柱（背骨）の両側に走っていて、そこからさらに細かい糸のように枝分れして、さまざまな内臓器官に達しています。

随意神経系と違って自律神経系は、ごく少ない例外を除き、私たちの意志の直接的な支配下にはありません。そのために「自律」あるいは「不随意」神経系と呼ばれています。この神経系は意識的に働かせることはできない反面、私たちの情緒や気分に敏感に反応して、それを表現します。たとえば、恐怖感に襲われると、顔色が青ざめ、心臓が高鳴り、血圧が上がり、手のひらに汗をかくといった具合です。私たちは意識的にこうした反応をするわけではありません。そして――これは神経に関わる病気を理解する上でとても大切なことですが――**自分の心の状態や気分、感情の動きを変える以外、これらの反応を止める方法はありません。**

自律神経系そのものにも二つの系統があります。交感神経と副交感神経です。心と身体が安定した状態の時、この二つの神経はたがいに協調し合って働いています。でも、ストレスにさらされると、たとえば怒りや恐怖を感じたり、興奮したりすると、一方がもう一方を支配するようになります。たいていの人の場合、このような状況になると、交感神経が副交感神経に勝って、心臓が高鳴ったり、血圧が上がったりします。これが「ファイト・オア・フライト（戦うか逃げるか）反応」と呼ばれるものです。

交感神経は、動物がさまざまな危険――気温の極端な変化、水分の不足、敵の攻撃など――にさらされた時、防御機能を強化する働きをします。みなさんも、不意を突かれてびっくりした動物が恐怖で一瞬立ちすくみ、それから一目散に逃げて行くのを見たことがあると思います。この時、動物の鼻孔や瞳孔は開き、呼吸は速くなっています。これは、自律神経系の一つである交感神経が、動物に戦うか逃げるか、いずれかの準備をさせるからです。

交感神経は各種のホルモンによって活発化します。『オーストラリア版コリンズ辞書』によると、ホルモンとは「内分泌腺で作られる化学物質で、血液を通してほかの内臓器官や組織に運ばれ、そこで特定の効果を発揮するもの」と定義されています。ストレスに対する交感神経の反応にはいくつかのホルモンが関係しています。わかりやすくするためにここでは、交感神経によって放出を促されるホルモンの中で、最もよく知られており、さらに最大の原動力となっているホルモン、アドレナリンだけを取り上げてお話ししようと思います。

■恐怖とアドレナリン分泌の悪循環

時にはストレスにさらされると、副交感神経が支配的になることもあります。そうなると、脈拍数が減り、血圧が下がります。でも、普通は、副交感神経ではなく交感神経の方が反応します。私が「恐怖→アドレナリン→恐怖」のサイクルの話をする時、それは交感神経が反応した時の状態を意味しています。

私はよく、交感神経を「アドレナリン分泌神経」と呼びます。これは、交感（sympathetic）という言葉には「同情的な、思いやりのある」といった意味があるのに、この神経には、まったくそういう優しい働きがないからです。

ストレスにさらされて神経が過敏になっている人は、多くの症状を抱えています。心臓の鼓動が異常に速く感じられたりするほか、一瞬強く脈打ったり、不規則になったように感じることもあります。動悸も症状の一つです。うなり音をあげる高圧電線のように、身体全体が脈打つように感じられることもあります。また、身体の震えや筋肉の突然の痙攣、筋力の低下、手足がジンジンする感じ、胃の不快感、立ちくらみなどを感じることもあります。とくに、恐怖感が突然襲ってくると、瞬間的にパニックに陥ったように感じられるかもしれません。

こうした症状が出ると、人によっては、いったい何が起こっているのかわからず、とても混乱して、本当にパニックに陥ってしまいます。こうなると、そもそものストレスの発端になった問題、悩み事よりも、むしろ、ストレスによって引き起こされた症状に対して、より大きな恐怖を感じるようになります。

こうなると大変です。当然のことながら、症状は雪だるま式に悪化していきます。なにしろ、そもそものストレスに加えて、よけいな恐怖まで増えたのですから……。さらに多くのアドレナリン、そして、ありとあらゆるストレスホルモンが分泌され、結果的にその人が恐れている通りに、症状はどんどん悪くなっていきます。**でも実は、そうした症状もすべて、元々はストレスによって引き起こされた単なる交感神経の反応にすぎません。**

これが「恐怖→アドレナリン→恐怖」のサイクルです。心が弱り神経が過敏になっている人はこのサイクルに陥りやすく、そのために、心と神経の疲労へと続く道に自ら足を踏み入れてしまいます。そして、その道は、もしかすると神経症、心の病にまで続く道になっていくかもしれないのです。

■第一の恐怖・第二の恐怖

最初に何らかのきっかけで引き起こされた「恐怖の発作」が、一瞬にしてあたりを焼け焦がす閃光のように強烈で、そのショックが大きいと、あとで「恐怖に対する恐怖」が付け加わりやすくなります。恐怖の発作に襲われた人は、その「閃光」から逃れようと、怖がって身を縮めます。これはごく自然の反応なのですが、実はそのせいで、次の恐怖が付け加わってしまうのです。この二つの恐怖を、それぞれ「第一の恐怖」、「第二の恐怖」と呼ぶことにしましょう。つまり、「第一の恐怖」とは、何らかの「危険」が生み出したもともとの恐怖であり、「第二の恐怖」とは、第一の恐怖がもたらした身体の異常な感覚（よくあるのはパニック感）に対する恐怖です。過敏になっている人は、そもそも恐怖を引きおこした危険そのものよりも、恐怖がもたらした身体的な異常感覚に対して、より大きな不安を感じがちです。さらに、すでにその人が持っている過敏という厄介な性質が最初のショックを長引かせるため、「第一の恐怖」と「第二の恐怖」という別々の二つの恐怖が、一つの恐怖に感じられてしまいます。そして、この二つの恐怖を見分けることができないために、自分が第二の恐怖を付け加えたことが、病気の回復を遅らせているのだということに気づきません。さらに、第二の恐怖の発作が襲ってくるたびに、その人は知らず知らずのうちに自分をどんどん過敏にしていきます。こうした人にとって最大の敵は、実は「自分に今、何が起こっているか理解できていないこと」なのです。この敵を倒せば、戦いはずっと楽になります。

■恐怖の発作

ある女性はこんなふうに話しています。

「なぜ自分が恐怖を感じるのか、はっきりとはわかりません。でも、ある特定のものを見たり、ある特定のことを考えたりすると恐怖の発作に襲われるのです。たとえば、誰かを傷つけるのではないか……と突然不安になります。誰かを見たり、何かに触れたりするだけでそんな発作が出ることもあります。恐れていることが起きている状況が頭にとてもはっきり浮かんで、ほかのことは何も考えられなくなります。そうなると本当に恐ろしくてたまらなくなるのです」

過敏になった身体は、「恐ろしい考え」にとても激しく反応します。この反応のせいで、生活がめちゃくちゃになっている人がどんなにたくさんいることでしょう。このような過激な反応がなければ、この女性はもっと客観的に自分を見ることができ、「私が誰かを傷つけたりするはずがないわ！　なんて馬鹿なことを考えているの！」と思えるはずです。それが本来の姿です。でも、あれこれ恐ろしい考えが頭に浮かび、身を切り裂かれるような恐怖感、実際に身体症状を伴うような恐怖感に襲われた人は、そのショックでパニックになります。そうなると、当然、その人は恐ろしい考えをますます深刻に受け止めて、自分は本当に誰かを傷つけるかもしれないと思ったり、「いや、絶対傷つけるに違いない」と強迫観念まで持つようになってしまいます。この女性が今陥っているのは、そういう状態なのです。

でも安心してください。こんなふうになっても大丈夫です。「私がこんな状態に陥っているのは、頭の中の恐ろしい考えに、身体が過敏に反応していろいろな症状が出ているせいだ。恐怖を強く感じている理由はそれだけ。私が想像するような恐ろしいことが本当に起こるからではない。そんなことは起こっていないし、これからも起こらない」とわかりさえすれば状況は変わります。突然の恐怖に襲われた時には、一つ大きく深呼吸をして、「今、**私に起こっている激しい反応は、身体が過敏になっているから起こっている症状の一部にすぎない。本当に恐ろしいことが起こる可能性があるわけでも、私がおかしくなったわけでもない**」と自分に言い聞かせてみてください。そうして恐怖の発作をやり過ごして、今やっている仕事、作業を続けることができれば、きっと「恐ろしい考え」とそれによって引き起こされる症状や恐怖に苦しみ、疲れ果ててしまうような事態を避けることができるでしょう。

神経症に苦しむ人は、さまざまなことを恐れるあまり、ストレスがかかりそうな場所を避けようとすることがあります。そして、自分の家など「安全で守られた場所」から離れることを恐れるようになります。これが広場恐怖症《アゴラフォビア》と呼ばれるものです。これは単に、不安な状態が続いているために陥った一つの段階にすぎないと私は考えています。ですから、原因の一つはやはり過敏化した神経にあります。

広場恐怖症に限らず、何らかの原因で不安や恐怖感を抱き、その状態が続いている人は、知らず知らずのうちに神経の過敏化を進行させている場合があります。なぜなら、不安や恐怖を感じるたびに、神経を過敏にする作業を繰り返しているようなものだからです。

■過敏状態

ストレスによって神経が過敏になった**「過敏状態」は、それを恐れなければ自然に治ります。**

大切なことなので繰り返し言いますが、このような過敏状態はとても重要な意味を持っています。なぜなら、それは「感情の疲労」の前兆だからです。そしてまた、神経症にまでつながる可能性があるからです。そのプロセスはこんなふうに進行します――ストレスの原因となる問題の存在（問題が一度にどっと現れた場合も、徐々に蓄積されていった場合も同じです）↓神経が過敏になる↓パニックと恐怖が生まれる↓パニックと恐怖が長く続き、感情の疲労が起こる↓感情の疲労がさまざまな厄介な症状を引き起こす。このようなプロセスが、最終的に神経症につながる可能性は大いにあります。

過敏化は感情の疲労の最大の原因です。なぜなら、過敏状態がひどくなると、ありとあらゆる感情が増幅されて、その結果、その人の感情エネルギーがどんどん減っていくからです。すべての感情が増幅された状態になると、自分に何が起こっているのかよくわからなくなってパニックを起こします。これこそが、過敏になっている人がよく、「自分は頭がおかしくなりかけているに違いない」と思い込んでしまう大きな理由です。こうしたパニック状態になると、例えば、ちょっと悲しいことを目にしても「ものすごい悲劇」のように見えたり、ちょっと陰気な光景を目にしても「とても不気味」に感じたりします。また、ちょっとしたイライラが「ひどい腹立ち」に感じられたり、ちょっとした音が「耐えられないほどの騒音」に聞こえたり、さらには楽しい時間さえも「異常な興奮」をもたらし、ヒステリックに笑ったりすることがあります。過敏になっている人は、このように増幅された感情に振り回されて感情的に疲れてしまい、ついには、完全に消耗し切ったように感じ始めるのです。

ワンルームマンションで寂しい一人暮らしをしている女性が、母親を訪ねた時のことです。帰り際、女性は道で待っているタクシーに乗りこもうとして、庭越しにふと家を振り返りました。すると、老いた母親ががっくりと肩を落として椅子に座りこもうとしている姿が目に飛び込んできました。この時、女性は身も心もひどく疲れ切っていました。この女性は母のことがとても心配になり、不安になりました。普段ならば、「しょっちゅう母を訪ねて、外に連れ出したり、高齢者サークルに連れて行って興味の持てそうな趣味を探す手伝いをしたりできるなんて、ありがたいことだわ」と自分に言い聞かせることもできたでしょう。でも、疲れて過敏になっていた心がとらえた不安は耐え難く、とてもそんな風には考えられませんでした。女性の心には、ただ胸を引き裂かれるような不安しかありませんでした。そのため彼女は、「いったいこれから先、どのくらいこの状態が続くのかしら……。いつまでこの生活に耐えられるかしら……」と考えてしまったのです。

同じように心身共に疲れ切っていた別の女性の例をご紹介しましょう。この女性はイギリスへ観光旅行に行った時、ローマ時代の浴場の遺跡を訪ねました。このような古い遺跡が、多少気味悪く感じられるのはよくあることです。でも、彼女にはその遺跡がとりわけひどく不気味に感じられ、外に飛び出したい衝動に駆られました。そしてなんとかその衝動は抑えたものの、自分自身のあまりに過激な反応に驚き、パニックを起こしてしまいました。私は彼女にこう説明しました。「何も心配ありませんよ。ただ疲れて過敏になっていたから、感情が大きく揺さぶられただけです。思わぬところでふいに、あまり気持ちのよくない状況にぶつかると、誰でも強い不快や不安を感じます。そうした**ごく『正常な不快感』を過敏に感じたため、感情が大きく揺さぶられてパニックが起こっただけです。**誰にでもありうることですから、心配いりません」

■罪悪感に苦しむ

程度の差はあれ、たいていの人はいくらかの罪悪感を心の奥底に抱えています。でも普通は、その感情にあまり振り回されることなく、共存して毎日の生活を送る方法をマスターしています。ところが、神経が過敏になっている人の場合はそうはいきません。心の中の罪悪感が、まるで大きな叫び声をあげて暴れまわる別の生き物のように感じられるのです。そのため、それを受け入れて共存することなど決してできないように思えてしまいます。それはあたかも、出口からの光がまったく見えないトンネルの中にいるような気持ちです。なぜなら、一つの罪悪感と戦い、何とか打ち勝ったとしても、過敏になっている心は、すぐにまた、次の罪悪感を見つけ出してしまうからです。そればかりか、今まですっかり忘れていたような罪悪感まで引っ張り出してくることさえあります。だからいつも、何かしら罪悪感を持たずにはいられず、恐ろしいあの「ズキズキとした心の痛み」から逃れられないのです。

セラピストの中には、「罪悪感に結びついた不安をいくつも抱えている患者は、もともとそういうタイプの人なのだ」という人もいます。つまり、「心配したり罪悪感を抱いたりする対象をいつも求めているタイプの人」というわけです。確かにそういうケースもあるかもしれません。でも私は、それよりも過敏状態に陥っているためにそうなっている可能性の方が高いように思います。このような人たちを治療する場合、過敏状態についての説明がなされることなく、薬物投与が唯一の方法とされることが多いのはとても残念なことです。

またセラピストの中には、「患者が罪悪感が問題だと思っているから」というだけの理由で、罪悪感を必要以上に大きな問題として取り上げてしまう人もいます。そうなると、セラピストのところに来た時は、小さな罪悪感を一つか二つ抱えていただけの患者さんが、帰りにはもっと深刻な罪悪感を山のように抱えている……といったことになりかねません。

ところで、感情が疲れている時には、抱えている罪の意識を誰かに話したいという強い衝動に駆られやすいものです。それは、「胸にのしかかる強烈な罪悪感を、これ以上は抱えきれない。誰かに話すことで解放されたい」というごく自然な衝動です。ただ、過敏になっている時は、この衝動のままに、話し続けてしまうことには十分な注意が必要です。罪の意識について話すことが、大きな慰めとなることはもちろんあるのですが、慰めどころかさらに複雑な問題を引き起こす場合も少なくありません。これもまた、過敏状態が引き起こす問題の一つです。ですから、過敏状態について深く理解することがぜひとも必要なのです。（罪悪感にどう対処するかは第二十二章でもっとくわしくお話しします。）

■音が大きく聞こえる

過敏になった身体は、音も増幅させます。大型車の立てる音が、道路に鳴り響く雷鳴のように聞こえたり、音響効果の効いた映画を見続けることが拷問のように感じられたりすることもあります。普通ならば気にも留めないような音が、こんなに辛い騒音として感じられるのは「過敏になった聴覚神経によって一時的に増幅されているからにすぎない」とわかっていないと、当然、その人はパニックに陥ってしまいます。すると、増幅され強くなった音の感覚にますます捕らわれて逃れられなくなってしまいます。そして、「すべての騒音から逃げ出さなくては」という衝動に駆られて、それがさらに神経を過敏にしてしまうのです。

■愛しさまでもが涙をさそう

「もうたくさん！」と叫びたいところですが、感情の異常な動きに当惑させられることはまだほかにもあります。それは、楽しいことでさえも、その感覚が増幅されるということです。たとえば、過敏になっている人は、愛する人の手を見た……ただそれだけで異常な愛しさを感じて、泣き出してしまうこともあるのです。

■喜びに異常な興奮が伴う

少し前に例を挙げてお話ししましたが、久しぶりに喜びを感じた時、それが異常な興奮を伴って感じられることがあります。ある男性の神経症の患者さんは次のような話をしてくれました。

友人がピアノで伴奏し、みんなで陽気な歌を歌っていた時のことです。その男性もピアノのそばに立って、みんなと一緒に歌い始めました。歌が終わると、ピアノを弾いていた友人が振り向いてこう言いました。「気が落ち込んでウツになっているなんて冗談だろう！　ほかの誰よりもうまく歌っていたじゃないか。めちゃくちゃに楽しそうだったよ！」その男性は私にこう説明しました。「先生、みんな何もわかっちゃいなかったんです！　歌っている間、ぼくは楽しさを通り越して、文字通り『狂喜』していたんです。確かに、『めちゃくちゃに』という言葉はあたっていました。まさにそんな感じで、気持ちの高揚と落ち込みの間を行ったり来たりしていたんですから……。そんなジェットコースターに乗ったような気持ちにならずに、ただ普通に楽しむことができたらどんなによかったことでしょう。みんなには、僕の状態がまったくわかっていないんです！」

■不安でたまらない

過敏になった心と身体は、ほんのわずかなショックや変化にも過敏に反応することがあります。たとえば、眠りから覚めるといった、本来はゆるやかなショック（瞬間的な変化）が、心臓をドキドキさせることもあります。また、それに悪い予感が伴うこともあります。その予感があまり強い時には、「実際には何も恐ろしいことは起こっていないし、起ころうともしていないから、大丈夫だ」と自分に言い聞かせ、安心させなければいてもたってもいられないというようなこともよくあります。

このように強い不安が襲ってくることを非常に恐れている人は、とても敏感になっています。そのため、その感覚が近づいてくる兆候があっただけで、「みぞおちをつかまれるような激しい痛み」を感じることさえあります。感じるだけでなく、過敏状態の時は、実際に激しい胃痛に襲われることもあるのです！　そういう人はその痛みを和らげるための慰めの言葉を「たった一言でもいいから誰かにかけてほしい！」と願わずにはいられません。

また、過敏状態にある人は、不安感に対してとても敏感になっているので、自分の思い込みが生み出した最悪の状況のちょっとした兆候があっただけでも、その不安に押しつぶされてしまいがちです。たとえば、夜、眠れずに悶々としていると、すぐに、「もう二度と普通に眠ることはできないのかもしれない……」と思って不安でたまらなくなるのです。二度と普通に眠ることができなくなるなどということは、実際にはまずありません。でも、過敏になった身体は、その人をさらに苦しめるようなひどい反応を引き起こすことがあるのです！

過敏になっている人は、たとえ小さな不安であっても、いったん湧き上がってくると、反射的な反応が起き、そのために不安を打ち消すどころかさらに大きくしてしまうことがあります。だから、簡単なことすら決められないように感じたり、自分でも嫌になるほど他人や自分の考えに左右されやすくなったりして、次第に自信を失っていくのです。この段階になると、人格《パーソナリティ》がばらばらになったように感じたり、自分自身やこの世界がまるで「現実のものではない」ように感じたりすることがあります。**どちらも神経の過敏化と疲労が仕掛ける「いたずら」です。恐れなければ、きっともとに戻ります。**

■朝の目覚めとともに感じる苦しみ

神経が過敏になっている人は、目覚めた時に心が動揺してさまざまな感情に襲われることがあります。それは、ちょっとした刺激に過剰に反応する、「びっくり症候群」と呼ばれるものに似ています。

過敏状態にあると、目を覚ますといったわずかなショックによっても、心が「びっくり」してしまうのです。こうしたことは、たとえ本人がショックをまったく自覚していなくても起きるものです。たとえば、前の夜にはなんの不安もなく落ち着いた気持ちで寝ついたのに、朝起きてみたら、またいつものように「何か悪いことが起こるのではないか」という不安で胸がいっぱいになっていた……ということもあります。昨日の夜の落ち着いた気持ちがまるで嘘のようです。こうなると「今晩、どんなに安心して寝ついたとしても、明日の朝、同じ気持ちで目覚められる保証はないんだ！」とさえ思えてきます。この「何か悪いことが起こるのでは」という予感があまりにもリアルに感じられると、いくら「心配ない」と自分に言い聞かせても納得できません。そのため、「近いうちに絶対、何か恐ろしいことが起こるはずだ」と、その予兆のようなものを探し始めるかもしれません。また、目が覚めた直後、神経がピリピリしていて、まるでナイフの刃の上にかろうじて立っているような感じがするという人もいます。実はこうした感覚は、前日の緊張の名残です。たとえ神経症がほぼ完全に治った人でも、ちょっとした新たなストレスにさらされたために、目覚めと同時に、心の動揺や悪い予感を感じてパニックになることがあります。つまり、こうしたことは普通の人にも起こり得ることなのです。過敏状態にあれば、なおさらです。あまり心配しないようにしましょう。

こうした症状でパニックになりかかった時には、ベッドから出て洗面所に行く、温かい飲み物を作る……などといった単純な行動を起こすだけでその状態から解放されることがあります。でも、たとえそういった行動がとれない、とったが効果がないという時でも、不安が湧き上がってくるのを無理に止めたり、押し返したりしないようにしましょう。そんなふうに拒絶したり、身構えたりすると、緊張してますます過敏になってしまうからです。**不安に対して身構えずに、できるかぎり緊張を解い**

た状態でいることが、早く解放され、楽になるコツです。ですから、ほかに何もできなくても最低限そのことだけを心掛けてください。

■過敏になった心と身体の働きを理解する

一般に、神経が疲労している人や神経症をわずらっている人に限らず、過敏になった神経のせいで過剰な反応をしてしまう人たちの状態を「精神（心）が不安定になっている」と表現することがありますが、確かに、過敏になっている人は、自分の中のバランスが崩れてしまったように感じています。そしてその中には、あまりにも心が不安定で、傷つきやすく、すぐにつらい気持ちになってしまう自分は「弱い人間」なのではないかと考え始める人もいます。

ある男性はとても苦しそうにこう言いました。「私は昔の私、本来の私とはまったく正反対の人間になってしまいました。いったいどうなってしまったんでしょう?」

つらいのはわかります。でも大丈夫です——このような不安定感は一時的なものです。前にお話ししたように、心と身体が過敏になっているために、ごく普通の正常な感情が増幅されて現れているにすぎません。この男性は、そのことを知らなかったために当惑し、不安になってしまったのです。とはいえ、感情にすっかり振り回されている人に、「その苦しみは、過敏になった時に自然に起こる正常な増幅反応にすぎない。緊張がもたらすさまざまな影響から解放されれば、過敏は自然に治る」と言っても、それをすぐに信じてもらうのはむずかしいでしょう。信じられなくて当然です。でも、そのことを頭で理解すれば、きっと少し安心した気持ちになれます。つまり、**理解すること自体が緊張をいくらか和らげてくれるのです。**「過敏になるとはどういうことか。そして、それが感情の疲労にどう関わっているか」を理解することがとても大事なのはそのためです。

過敏化のために感情的な反応が増幅された状態が長く続くと、心と身体は疲れ切ってしまいます。とくに、鼓動が速くなる、脈が不規則になる、胃のあたりがむかむかするといった、自律神経の不調による身体の不快症状が伴う場合には、疲労はさらに強くなります。すると、その極度な疲労感のために、「いったい自分はどうなってしまったのだろう」とパニックになることがあります。その理由は二つあります。一つは、この疲労感は、休息をとる、軽い運動をするといった、物理的な努力によってはほとんどよくならず、自分ではどうしようもないほど強く感じられることとです。二つ目の理由は、今、自分に起きている状態を言葉で表現することがとてもむずかしく、そのために、家族や医者でも、それを経験したことのない人にはなかなか理解してもらえないことです。

神経症にかかったある女性は次のように言っています。「先生、身体にまったく力が入らないのです。まるで身体の中が空っぽになってしまったみたいです。元気を絞り出す気力がありません。それなのに夫は『頼むからしっかりしてくれよ。一日中何もしていないのに、そんなに疲れるはずがないだろう!』と言うのです」

こうした感情の疲労を生み出す原因の一つが、ホルモンの減少です。ホルモンは内分泌腺で作られています。その中でも重要な働きを担っているのが、アドレナリンなどのホルモンを分泌している脳下垂体と副腎です。ストレスがかかった時、適量のホルモンが分泌されることで、感情は疲労しにくくなります。もし、脳下垂体と副腎が、身体の必要としている適量のホルモンをつねに分泌し続けることができれば、人間はどんなに長期にわたるストレスにも耐えられるはずなのです。確かに、身体がうまくストレスに適応してホルモンが分泌し続けられれば、疲労を避けることができます。でも、身体がストレスに適応できず、内分泌腺が働かなくなると、ホルモンの分泌が少なくなったり、とまってしまったりします。すると、疲労がどんどん蓄積され極度な疲労状態に陥るのです。こうした内分泌腺の枯渇は、スポーツをしたり、休息をとったりといった肉体的なストレス対処法では目に見える反応が出にくいものです。一方、**心の苦しみから解放され、ストレスが激減することに対しては大きく反応します。**心が楽になることで、時として、まるで奇跡が起こったように劇的に回復することがあるのは、まさにそうした理由からです。

無気力《アパシー》（apathy）とうつ状態《ディプレッション》（depression）は、内分泌腺の枯渇を一因とする、気力・体力――人としてのエネルギー――の枯渇が近づいていることを知らせる心と身体からのサインでもあります。中でも、まず最初に現れるのが無気力です。エネルギーがすっかりなくなると、髪の毛にくしを入れるといった簡単な日常動作をすることでさえ、とても大きな努力が必要となってきます。さらに、身なりに気を使う気力すらなくなるため、外見がだらしなく見えても本人は気にしなくなります。

さらにエネルギーの枯渇が進むと、無気力はうつ状態へと移行します。神経症の患者さんのうつ状態はほとんどの場合、感情エネルギーの枯渇が原因です。

ここまで、いろいろな症状や体験談をお話ししてきましたが、もしかすると、こうした症状や体験談がとても恐ろしいもののように感じられた人もいるかもしれません。でも、どんなに複雑怪奇で恐ろしく感じられる症状も、「なぜ起こり、どのように進行するのか」を見てみると、ごくごく単純なパターンをたどるプロセスでしかないことがわかります。**そのとても単純なパターンを理解し、今までと反対の方向にパターンを動かすことさえできれば回復するのです。**このことを知っていれば、きっと恐ろしさは和らぎます。しっかり心に留めておいてください――あなたが今感じているつらい気持ち、苦しい症状は、得体の知れない化け物などではありません。外から、押し止めることのできない力が無理矢理加えられて、そんな状態にさせられているわけでもありません。今あなたが感じているつらさは、単に、「ストレスに対する身体の自然な反応」です。**ストレスさえ取り除かれれば、身体は同じように、ごく自然な反応として自らを回復させます。**しかも、ストレスの多くは、いろいろなことをただ理解するだけで取り除かれるのです。

第五章……頭の疲労

■第三の疲労

過敏状態にあって疲れ切っている人はよく、自分のことをあれこれと、とても気にします。そのため、不安を感じる一番の対象が自分自身だということがよくあります。中には、たえず自分の身体の症状や心の状態のことを考えるようになってしまう人もいます。このように不安を抱きながら自分自身を見つめ続けていると、頭がとても疲れてきます。学生が根をつめて勉強していると、頭がとても疲れるのと同じです。ピアニストのアルトゥール・ルービンシュタインは、自分が講師を務めるジュリアード音楽院で、「一日に三〜四時間以上の練習はしないように」と生徒にアドバイスしていたそうです。それ以上やっても頭が消化しきれないから時間の無駄なのだそうです。

睡眠などによって十分休みをとり、頭がすっきりして元気のいい時には、あたかも「花畑を飛び回る蝶」のように、次々とテーマを変えていろいろと考えることができます。でも、頭が非常に疲れていると、思考がもたついたり、思考速度が極端に遅くなったり、止まったりして、ついには「考えること」そのものが多くのエネルギーを必要とする大仕事になってしまいます。少し誇張して言うなら、まるで、何かを考えるたびに、頭の中にあるさまざまな考えの中から一つを選び、それを一つずつきっちりした文章にしなければならないかのようです。そうなると話す言葉も途切れがちになるかもしれません。時には口ごもったりすることもあるでしょう。

また、このような状態にある人は、頭が混乱してしまうので、一つのことに集中したり、何かを記憶したりするのがとても大変で苦しいと感じることがあります。起こったばかりのことを忘れることもよくあり、若年性認知症にかかっているのでは……と心配する人もいます。

今お話ししたことからわかるように、頭が疲れ切ってしまうと、話すことがとても重荷になります。話し始めたのはいいけれど、あまりに疲労感が強くて、話をどう終わらせていいかわからなくなることもあるでしょう。そうなると、近所の人が近づいてくるのを見ただけで、話すのを避けるために通りの向こうに逃げてしまうことすらあるのです。

そんな人でも、頭が疲れ切ってしまう前は、週末、日光浴をしながらのんびりと新聞を何時間も読みふけり、過ぎゆく時間を満喫できていたのです。ところが今は、どのくらい時間が経ったかが一秒ごとに気にかかります。頭が疲れ切っている人には、たったの一秒がとても長い時間に感じられます。その一秒が積み重なって一時間となったら、永遠に続く時間のようにすら感じられることでしょう！

普通の人の場合、頭は、その人が何の気なしに何かを見たり何かに耳を傾けたりしている瞬間に、休息をとります。頭の中に、とりとめもない考えがあれこれ浮かんでも、いちいち気に留めることはありません。たとえば、アイロンをかけながら「あら、このハンカチの模様、とてもおもしろいわね」と思い、次の瞬間には、ふと窓辺に目をとめて「ああ、ブナの緑がきれい。もう初夏なのね」と思う……といった具合です。こんな風に普通の人は、あれこれいろいろなことを考えて、思考を気持ちよく遊ばせることができるのです。でも、頭が疲れている人は、このように気軽に、いろいろ考えることができません。一つの考えに捉われてしまいやすいのです。そして、その捉われてしまう「一つの考え」の多くが、「不安」なのです。頭が疲労している人が何か不安を抱き、それが気になってしかたなくなって、そこから離れることができないように感じるのはそのためです。また、その不安に恐怖が加わっている時にはとくに、なかなか離れられないものです。

「一つの考えにしつこく捉われている時に、さらに恐怖が加わる」というプロセスは、強迫観念《オブセッション》や恐怖症《フォビア》へとつながっていくことがあります。強迫観念や恐怖症の多くは、このような単純なプロセスで始まります。

■強迫観念

強迫観念とは、異常なまでに強く心をとらえる考え、思考です。心が疲労している時には、よくこういった考えにとらわれます。恐怖を伴う「しつこい考え」に、尋常ではないパワーで襲われ続けると、人は「実在するものに駆り立てられている」かのような錯覚にとらわれます。そうなった時、強迫観念が生まれやすくなるのは、ごく自然なことです。この仕組みを知ることは、とても大切です。なぜなら、これがわかれば、強迫観念は謎に包まれた不可解なものではなくなり、それに伴う恐怖も和らぐからです。

よくある強迫観念の一つは、夫や妻への愛情に対する疑いです。神経症を抱えていたある女性はこんなふうに言っていました。「夫を本当に愛しているのは自分でもよくわかっています。でも、『本当は愛していないいんだ』という思いが、頻繁に頭に浮かぶんです。その思いはとても強烈で、そのうち、『本当は愛してない』という方が、真実じゃないかと思うようになってきたんです」。もちろん、彼女がそんなふうに思うようになったのは、「恐怖に過敏に反応したこと」と「疲れた頭に、一つの考えがあまりに頻繁に繰り返し浮かんできたこと」が原因です。過敏状態と頭の疲労が一緒に起こると、恐ろしい考えを振り払うことが不可能のように感じられます。

この女性は、心の中では「それは真実ではない」とわかっていました。それなのに、自分ではその苦しい思いを振り払うことができなかったのです。そして、それができないことこそが、まさに「頭がおかしくなりかけていることの証拠だ」と思っていました。神経が疲れ切っている人、あるいは神経症にかかっている人でこのような経験をしたことのある人はたくさんいます。当然ながら、この女性は恐怖を感じれば感じるほど、神経がどんどん過敏になり、強迫観念はどんどん強く、しつこくなっていったのです。

でも、彼女は自分でもわかっていました。「夫を愛していない」という考えが、一番しつこく付きまとい、真実（一番納得できる結論）のように感じられるのは、自分が疲れている時だと気付いていたのです。そして、この考えを正しくとらえること、つまり「頭の疲れからくる馬鹿な考えに過ぎない」と思うことができる瞬間もあると言っていました。そうした時には、「この考えはまったく根拠のないこと」と笑って済ますことができたのです。私は、正常な考え方が戻ってくるこのような瞬間を「垣間見る瞬間」と呼んでいます。現実を「垣間見る」ことで、強迫観念にとらわれた状態から抜け出す方法については、あとの章でくわしくお話しします。

■恐怖症

恐怖症は、根拠のない恐怖感がしつこく付きまとう状態です。過敏になっている人は、そのような状態に陥りやすくなっています。今までお話ししたことからわかるように、頭の疲労が恐怖症を生みやすくするのですが、過敏状態だけでも充分な恐怖症の原因になり得ます。たとえば、長い間並んで何かを待っている時、普通の人でもじれったくなりイライラすることがあります。でも、過敏になっている人の場合、そのじれったさが度を越しているため、パニックに襲われることすらあります。そういう体験をした人は、その後、行列に並ぶことを徹底して避けるようになります。こんなふうに、「恐怖を感じ、避ける」という行為をつねに繰り返すうち、いつのまにか「行列恐怖症」にかかってしまうのです。多くの恐怖症がこのように単純なきっかけで作られます。わかってしまえば、本当にごく単純なプロセスですね。大きな原因は過敏状態と頭の疲労にあります。それを解消することが回復のカギです。

■頭がぼんやりする

頭が疲れ切っている人は、「厚い布で頭を包まれているような感じがする」「頭がぼんやりする」「頭がとても重い感じがする」「頭がもやもやする」などの症状を訴えることがあります。さらには、目がかすんだり、ふらつく(筋肉の疲労が伴っている場合)といった症状が出ることもあるかもしれません。中には、「頭を一度、ピシッと強く叩かれたらしゃんとするような気がする」と言う人もいます。

突然襲ってくるこうした「頭のぼんやり感」は、頭の疲労があると、数時間から数日続くことがあります。ある女性は次のように話しています。

「まるで頭の中に壁があって、考えようとしても壁にぶつかって考えが先に進まない……そんな感じがするんです。以前はいつも頭の中がすっきりしていて、いろいろな考えもすぐまとまったのに、今は一つのことに考えを集中させることがすごくむずかしいんです。頭がぼんやりして何も考えられないんです！　それでも、たまには頭がはっきりしている時もあるんです。そんな時は、考えはすぐまとまります。でも、ダメになった時にはどうしようもなくなってしまうんです！

実は、私には大きな罪の意識を感じていることが一つあります。そのことがいつも気にかかって、頭から振り払うことができないんです。かかっている精神科の先生は、『あなたはずっと自分を罰し続けているのですよ』と言って、薬をくれました。薬は多少の助けにはなりましたが、まだ同じ考えがくり返し襲ってきます。それでも、時には三十分くらい、頭がはっきりしていることがあるんです。そういう時には、話もできますし、笑うことさえできます。でも、突然にその罪の意識を思い出して、心の中で泣き出すんです。すると、また頭がぼんやりしてダメになってしまうんです！」

こうした「頭のぼんやり感」は、実は、頭の疲労と緊張から生み出されたものです。この女性は、そのことを知らなかったため、「頭がぼんやりする」という症状がとてつもなく恐ろしい状況に思えたのです。つまり、本来の問題に、さらに「恐怖というストレス」という問題を付け加えてしまったのです。恐怖が加わると、心と身体の緊張がさらに高まり、頭でしつこく同じことを考える傾向が強化されてしまいます。そして、頭の疲労度はどんどん増えていきます。

頭が疲れ切っていて、その状態から抜け出ることができない人は、思考速度がとても遅くなり、頭がぼんやりします。そのせいで、自分自身――とくに自分の行動、思考――を意識する傾向が強く、執拗になることがあります。私はこれを「内向性思考」と呼んでいます。こうした思考傾向は、神経症がよくなり、さまざまな症状が消えたあとも、しつこく残る場合があります。実は、この思考傾向こそ、神経症に悩む人が最後まで向き合わなければならない症状である場合が少なくありません。だからと言って、この症状が特別なものだというわけではありません。神経症のほかの症状と同じように、ただ、頭の疲労が悪さを続けているだけです。つまり、残っている疲労が、それまで何か月、あるいは何年と慣れ親しんできた思考パターンにあなたの頭を縛り付けているだけなのです。でも、こういったことに患者さん自身が気づくのはなかなかむずかしいものです。

このような「罠」にはまっているとわかると、当然、大きないらだちを感じることでしょう。ところが、このいらだちはさらに内向性思考パターンを強化し、より多くのストレスと緊張をもたらします。これは考えるだけでもぞっとする、恐ろしいサイクルですね。なにしろ、そこから逃げ出そうともがけばもがくほど、いっそう強く縛り付けられるように感じてしまうのですから……。

でも、大丈夫です、安心して下さい。疲労と過敏状態がたがいに作用し合うこのサイクルは、逆回転をさせることができます。なぜなら、このサイクルはごく単純な自然の法則に従っているからです。内向的思考は崩すことができます。その方法はあとの章でまたお話ししましょう。

■泥沼から抜け出る

神経症から立ち直ろうと努力している人の多くは、「身動きのとれないこの底なし沼から脱出するには、必死に上へ上へとよじのぼらなければいけない」と感じています。つまり、「なんとか普通の人と同じ生活が送れるようになるためには、たくさんの問題を乗り切って、このわけのわからない泥沼から自分を引きずり出さなければいけない」と感じているのです。

こういう人が、たとえば、友人が休日に旅行へ出かける話を耳にしたとします。すると、この人はこう考えます。「うらやましいな……スーツケースに荷物を詰めさえすれば、すぐにどこへでも行きたいところに自由に行けるなんて。彼にとっては、行き先が手の届くところにある。でも、僕にとっては違う！　旅行に出かけるなんて、まるではるか空のかなた、決して行きつかない宇宙の果てに出かけるようなことだ！」

神経症の人は、なぜ自分がそのように感じるのか、理由がわかっていません。実は、こんなふうに感じてしまう理由は、「実際に旅行をするには、まず自分の殻から外に出なければいけない。深みからはい出さなければいけない。不安な思い（内向的思考）にがんじがらめにされたこの『灰色の世界』から抜け出さなければいけない」と考えているためです。この人がいる世界は文字通り灰色です。自分自身への不安が絶え間なく浮かび、疲れ果てた頭は完全にぼーっとし、目の筋肉も不安で緊張しています。そのため、実際は太陽の光がさしていて明るいのに、まわりが本当に灰色に見えることさえあるのです。

また、神経症の人には、旅行のような非日常的な行動をすることだけでなく、ごくごく普通の日常生活を送ることすら、「ほかの人と同じようにするなんて無理！」と感じられます。なぜなら、自分が普通の日常生活を送るには、「自分の力では決して手に入らないほどの大きなエネルギーが必要！」と思っているからです。泥沼はそれほどまでに深く、ドロドロとしているのです。

こうした問題の解決のカギになるのは、「時間」と「受容」です。**多くの「時間」をかけ、「受け入れる」ことで「不可能」はだんだんと「可能」に変わっていきます。**沼地は、乾いた大地に変わっていきます。

■明るい光がもたらした「気づき」

頭が疲れ切った人の中には、家の中にいると安心感があるため、外に出ず、日の当たらない屋内の生活に慣れてしまうことがあります。こうした人は、玄関のドアを開き外の光に当たっただけで、大きなショックを受けることさえあります。頭の疲労から神経症になった男性の体験談をご紹介しましょう。男性が家の近くの海岸に出かけた時のことです。この海岸に出るにはトンネルを通る必要がありました。うす暗いトンネルを通り抜けた瞬間、彼の目に飛び込んできたのは、さんさんと照りつける太陽の光、そして、たくさんの海水浴客と色鮮やかなビーチパラソルでにぎわう広々とした海岸でした。突然襲ってきた明るさに、彼はとても大きなショックを受けました。彼には、目の前のものすべてが非現実的な夢のように感じられました。海岸に立つ自分自身にさえ実感が伴わず、まるで夢遊病者のように感じられた程でした。そのショックが、彼の内向性思考を一時停止させました。そして、それまで暮らしてきた灰色の世界——不安でいっぱいの自分だけの思考の世界——に、彼の目を外から向けさせてくれたのです。そして彼は、自分の世界が灰色なのは、しつこく続く頭の疲労のせいにすぎないことに気づき始めました。

この経験が彼の快復を助けてくれました。彼はこの時はじめて、頭の疲労が自分に与えていた影響について理解し、自分がいかに「不安でいっぱいの思考」にどっぷり浸っていたかに気づいたのです。「そうか！　この心と身体のつらさは、僕が抱える問題があまりに大きいからそうなっているわけじゃないんだ！　疲労のためにそうなっているだけなんだ！」そう気づいたことは、彼にとって大発見でした。なぜなら、彼は何週間ものあいだ、「この問題は解決不能だ」と思いながらも、ひたすら必死に戦ってきたからです。彼は自分の思考の呪縛から解放されました。それを助けたのは「理解すること」だったのです。

第六章……魂の疲労

■第四の疲労

最後にやってくるのが魂――「生きる力のもと」と言ってもいいでしょう――の疲労です。身も心も疲れ切った人は、何をするにも、何を考えるにも、とてつもなく大きなエネルギーが必要になってきます。そうなった人の多くは、「こんな戦いを続けることに、果たして価値があるのだろうか」と疑問に思い始めます。中には、「なんだか突然、ひどく年を取ったような気がする」、「今日一日を乗り切る気力さえない。何週間も何か月も、ましてやこれから先何年もなんてとても無理だ」などと言う人もいます。生きる意欲がどんどん失われていくのです。この「生きる意欲が失われた状態」こそが、魂の疲労なのです。

実は、「疲労からなんとか抜け出す道を切り開き、立ち直ろう」と必死で戦おうとすると、ますます疲労は積み重なっていきます。なぜなら、疲労を悪化させる一番の方法は、それと「戦う」ことだからです。このことについては、また別の章でくわしくお話しします。

魂が疲れ切っている人には、まず、なんとかして新たな希望と勇気を見つけることが必要です。最初は、ほんのわずかな希望、かすかな光でも十分です。というより、ぜひ、ほんの小さな小さなところから始めてください。なぜなら、立ち直ろうという思いはあっても、魂が疲労し切っている人には、ほんのわずかな希望と勇気を探し出すことすら、自分の手には負えない大仕事に感じられることがあるからです。でも、わずかでも見つかれば、それが土台となります。どんなに弱々しくても、土台さえできれば、それを足場にきっと立ち直ることができます。もう一度言います、たとえ、土台が頼りなさそうで、ちょっと押したら崩れそうに見えても、土台ができてさえいれば、それを足場にきっと立ち直ることができます。

土台は頼りなくても大丈夫だというのには理由があります。それは、その土台に、「今自分に起きていること」に対する理解が加われば、「そこから立ち直るための方法や計画」という新たな希望が見えてくるからです。そうなればもう、希望がまったくない真っ暗闇に留まっているのとは違います。猛火で森の木々がすべて焼き尽くされてしまったように見えても、焼け焦げた切り株から、必ず新しい命が芽吹いてくるのと同じです。前進するための希望と勇気は、必ず芽生えてきます。

私の助けを借りて、自分に起きていることが何なのかを理解できるようになった人はたくさんいます。これまでたくさんの人が、本当にごくささやかで小さな希望と勇気をなんとか見つけ出し、それに必死ですがり、よろめきながらも、確実に回復の道を歩んできました——あなたにもきっとできます！

そうした人の最初の歩みは、普通の人から見れば、とても弱々しく、頼りのないものに見えるかもしれません。でもその歩みには、大きな「内なる力」が秘められています。それは、何万年もの歳月をかけて、人類が苦難を乗り越え、進化し続けた過程に息づく力、なにものにも壊すことのできない強い「生命の源となる内なる力」と同じ力です。

私たちはみんな、この強い力を自分の中に持っています。そして、「この内なる力が、不安や恐怖と共存しながら私が生き続けるのを助けてくれる。そして、そんなふうに歩き続けていれば、いつかきっと恐怖を持たずに歩き、生きることができるようになる」と信じていれば、この内なる力が必ずや奇跡を起こしてくれることでしょう。

■若さより受容と希望

「私はもう若くありません。まだ残っている神経症の影響と加齢、その両方に上手に対処していくにはどうしたらいいのでしょう？　実は最近、神経症のせいではなく、『年を取ったせいでなにもできないのではないか』と感じることが多くなりました。今の私には、目に見えるような進歩がまったくありません。仕事も、娯楽も、休暇中のドライブ旅行さえも楽しむことができず、その時間をうまく過ごせません。まるで、この病気にかかり始めた頃のように感じることもあります。それでも、同じような状態の中で、私は神経症を抱えたまま十五年もなんとかやってきたのです！　それだけの長い年月、がんばれたことを思うと、今の私の状態は神経症ではなく、年を取ったことが原因ではないかと思えてならないのです。

なにしろ以前は、たとえ気分が悪くても家事や庭いじりができていたのです。でも今はそんな気力は出ません。無理にやろうとすると身体が痛くなり、ひどく疲れてしまいます。そして、そんな無理をしてまで、がんばる価値があるのだろうかと思ってしまうのです。だから、『以前より具合が悪くなっている。この原因は、神経症ではなく年を取ったからに違いない』と感じてしまうのです。

でもその一方で、今、私がこのように感じているのは、『神経症にかかって過ごした地獄のような年月と、きっと何か関係があるのだ』とも思います。また同時に、『年を取ったせいで、まだ残っている神経症の影響をより強く感じているのに違いない』とも思ってしまうのです」

読者の中にも、この患者さんと同じように感じている人がいるかもしれません。そういう人は、この患者さんに対する私からの次の返事を参考にしてください。

「若くない」「年を取った」という言葉からではあなたの正確な年齢はわかりませんが、あなたの場合、おそらく、疲労感の原因は、加齢ではなく、むしろ神経症の名残だと思います。年を取れば当然、回復力もエネルギーの量も減り、それと共にやる気も減ります。また、いろいろなことに興味を持つ気持ちも減ってくるでしょう。普通、こうした変化はゆっくりと訪れますが、あなたの場合は急激に老いを強く感じるようになったために、原因が加齢にあるのではと思うようになったのではないでしょうか。

神経症が長く続くと、精神的に疲れてきます。あなたの大きな問題は、おそらくそこにあります。かつてあなたは、神経症を患いながらも回復のために一生懸命にがんばっていました。それができたのは若かったからではなく、目標と希望を持っていたからです。つまり、やる気を起こさせてくれる「目標」と「希望」という二つの大きな動機《モチベーション》がありました。今のあなたは必死に戦うことに疲れているだけでなく、年を取りつつある自分に気づいたため、「この先は、もう疲れから逃れられない」と思ってしまい、自信を失ってしまったのです。

心身共に疲れ切った人にとって、心の平安ほど、すばらしい癒し手はありません。でも、今のあなたには、それがほとんどないのです。だから、回復がむずかしくなっているのです。でも、そんなあなたでも、大丈夫です。もう一度勇気を奮い起こしさえすれば、力が戻ってくるのを感じることができます。ゆっくりではありますが、力は必ず戻ってきます。方法は簡単です。絶望的な気持ちの代わりに、「今の状況を受け入れ、新しい希望を持とう」と決意するだけです。

私は、あなたと同じような人たちから、何度となくこう尋ねられました。「私が感じている疲労のうち、どれくらいが神経症のせいで、どれくらいが加齢のせいなのでしょうか?」 あなたがあれこれ推測したり、疑問を抱いたりする気持ちはとてもよくわかります。でも、私の経験から言わせてもらうと、こうした推測や疑問を持つことが、疲労をますます大きくします。なぜなら、疑いや迷いを抱くことで、問題を見つめ続けることになってしまい、ますます自分を追い詰め、苦しめてしまうからです。ですから、**疑問が湧いてきても答えを探そうとせず、その疑問を少し横に置いてみてください。代わりに、今の自分の力でできる範囲のことを、なんでもいいからやってみましょう。**そうしたことを繰り返すうちに、次第に少しずついろいろなことができるようになります。そしてふと気づいたら、見違えるように自分が変わっていて、びっくりするに違いありません。私たちの心と身体にはすばらしい回復力が備わっています。緊張をほぐせば、その力が発揮されます。たとえ八十歳を過ぎていても同じです。私自身がいい証拠です。

それから、もう一つ。神経症の人は家にこもって、あまり動かない生活をしがちなので、そのために運動不足から来る問題を抱えることが多いものです。筋肉が緩んでしまい、少し歩いただけで脚がすぐに疲れてしまうのです。そのため、「歩くより、座ったり、横になっていたりするほうがラクだ」とつい思ってしまいます。

また、「疲労していた時の記憶」を思い出すことが、疲労感を生み出すこともあります。とくに、あなたのように少しよくなったあとに、前のことを思い出し、「つらく、苦しかったあの時期を、また全部体験し直すことになりはしないか……」と思ったら、考えるだけでも疲れて当然です。拒否反応が起きて当然です!

ですから、私からのアドバイスはこうです。

よくなっているかどうかは、あまり気にしないでください。あれこれ疑問に思わずに、ささやかなことでいいですから「できること」をして毎日をやりすごしてください。あなたの気持ちをなえさせるようなことにぶつかっても、あまりがんばって抵抗しないようにしましょう。それは力を無駄に使うことになります。ちょっと横に置いておきましょう。

それから栄養のある食べ物を充分にとるよう心がけてください。どうしても充分な量を食べられない時は、ビタミン剤などを適量飲むようにお勧めします。それから、できれば薬を飲むことを習慣化しないようにしましょう。とくに夜はなるべく、多量の催眠剤を飲まないように心がけてください。なぜなら、年を取ると薬に対する耐性が弱まり、少量でも大きな影響が出ることがあるからです。

そして、もう一度ここで大切なポイントをお伝えします。回復のカギは、「受け入れること」です。**過去のつらい記憶に捉われず、今から新しい自分に生まれ変わるような気持ちですべてを受け入れる**ことが、とても大切なキーポイントです。

第七章……心の疲労と神経症

心の疲労が原因でいろいろな症状を抱えている人にとって、心の疲労と神経症の違いを正しく認識するのはむずかしいことかもしれません。中には、「まだ神経症にかかってはいないと思うが、このままではそうなってしまうかもしれない」と不安に思っている人もいるでしょう。たとえば、会社で自分の手に余りそうな大事な仕事を抱えて悩み、疲れ切ってしまった時、ストレスに押しつぶされて、そんなふうに思ってしまうかもしれません。実際のところ、「自分の手には負えないかもしれない……」と感じながらがんばり続けて疲れてしまった人は、誰だってそんなふうに思って不思議はありません。

こうした人たちは二つの「戦い」を抱えています。一つは「疲労」との戦い、もう一つは病気になるのではないかという「恐怖」との戦いです。この二つの戦いのうち、とくに悪影響を及ぼすのが恐怖との戦いです。なぜなら、疲れ切っている時に「神経症への恐怖を抱くこと」こそが、実は、神経症を本当に発症する可能性を増やしかねないからです。

心が疲れ切っている人は、「今、自分に何が起こっているのか」がよくわからず、当惑しがちです。でも、「今起こっている症状や自分が体験していることはどういうことなのか」さえ理解できれば、少なくとも当惑した状態からは解放されるでしょう。そして、そのようにして、「自分の置かれている状況」が理解できれば、「抱えている症状や体験」を恐れる可能性が減ります。そうすれば、たとえ疲労はそのまま続いたとしても、神経症にかからないですみます。

反対に、疲れ切って何もわからないまま、恐怖に心をコントロールされてしまうと、追い詰められて焦り、絶望的な気持ちになります。そうなると人は、なんとか誰かに助けてもらいたいと思います。そしてこの時、実際に適切な指導が受けられるかどうかが、その後の回復にとって、とても重要になってきます。

でも、安心してください。この本で紹介する方法を着実に実行していけば、きっとあなたの心にも平安が訪れます。そのことは、私がこれまで何年もの間、大勢の心の疲労を抱える人や神経症の患者さんの回復のお手伝いをしてきた経験から、実証済みです。

ところで、「心の疲労を抱える人」と「神経症の患者さん」を毎回、区別しながら話を進めると、混乱して話がむずかしくなりかねません。ですから、今後は、わかりやすく話を進めるために、神経症の患者さんに焦点を当ててお話ししたいと思います。ですが、本書のアドバイスはほとんどすべて、心の疲労を抱えている人にも当てはまりますので、そのつもりで読んでください。

第八章……神経症とは？

神経の不調から生じた症状には、その「強さ」によって段階があります。「神経が参っている」という程度の人はそれこそ数えきれないほどいるでしょう。でも、そのうち多くの人は、苦しみながらも仕事を続けています。そういう人は「神経症にかかっている」とは言えません。実際、そういう人の場合、神経が参っていることはあっさり認めても、人から「神経症ではないか」と言われると、腹を立てて「そうではない」と言い張ったりするものです。実は、神経症というのは、そういう人たちが抱えるいろいろな症状が強まった状態にすぎません。

前の章の最後でもふれたように、本書は主に神経症の発症過程とその治療法をテーマとしています。でも、読むとわかりますが、この本には、「神経が参っているだけだ」という人たちが訴える症状のほとんどが含まれています。ですから、そういう人も、本書にある「神経症の患者さんたちの症状」と自分の症状を重ね合わせて、読み進めることができると思います。つまり、こう考えてもらっていいと思います――「神経が参っている」のも「神経症」も症状は同じ、違うのはその強さだけ。神経症にかかっている人は、ただそれらの症状を非常に強く感じているに過ぎません。

では、「神経が参っている」というのはどこまでで、どこからが「神経症」なのでしょう？　私たちが神経症と呼ぶのは、神経の不調から生じた症状があまりにひどくて、毎日の仕事や、日常的な作業を適切にこなすことがむずかしい、あるいはまったくそれができないという状態です。

ところで、患者さんからよくされる質問の中にはこんなものがあります。

「私は本当に神経症になってしまったのでしょうか?」

「もし神経症だとしたら、なぜそんなふうになってしまったのでしょうか?」

「神経症はどのように始まり、どのように進行していくのでしょうか?」

こういった質問に対してお答えすることも本書の目的の一つです。

■どこが境目か?

多くの人は知らないうちに「神経症の罠」に落ち込みます。突然のストレス、あるいは長期にわたるストレスは、アドレナリン分泌を促す神経を過敏にし、さまざまなストレス症状を生み出します。しかもそれらの症状は、かなり増幅され、その人に不安をもたらすような形で現れます。このような神経過敏状態について、医師や専門家たちはよく知っていますが、一般の人はほとんど知りません。そのため、普通の人はこのような症状をはじめて経験すると、すっかりうろたえ、何もわからないまま、それらの症状に恐怖を感じてしまうのです。

「いつ神経症が始まるのか特定しろ」と言われたら、おそらく私はこう答えるでしょう――神経症が始まるのは、「恐怖→アドレナリン→恐怖」という悪循環に陥った時です。つまり、過敏状態にある人が、ストレスによって生み出されたさまざまな症状や異常な感覚に恐怖を抱くと、身体はその恐怖に反応して、さらに多くのアドレナリンを分泌します。すると、すでに過敏になっている身体は、アドレナリンに刺激されてさらに強く異常な感覚を感じ、それがまた新たな恐怖を生む……といった悪循環が始まります。私はこの悪循環を「恐怖→アドレナリン→恐怖」サイクルと呼んでいます。この悪循環に陥ってしまった時に神経症が始まるのです。

■神経症の二つのタイプ

神経症のほとんどは、大きく二つのタイプに分けられます。

一つは比較的単純なタイプです。ここではそれを「単純型神経症」と呼ぶことにしましょう。

単純型神経症の患者さんの最大の悩みは、過敏化した神経によってもたらされた異常な感覚、不快な症状です。このタイプの神経症には、一時的なショックが原因で、神経が突然過敏になる場合と、徐々に神経が過敏になる場合があります。「一時的なショック」とは、大きな手術、多量の出血、事故、妊娠中の異常、難産といったことです。「徐々に神経が過敏になる」のは、長期にわたる病気、貧血症、過激なダイエットなど、ある期間ストレスが続く場合です。

単純型神経症の患者さんは、普通の人ならば簡単に果たせる程度の責任が、神経症のためにうまく果たせないということ以外、とくに大きな問題、悩み事は抱えていない場合が多いのが特徴です。そのため、普通の日常生活や仕事には大きな支障がなく、大半の時間を平穏に過ごしています。

二つ目のタイプは、解決不能に思える深刻な問題、悩み事、心の葛藤、悲しみ、強い罪悪感、耐え難い屈辱感など、心の中の大きなしこりや心の傷がきっかけとなって起こる神経症です。単純型神経症に対して、こちらを「複雑型神経症」と呼ぶことにしましょう。

このように心にしこりや傷を抱え、それについて悶々と考え始めると、思考がどんどん内側へ向かい、つらく、苦しい想いにさいなまれるようになります。このような「内省的思考」が長期にわたると、不安や恐怖を伴ってきて大きなストレスが生じます。すると、そのストレスで神経が過敏になり、不安や恐怖を伴うその思考に対してさらに激しい反応をするようになります。こうなると、その人は、過敏になった神経が引き起こすいたずら、つまりさまざまな奇妙な感覚や暴走する思考にすっかり当惑してしまい、ますます恐怖を感じるようになります。そして最後には、きっかけとなった深刻な問題、悩み事、心の葛藤、悲しみ、罪悪感、屈辱感などと同じくらい、「神経の過敏化のせいで起こる異常な感覚や思考に対する恐怖」が強い苦痛をもたらすようになってしまいます。それどころか、次第に、この「恐怖」こそが一番の心配事になっていくこともあるのです。

第九章……単純型神経症

前の章でお話しした二つのタイプの神経症のうち、一つ目の単純型神経症にかかっている人たちは、よく次のような症状を訴えます。

眠れない、気持ちが落ち込む（うつ状態）、いつも疲れている、胃がむかむかする、消化不良を起こす、心臓の鼓動が速くなる、心臓の鼓動がドンドンと身体を打つような感じがする、心臓が細かく震える感じがする、動悸がする、心臓の鼓動が途切れる、心臓の下あたりがさしこむように痛む、心臓のまわりがヒリヒリする感じがする、手が汗ばむ、手足に針で刺されたような痛みが走る、のどが締め付けられる感じがする、深く息を吸えない、胸部が締め付けられる感じがする、皮膚の下を小さな虫が這いずり回っている感じがする、頭が鉢巻で強く締め付けられるような感じがする、めまいがする、異常な目の錯覚（動いていないものが動いているように見えるなど）が起こる。そのほかに、吐き気がする、実際に吐いてしまう、下痢をする、頻繁にトイレに行きたくなる（頻尿）といった症状があります。

これらの症状は、どれも過敏になった自律神経の働きによって引き起こされたものです。一つだけでなく、いくつかの症状を抱えている人もいますし、中には全部の症状を抱えている人もいます。

次に挙げるのは、このタイプの神経症にかかっている患者さんが、医師のところで自覚症状を書き出すように言われて書いたものです。ここに挙げられているのは、単純型神経症の症状として典型的な例と言えるでしょう。実際に書いたのは若い母親で、順番も本人が書いたままにしてあります。

・もうどうしようもない気がする
・頻繁に頭痛がする
・いつも疲れていて気力がまったく出ない
・よく動悸がする
・つらくてたまらない
・神経がピリピリしている
・心臓の下あたりに鋭い痛みを感じる
・何事にも興味が持てない
・気持ちが落ち着かない
・心臓が鉛でできているかのように重苦しく鼓動する
・胃の中に重たい石が入っているような感じがする
・心臓が細かく震えるような感じがする

このような症状に苦しんでいる人は、ちょっとしたことでもすぐに動揺し、不安になります。「自分は絶対にどこかがひどくおかしくなっている」と信じていて、自分以外にこんなにつらい目に遭っている人がいるとはとても思えません。中には、脳腫瘍ができている、あるいはたとえそうでなくても、何か「たちの悪いもの」ができているに違いないと思い込んだり、頭がおかしくなりかけているように感じたりする人もたくさんいます。そういった人たちにとって唯一の願いは、この「恐ろしいこと」が始まる前の自分にできる限り早く戻ることです。実は、このような症状は多くの場合、神経の不調が原因で、同じような不調を抱える多くの人々がたどる「よくあるパターン」――持続的恐怖と緊張のパターン――に従って現れているだけなのですが、症状を抱える本人にはなかなかそのことがわかりません。それでますます不安が大きくなってしまうのです。

このような症状を伴う神経症の治療方法についてお話しする前に、それがどのような過程で進行していくか、くわしく説明したいと思います。まずこのお話をする理由は、自分に何が起こっているのかわからないために引き起こされる「当惑」と、これから起こることに対する「恐怖」の二つが、こうした病気を長引かせる大きな要因となっていることが多いからです。

■きっかけは突然の動悸

まったく健康な人でも、「いきなり動悸が始まる」といったある種の身体的異常――突然でびっくりさせられはしますが、たいていは無害な異常――に襲われたら、大きな恐怖を感じて当然です。はじめての時はなおさらです。そういったことがきっかけで単純型神経症にかかるケースは少なくありません。

たとえ健康な心臓の持ち主でも、一時的に体力や気力が落ちたり、疲れたり、ストレスにさらされたりすると動悸を感じることがあるものです。それはよくあることなのですが、その時に何らかの理由でとても神経質になっていたり、もともと神経質だったりすると、その発作に大きな恐怖を感じてしまうかもしれません。とくに発作が夜起こって、「大丈夫だ」と声をかけて心を落ち着かせてくれる人も、いざとなったら病院に連れて行ってくれる人もそばにいなかったらどんなにか不安なことでしょう。心臓はどんどん激しく高鳴り、破裂してしまいそうです。そんな時、たいていの人はもっとひどくなるのが心配で身動きできず、じっと横になったままでいるでしょう。そこに恐怖が襲ってきます。自分の身体――とくに心臓!――に予期していなかった突然の異常が起きた時、不安になるのは当然です。

ここで、前に説明した「恐怖↓アドレナリン分泌↓恐怖」のサイクルを思い出してください。恐怖がアドレナリンの過剰な分泌を引き起こすと、すでに動悸が始まっている心臓はさらに刺激を受け、鼓動を速め、発作の持続時間を長くします。そうなると、このまま死ぬのではないかと思ってパニック状態に陥ることもあります。得体のしれないものが襲ってくるのをただ待つしかないのですから!手が汗ばみ、顔がほてり、指先に針で刺されたような痛みを感じたりします。

恐怖とともに過ごすその時間はとても長く感じられるかもしれませんが、実際はあまり時間が経たないうちに、発作は次第に治まっていきます。必ずいつもそうなるものなのです。そして、しばらくのあいだは何もなく、平穏にすぎるかもしれません。でも、一度そんな恐ろしい経験をすると、またそれが襲ってくるのではと不安で、その後何日も神経をとがらせ、心臓の鼓動に耳をすませたり、一日に何度も脈拍を測ってみたりします。そして、動悸が戻ってこなければ、だんだんと気持ちも落ち着き、毎日の生活に追われる中で発作のことは忘れてしまいます。でも、もし二度目の発作がやってくると、今度は本当に心配になります。どこかに行ってしまったと思っていたあの「恐ろしいもの」が戻ってきて、居座ろうとしているのですから!

こうなると、動悸の発作の再発を恐れるだけでなく、「ほかにいったいどんなに恐ろしいことが待ち受けているのだろう」と不安になり、つねに緊張した状態が続くようになります。そして、その緊張がより多くのアドレナリンの分泌を促し、胃をむかつかせたり、手に汗をかかせたり、つねに心臓の鼓動を速くさせたりします。このような症状が出てくると、その人はさらに不安を感じ、さらにアドレナリンの分泌が促されます。つまり、「恐怖→アドレナリン→恐怖」のサイクル（悪循環）にはまってしまうのです。

■恐怖が緊張を生む

この段階に至った人の多くは「どこか悪いに違いない」と思って、医師のもとを訪れます。たいていの場合、医師は患者さんに大丈夫だと納得させ、恐怖心をなくすことに成功します。でも、残念ながら、時には患者さんが十分納得できないまま、安静にするように指示され、「様子をみましょう」とか「決して無理をしないように」などと言われる場合もあります。そんなふうに言われたら、普通の人、とくにまだ知識や経験の浅い若い人などは、ベッドに横になって、「どこかおかしい心臓」のことを悶々と考え、心臓に負担をかけることを恐れて身体を動かそうとしなくなります。この人は、医師にかかる前から「また動悸の発作が起こるのではないか」と不安で、すでに神経がつねに緊張した状態にあったわけですから、こうなった場合、その緊張の度合いがどれほどのものになるか想像してみてください。もしかすると、あなた自身、こんな状態を経験したことがあるかもしれませんね。

また逆に、患者さんを安心させるために、医師が「大丈夫ですよ」「心配ありませんよ」などと言って、症状をあまり深刻に受け止めない様子だと、患者は「本当はひどく悪いのに、そのことを隠してすべてを自分に言わないでいるのだ」と思い込んで、自分で勝手にベッドで安静にしていようとすることもあります。

いずれの場合も、患者さんが緊張し、また発作に襲われるに違いないと不安に思っている状態で、実際にまた動悸の発作に襲われると、その人はますますベッドにしがみつくようになります。皮肉なことに、横になって休んでいる時間が長ければ長いほど、悶々と考え続ける時間も長くなり、緊張と不安の度合いが一層高まります。一日に何度も自分の脈拍を測ってみますが、大きな不安を抱えていれば脈拍は増えて当然です。動悸の発作を起こした時ほどではないにしても、心臓の鼓動は正常な状態よりもつねに速くなっています。それに、このような状態になっている人には心臓が実際より速く打っているように感じられます。それは、心臓の鼓動の一回一回に神経を集中させているからです。心臓がドクドク、バクバクと激しく脈打っているように思えるのです。ある男性はいろいろと考えたあげく、二つの枕を横に並べ、その間に空いた隙間に耳をあてるようにしていました。そうすれば激しい心臓の鼓動が多少でも耳に響きにくくなると考えたからです。

こんな状態になった人はとてもみじめな気持ちになります。食欲はなくなり、体重も減り、いつ発作が起こるかわからないので一人になるのはこわいけれど、人前で発作が起きたら恥ずかしいから人と一緒にいるのも不安だ……そんな自分が憐れに思えます。こうなると、胃のむかつきを感じたり手に汗をかいたり、心臓のあたりに痛みを感じたり、鼓動が速くなったり、めまいがしたり、頭痛がしたりといった神経症のさまざまな症状に襲われる、つまり「恐怖→アドレナリン→恐怖」のサイクルに完全にはまりこんでしまうのは時間の問題です。

今取り上げたのは、動悸に対する恐怖が神経症につながるというケースですが、動悸に限らず、身体的異常に対する恐怖が神経症を引き起こすことはよくあります。たとえば、心臓のあたりに痛みを感じた時、心と身体の仕組みについて何も知らないと、ただびっくりして、勝手に狭心症だと思い込んでしまうかもしれません。あるいは、ストレスと不安を抱えていて、いつも緊張した状態で生活している人が、胃の不調や心臓の「震え」を感じて不安になるという場合もあるでしょう。きっかけが何であれ、不安な状態が続けば、それに対する反応としてアドレナリンの分泌を促す神経が過敏になり、次第にさまざまな不快症状が始まり、生活に支障をきたすようになります。そして、そのような状態を克服しようと懸命に戦ったり、逃げ出そうとするうちに、先ほど挙げた動悸がきっかけとなったケースと同じように、「恐怖↓アドレナリン↓恐怖」のサイクルにつかまってしまうのです。

このような不快な症状や異常な感覚は、人によって、あるいはその時によって程度の差はありますが、ほとんど一日中つきまとうことが多いものです。確かに一時的に解放されることもあります。たとえば、朝起きてみたら不思議なほど症状が治まり、気持ちも落ち着いていて、一時間ほど静かに横になっていられたが、そのあとまた不快な症状が始まる……といった具合です。中には、夜、一番落ち着いた状態になる人もいます。一方、そのような「ひと休み」がまったくない場合もあります。

■パニックも克服できる

神経症の人の中には、絶えずこのような不快な感覚に悩まされるだけでなく、それに加えて、時折、強いパニック感に襲われるという人もいます。中には二、三分毎にパニックの発作に襲われ、そのような状態が数時間続くという人もいます。仕事中、はたから見て、変だと思われないようにしようとがんばっている時に、このような発作に襲われたら、どんなにつらいことでしょう。起こってほしくない時に発作に襲われるのでは……とびくびくしながら生活するのはどんなに大変なことでしょう。

でも皮肉なことに、発作はそういう時に限って、狙いを定めるかのように襲ってくるのです。なぜなら、そのような時こそ、不安と恐怖を一番大きく感じる時だからです。

中には、動悸は再発しなくなったけれど、恐怖が原因で引き起こされるそのほかの症状がそれ以上に心配で、不安が消えないというケースもありますが、一般には動悸を頻繁に感じる状態が続き、苦しみに拍車がかかる場合のほうが多いようです。

パニック発作まで起こすのは決して極端な例ではありません。私はこのようなケースを数多く見てきているので、きちんとお話ししておきたいと思います。この段階に至った患者さんが、適切な治療が受けられないまま、何年も苦しみ続け、医者を次々と変える……そんなケースも見てきています。

健康な人にはこのような状況を理解することがなかなかできません。「こわいこわいと言っている子供みたいじゃないか」「そんなことでパニックになるなんて大げさな」と思う人もいるかもしれません。「もっとしっかりして、せっせと仕事をしていれば、そんなくだらないことなんか全部忘れられるのに……」と思う人もいるかもしれません。このような症状に苦しんでいる人は、もちろん「そうできたらいいのに」と思っているのです。でも、健康な人たちにはよくわかっていないことが一つあります。それは、この段階に至るまでに、患者さんはとても大きな恐怖を心に抱えているということです。それは、普通の人が知っている、あるいは想像するよりずっと大きな恐怖なのです。極度の疲労が伴っていると、パニック発作は再発のたびに、単にその程度が増すばかりでなく、より些細な「きっかけ」で起こるようになっていきます。発作が起きることを心配するあまり、かえって発作が起きるということも出てきます。きっかけはどこにでもあります。たとえば、初対面の人に会う、みんなが出かけて一人取り残される……そんなことを考えるだけでも、あるいはドアがバタンと閉まる音さえもがきっかけになり得るのです。それに、しっかりして、きちんと仕事をしたいと強く願っていたとしても、恐怖の発作が頻繁に、激しく襲ってくるようになると、その願望に従って行動しようという意志が機能しなくなってしまうのです。

私は数年前、手術後の静養中に友人たちと一緒に暮らしていたことがあります。その時、友人たちがハイキングを計画し、一人の青年を誘いました。友人たちは「歩くのは決して長い距離ではないから大丈夫だ」と言いました。(でも、正直なところ、私はその青年の長い脚を見ながら、私にとってはそれでも長いだろうと思いました。)ところが驚いたことに、歩き始めてみると、この長身の青年はいつもみんなより遅れがちで、私たちは彼が追いつくのを何度も待たなければなりませんでした。昼食時には、彼は疲れ果てて草むらにあおむけに倒れてしまいました。あとになって、この青年は私に事情を話してくれました。学生時代から何年もの間、繰り返し激しいパニック発作に襲われていて、人生がまるで悪夢のようになっていたというのです。とくに何か特定のことを恐れていたわけではなく、発作の時に感じる恐怖感そのものにつねに不安を感じていたそうです。そのためひどく疲れていて、ほんの少し歩くのも大変になってしまっていたのです。

この青年はのちにすっかり回復し、科学調査隊のリーダーを務めることができるまでになりました。ここで彼のことをお話ししたのは、パニックに苦しんでいた彼が弱い人間などではなく、聡明な科学者として責任のある地位に就くまでになったことをお伝えしたかったからです。十年間も苦しんでいた彼は、適切な助けを得ることによって短期間で回復することができたのです。

■がんばりすぎるのは逆効果

神経症の患者さんは決して弱い人間でも、臆病者でもありません。それどころか、とても勇敢な人たちで、大きな勇気を奮って全力で障害と戦っています。問題は、その勇気が見当違いの方向に発揮される場合がよくあることです。目を覚ましている間、ほとんど一瞬の休みもなく戦い続けている人もいるでしょう。一日中、全身の筋肉を緊張させ、手を握り締め、意識的にほかのことに神経を集中させて、自分の絶望的な状態を何とか忘れようと必死に戦い続けるのです。あるいは、そのみじめな「牢獄」から脱出する道を必死で探し、自分の心の中をあちこちさまよい続けて、結局は八方ふさがりだと感じている人もいるでしょう。どちらの場合もちょっと方向が間違っています。

一日中戦い続けた人は、夜になると疲れ果ててベッドに倒れ込みますが、安らかな眠りはなかなか得られません。神経の極度な疲労から死んだように眠りこける、あるいは神経が高ぶっているために寝ついた後何度も目を覚ますといった経験はあなたにもあるかもしれませんね。中には精神安定剤や睡眠剤の助けを借りなくては寝つけない、あるいはもっとひどい場合は、どんな薬を飲んでもまったく眠れないという人もいます。

時には、夜まだ早いうちはそうつらくないように感じられることもあります。ほとんど普通と変わらないような感じがして、「自分はとうとう『あれ』を克服したんだ」と思えてきます。そして、「もう終わったんだ。明日はきっと昔の自分に戻っている」と期待しながらベッドに入る夜もあることでしょう。でも、目覚めると、またひどい発作と不快な症状に襲われるのです。前夜あれほど気分がよかったのに、朝になったら前と同じくらい、あるいはそれ以上にひどい気分になるのはなぜか、患者さんには理解できません。こんなことが重なると一層絶望的な気持ちになります。そして、本当は簡単にすぐ回復する方法があるのに、自分にはそれがどうしてもできないのだと思ったり、この苦しみから逃れてもとのような平穏な気持ちを取り戻す方法はないのだ、そんなことは不可能なのだと思い込んだりしてしまいます。

いつも必死で戦っている人は、静かに座って本に読みふけったり、テレビを楽しんでいる人を見ると、「自分も前はそうだったのに」とうらやましく思い、自分がそんなふうにできたのは何か月前、何年前のことだったろう……と暗澹たる気持ちで、失われた時を思い出したりします。そして、前の自分を取り戻すには、戦う以外ないのだと自分を納得させます。患者さんにとって、戦うことは自然な防御反応で、自分が知る限り唯一の武器なのです。だからさらに激しく戦おうとします。でも、激しく戦えば戦うほど、病状は悪くなります。それは当然です。戦いは緊張を意味し、緊張はアドレナリンの増加を意味するからです。緊張によって、アドレナリンの分泌を促す神経に対する刺激が増えた状態にあれば、当然症状は続きます。つまり、がむしゃらに戦うことは逆効果なのです。でも、困ったことに、本人が「戦わなくては」と思うだけでなく、たいていの場合、友人たちも「負けちゃダメ、戦わなくちゃ」と忠告してきます。時には医師までもが「戦わなくてはいけない。何もせずに負けてしまってはいけない」と言ったりするのです。

自分に一体何が起こっているのか、患者さんには理解できません。自分で自分のことがわからなくなってしまうのです。ですから、自分で自分の首を絞めていることにもなかなか気づきません。つまり、恐怖心、戦わなければという気持ち、そして恐怖から逃れようとする気持ちのせいでさらに苦しくなっているのだということがわからなくなってしまうのです。

この段階に至った患者さんの中には、激しい頭痛を訴える人もいます。鉄の輪で頭を締めつけられているような感じ、あるいは頭の上に重石を乗せられて押さえつけられているような感じがするという人もいます。また、めまいや吐き気がする、深く息を吸えない、心臓のまわりに鈍い痛みを感じる、心臓の下あたりに鋭い痛み（「ナイフで刺されるような痛み」と言う人もいます）を感じるといったこともあります。そのほかにも、心臓の鼓動が異常なまでに遅くなる、不規則になる、弱々しくなるといった奇妙な感じを経験することもあります。身体的症状以外に、頭と心の症状として、人や物事にまったく興味が持てなくなる、つねに緊張していて、ささいなことでもすぐ動揺するといったことがあります。

■疲れ切って倒れてしまう

こんな状態が続くと、いつかきっと、患者さんは恐怖の重荷に耐えかね、自分にはこれが最後と思える力をも使い果たし、衰弱し切って倒れてしまいます。家族はびっくりしてオロオロするばかりです。病院の廊下で、家族は医師に「先生、とうとう倒れてしまいました」とささやきます。そして、患者さんの生活に変化が訪れます。そのささやきが患者さんをベッドにしばりつける鎖の役目をするのです。患者さんは当惑します。何とか朝ベッドから出て一日を過ごしていた時でさえ、この神経症から抜け出す道を見つけることはできなかったのです。倒れてしまった今、いったいどうしたらその道を見つけられるというのでしょう！　病気との闘いが手に負えないほど大きなものに思えます。回復の道は這い登ることすらできないほど急な坂道に見えます。そのためにかえって、何週間も、時には何か月ものあいだベッドに横になり天井を見つめて過ごすことになったり、集中治療を受けるために病院に緊急搬送されることになったりするのです。

■恐怖がたどる一般的パターン

みなさんの中にも、今お話ししたような患者さんたちの状況と自分の状況を重ね合わせることができる人がいるのではないでしょうか。もしかすると、自分の抱えるわけのわからない症状の原因が恐怖にあることを知って、「目からうろこ」のように感じている人もいるかもしれませんね。

神経症の度合いが重い場合も、軽い場合も、基本的な原因は恐怖にあります。前にお話ししたように、心の葛藤、悲しみ、罪の意識、あるいは屈辱感といったものが神経症の発症の「きっかけ」となることはありますが、そう時間のたたないうちに恐怖が大きな原因となっていきます。愛する人を亡くすといった大きな悲しみも、一人で未来に立ち向かわなければならないという恐怖と混ざり合っています。また、性に関わるさまざまな問題は、恐怖や罪の意識と結びついた時によく神経症の原因になります。罪悪感は恐怖への扉を開きますし、不安、心配、おびえといった感情も恐怖心が形を変えたものにすぎません。

確かに、状況によっては、恐怖心ではなくストレスが神経症を引き起こすのではないかという議論も成り立ちます。たとえば、年老いた病身の親の面倒を見ている中年の女性の場合、大きなストレスが長く続いていることが考えられます。でも、毎日を何とか切り抜け、あまり遠い将来のことは考えないように、親の世話をしなければいけないということをあまり大げさに考えないようにしているかぎり、彼女はそのようなストレスに何か月も、何年も耐えることができます。時にはくじけそうになって助けを必要とすることはあっても、衰弱し切って倒れてしまうことはないでしょう。

私は以前、かなり長い期間、親の世話をし続けていたある女性について意見を述べたことがあります。私が今お話ししたようなことを言うと、彼女の兄弟はこんなふうに言いました。「ええ、ナディアにとって大きなストレスであることは確かです。でも、ナディアは自分のことをくよくよ考えたりは決してしないんです」。この女性が大変な状況に耐えることができたカギはそこにありました。もし同情的な友人たちの言葉に耳を傾け、自分がみじめな境遇にあると思い、将来に不安を持ち始めたりしていたら、彼女は神経症患者の予備軍となっていたことでしょう。

ストレスはひどい頭痛(ナディアにも偏頭痛がありました)や、極度の身体的疲労を引き起こす原因となり得ますが、恐怖が伴わない限り、神経症などの心の病を引き起こすことはありません。仕事やそのほかの「やるべきこと」が、疲労した身体の限界を超えるまでになり、それでも責任があるからやり続けなければならないというような状況になると、通常、恐怖が姿を現します。そして、それに続いて神経症の症状が出てくる場合がありますが、それは、一般に信じられているように、ストレスが生み出す極度の疲労によって引き起こされたものではなく、その状況がもたらした恐怖によって引き起こされたものと考えたほうがいいでしょう。

■「恐れている」と認めるのはむずかしい

何かを恐れていると認めるのは、たとえ自分に対して認めるだけでも、むずかしいことがあります。ある女性は神経がぴりぴりしているのは恐怖のせいではなく、胃の痙攣のせいだと言い続けていました。ですから、私はこの患者さんと話す時は「恐怖」という言葉を使うのを避け、「緊張」という言葉を使って、それが胃の痙攣を引き起こしているのだと納得させるように努めました。彼女の胃の痙攣は六か月続いていました。食べ物も睡眠もろくにとらず、みじめな気持ちをそのまま反映するかのように、外見も憔悴しきっていました。でも、胃の痙攣が、緊張によって促進されたアドレナリンの分泌によって引き起こされているのだということを受け入れられるようになると、気持ちが楽になり、一か月もたたないうちに痙攣は止まりました。でも、彼女自身は治ったあとも、自分はその症状に対して恐怖など感じていなかったと主張し続けていました。

この女性の症状がなくなった理由を説明するのに、恐怖がなくなったこと以外、何を挙げることができるでしょう？　彼女に聞いてみると、「私はあの症状がいやでたまらなかった。そのいやでたまらない気持ちがなくなったから症状も消えたのです」という答えが返ってきました。つまり、六か月ものあいだ、症状に対する「嫌悪感」に自分の人生を振り回されていたというのです。このような激しい嫌悪感と恐怖との違いは程度の差にすぎないかもしれません。少なくとも、身体的な症状に対する激しい嫌悪感は、恐怖に限りなく近くて、同じような神経の反応を引き起こし得るということは認めざるを得ないでしょう。

そう考えた方が気持ちが楽だというなら、恐怖を強度の嫌悪感だと主張し続けてもかまいません。強度の嫌悪感に対する身体的な反応が、恐怖に対するそれと非常に似通っていて、ほとんど差はないのだということさえ理解できるならば、どのような言い方をしようと変わりはありません。

■しつこくささやく心の声

神経が過敏になっている人の心の中には、最悪の事態ばかりを考えさせようと、しつこくささやく声があります。「ほかの人にはできる。ほかの人は治る。でも私はダメだ！」という声です。神経を病んでいる人の心は時として奇妙ないたずらを仕掛けてきます。そして、患者さんは簡単にそれにひっかかってしまうのです。神経がまだ非常に過敏な状態にある時、なかなかよくならないことを不満に思って、心が不平を言ったり弱音を吐くのはごく自然なことですが、患者さんにはそれがなかなか理解できません。

神経症はたいてい同じようなパターンをたどって回復します。悲観的な心の声がひんぱんに聞こえてくるというのもそのパターンの一部です。このような状況にあって、悲観的な考えが頭に浮かぶのは自然なことです。人間として当然の反応だと言ってもいいでしょう。その声は誰かに聞いてもらいたがっているのです。誰かが耳を傾けてあげる必要があります。ささやいてきたら無理に黙らせようとしたりしないでください。いずれにしても聞こえてくるのですから、言いたいことを全部言わせてあげましょう。恐怖を運んでくるようなら好きなだけそうさせてやりましょう。大事なのはそれを「見守る」ことです。勇気を奮い起こし、それに圧倒されることなく見守り続けていれば、そのうち必ず、そのささやきが自分から離れていくのを感じることができます。

■原因もパターンも一つだけ

この章で取り上げた神経症は、特定の問題の存在のために複雑になっている神経症（これについては後の章でまたお話しします）とは違います。恐怖そのものが引き起こしたさまざまな感覚に対する恐怖にのみ起因するもので、いわゆる神経症の中で最も一般的で単純な形のものです。あなたが抱えているのがこのタイプの神経症である場合は、今現れているさまざまな症状が、一つの原因（つまり恐怖）に起因する一つのパターンの一部であると認識することが回復へ向かう第一歩です。これらの症状はあなただけに特別なものではなく、あなたと同じ問題を抱えるたくさんの人が経験しています。

そして、多くの人が克服してきているのです。今、どんなにつらい症状に悩まされていても、いつかきっと、「なくなってほしい」とあなたが願っている症状、感覚をすべて消し去り、心の平安と身体の健康を取り戻すことができます。どうか安心して第一歩を踏み出してください。

第十章……単純型神経症の治療法

このタイプの神経症にかかっている人は、前にもお話ししたように、いろいろな症状に一日中悩まされていることが多いのですが、症状の中にいつもではなく時折現れるものがあることに気づいている人もいると思います。たとえば、胃がむかむかする感じや、手の平の発汗、心臓の鼓動が速くなるなどの症状は程度の差はあれ、ほぼいつも感じられますが、発作的に襲ってくる恐怖感や、動悸、不整脈、心臓のあたりの痛み、心臓が震えるような感じ、呼吸困難、めまい、吐き気などは、つねにではなく時折襲ってくることが多いのではないでしょうか。つねに感じられる症状は、恐怖がずっと続いているために「慢性的」になっているのです。一方、間隔を置いて襲ってくる発作的症状は、継続的な恐怖の強さに変化があって、それとともに現れるので「周期的」になっているのです。

症状はいろいろでも、その治療法のカギは、ごく単純ないくつかのルールにあります。ここで紹介するルールを読んで、「なんだか単純すぎる。私の問題は複雑だから、治すにはもっと強力な、特別な治療法が必要だ」と思う人もいるかもしれません。でも、その気持ちはちょっと横に置いておいてください。この単純な治療の原則の応用方法を知ることは、きっとあなたの役に立ちます。ここに書かれた指示を何度も読み返さなければならないこともあるかもしれませんが、読み返すことで理解が深まり、より楽に応用できるようになります。ですからぜひ、先入観にとらわれず、先を読んでみてください。

治療の根本原則は次の四つです。

・真正面から向き合う
・受け入れる
・浮かんで通り過ぎる《フローティング》
・時が経つのに任せる

見てわかる通り、この治療法には難解なところも目新しい点もありません。でも、これらの原則と反対のことをしたために、神経症が悪化してしまったというケースは数え切れないほどあります！

例を見てみましょう。恐怖によって引き起こされた身体的な不快感覚を恐れるあまり回復が遅れていた患者さんたちは、どのようにして自分の神経症に対処したのでしょうか。

ある男性はまず、自分の症状に対して必要以上に警戒心を抱き、それらが現れるたびに細かに観察し、「不安げに耳をそばだてる」ようになりました。そういった「招かれざる感覚」から自由になろうとして彼がとった行動は、身構えてそれを迎えるか、あわてて気晴らしを探して無理矢理忘れるか、どちらかでした。つまり、戦うか逃げるか、そのいずれかの方法をとったわけです。

彼はまたとても戸惑いました。すぐに治療法を見つけることができなかったからです。経過を振り返り、何の回復の兆しもなく時間ばかりが経つことに不安と焦燥感を持ち続けていました。それはまるで、「自分に取りついた悪霊を払うには、自分か医者が秘術を心得ていなければならない」と信じていて、それが見つからないことにいらだちを感じているかのようでした。彼には辛抱強さが足りませんでした。時間の経過に任せることができなかったのです。
彼の対処法がどんなものだったか、簡単に言うとこうなります。

・真正面から向き合わずに逃げ出した
・受け入れずに戦った
・浮かんで通り過ぎずに、立ち止まって「耳をそばだて」た
・時の経過に任せず、辛抱強く待たなかった

つまり、この男性は四つの原則と正反対のことをしていたのです。

次の章からは、ここで紹介した四つの原則を使って、どのようにしたらあなたがあなた自身を治すことができるか、一つずつくわしくお話ししたいと思います。

第十一章……真正面から向き合う

治る力はあなたの中から湧き出るものです。「真正面から向き合う」というのはそのことを前提としています。もちろん、その力を引き出すには外部からの適切な指導や助けも必要です。でも、基本的にはあなた自身の努力によって引き出されるものです。その努力の第一歩が、恐れているものに真正面から向き合うことなのです。**回復のカギは、あなたが行くことを恐れている「場所」や、やることや思い出すことを恐れている「行為や体験」の中にあります。**

真正面から向き合うことには、もう一つの意味があります。それは、「症状を悪化させるのでは」と恐れるあまり、それらから目をそらしたりしないということです。目をそらすのはその場から立ち去るのと同じです。真正面から向き合うのとは逆です。

■真正面から向き合うことの大切さ

真正面から向き合うことを避けていた患者さんの例を一つ紹介しましょう。この患者さんはカナダの人で、家から出るとパニックを起こしていました。そのせいで、一人でも、あるいは誰かと一緒でも、またどんなに近くでも、家から出ることをとても恐れるようになりました。

セラピストはこの男性に、パニックを起こさず行けるところまでまず行ってみるように勧めました。もし発作に襲われたら（そんなことを言われたら、そうなって当然です！）、家に戻り、しばらく時間をおいてまたその「旅」を再開し、不安を感じることなく行けるところまで行ってみるように勧めたのです。セラピストが目指していたのは、外出することに徐々に慣れるようにして、最終的にパニックを起こさずに目的地まで行けるようにすることでした。

この方法はとてもうまくいき、男性は休暇を利用してアメリカまで旅行することに決めました。そして、パニック発作に襲われることなくラスベガスで二週間を過ごし、意気揚々と家に戻ってきました。

帰国した翌日、パニックに悩まされていた頃に何度も行ったことのある銀行に出かけました。そして、いつもの場所に並び、ふちの太い眼鏡をかけたいつもの行員に銀行通帳を手渡そうとしました。その時突然、記憶がどっと戻ってきてパニック状態に陥ってしまったのです。この発作は彼にとても大きな打撃を与えました。なぜなら、パニックと一緒に絶望感が襲ってきたからです。旅に出るまで、あんなにうまくコントロールできていたのに……ただ銀行で列に並んだだけで、あれが戻ってきてしまうなんて！　彼が絶望し「もうどうしようもない」と思ったのも無理はありません。彼はすべてに見放されたように感じました。

この男性の場合、何が問題だったのでしょう？　彼が心の平安を見つけたのは、ひたすら旅に「慣れること」によってでした。パニックに正面から向き合うことはしていませんでした。パニックにどう対処したらいいか、完全には学んでいなかったのです。つまり、教えられていたのは、パニックを起こさないようにすること、起きても軽くてすむようにすることだけでした。パニックをやりすごして、「こんなことは、もう大したことではない。もうどうでもいいことなのだ」と感じられるようにするにはどうしたらいいかは教えてもらっていなかったのです。

恐怖の対象を避けることが助けになっていると感じる人がいるのは確かです。でも、その状態ではパニックの再発に対して無防備です。パニックの兆候をほんのわずか感じただけで、その人が勇気を絞り出して掲げていた小さな旗はもみくちゃにされてしまいます。

■あれが起きても大したことではない

これはとても大事なことなので、ぜひよく聞いてください。パニックを完全に克服するには、「あれは今ここでは起きないだろう。だから大丈夫だ……」と希望的に自分に言い聞かせるのではなく、あなたを本当に支えてくれる次のような言葉を心で唱える必要があります。それは、「たとえ今ここであれが起きても大したことではない。起ころうが起きまいが、あれはもう大したことではないのだ。自分でなんとかできる！」という言葉です。「たぶんここでは起きないだろう……」と考え続けるかぎり、頭上に吊るされたダモクレスの剣を取り払うことはできません。その剣はいつ落ちて来るかわからないのです。

私の場合は、家から離れて旅行をするのが怖いという患者さんに対して、今お話ししたような「慣れるようにする」という方法は使いませんが、特定なものに対する恐怖症、たとえば猫、雷、高所などを病的に恐れるケースについては使うことがあります。恐怖の対象に少しずつ慣れるようにする方法は、行動主義の心理学者たちによって確立しています。そういった方法が、今言ったようなものに対する恐怖症の症状を和らげるだけでなく、完全に克服するのに役立つ場合がよくあるのは事実です。

また、次のようなケースもあります。神経症に伴うさまざまな症状を長く感じているうちに慣れてきて、「大したことではない」と受け止められるようになる場合です。そうなれば当然、それらを深刻に受け止めることから生じるストレスがなくなり、症状そのものが軽くなったり、なくなったりすることもあります。

この章のはじめに、「真正面から向き合う」ことは、治る力が外からではなく、あなた自身の中から湧き出るものであることを前提としていると言いましたが、これはまた、回復への道のりが困難なものになり得ることも意味します。なぜなら、外から借りてきた助けだけでは完全な回復はむずかしいからです。あるジャーナリストは雑誌に次のように書いていました。「私は長い間広場恐怖症《アゴラフォビア》に苦しんでいましたが、今は特別な薬を一錠、一日三回飲めばどこにでも行けるようになりました。あとは薬をやめればいいだけです。それで完全に治るんです！」薬をやめさえすればいい！これは、まだ足は不自由だけれど、杖を捨てて歩き出しさえすればそれで治る……そう言っているのと同じです。

この女性ジャーナリストが本当に治るかどうかは、錠剤を飲まずにはじめて外出してみた時、運よく恐怖症に襲われないですむかどうかにかかっています。もし彼女が「自分にはそれができる」と信じていて、その確信を持ち続けることができれば、きっとすべてがうまくいくことでしょう。でも、もし「パニックに襲われるのではないか」という不安がほんのわずかでも頭をもたげてきたら、すべてが元の木阿弥になってしまうかもしれません。

これは神経症の症状にもあてはまります。薬で抑えていた症状が、薬をやめたら戻ってきて後戻りしてしまうケースです。これでは、症状に真正面から向き合い、完全に治すタイミングをただ遅らせているだけです。薬が役に立つ場合は確かにあります。でも、その使用には慎重さが必要です。このことについてはあとでまたお話しします。

■恐怖そのものに向き合う

神経症は多くの場合、いろいろな症状や体験に対する恐怖が原因となって発症します。それを完全に治すには、まず恐怖そのものに向き合うことから始める必要があります。とくに、恐怖がピークに達している時に、「適切な方法で」向き合うことが大事です。

でも、何も考えずにただ闇雲に恐怖に向き合おうとするのではダメです。確かにそうするのは勇敢なことではあるかもしれませんが、たいていは効果がなく、疲れ切ってしまうだけです。神経症から回復するためには、どうやって恐怖と向き合ったらいいか、適切な方法を学ぶ必要があります。それが、次からお話しする三つの方法——「受け入れる」「浮かんで通り過ぎる《フローティング》」「時が経つのにまかせる」という三つの方法です。

第十二章……受け入れる

真正面から向き合う心の準備ができたら、次のステップは受け入れることです。受け入れることは回復のための大事なカギなので、それが何を意味するか、はじめにしっかり確認しておきましょう。「受け入れる」というのは、「**身体から力を抜き、できるかぎり楽な状態で、恐怖の対象である症状や体験から尻込みせずに、それらに向かって進んでいく**」ということです。あるがままを受け入れる、なんとかうまく付き合っていく、あるいは、風に吹かれて揺れる柳のようにやりすごす、パンチを受けてもただ受け流すなどと言ってもいいでしょう。

このような姿勢でパニック（恐怖の対象である症状や行為・体験）を受け入れると、あまり緊張しないでいられるので、症状を生み出すホルモン（主にアドレナリン）の分泌が抑えられます。少なくなる量はわずかかもしれませんが、確実に抑えられるのです。反対に身構えて後ずさりしてしまうと、緊張が高まってホルモンの分泌が促進され、そのため神経がさらに過敏になり、症状もひどくなってしまいます。

はじめは身体的な症状、とくに強いパニック症状を受け入れることなど不可能に思えるかもしれませんが、受け入れることについて「考える」だけならきっと誰にでもできるでしょう。そうするだけでもいくらか緊張が和らぎます。先程も言ったように、はじめは本当にごくわずかかもしれませんが、少しでも緊張が和らげば、たとえ最悪の状態になったとしても「最悪」の程度がわずかながら少なくなります。一方、緊張したまま歯を食いしばり、自分を無理に奮い立たせて「好きなだけ暴れろ！ともかく早く終わってくれ！」と叫んでいたら、それは単に「耐え忍んでいる」にすぎません。

患者さんの中には、受け入れたけれど、忌まわしい症状は一向に収まらないと訴える人もいます。「先生がおっしゃる通り、胃がむかむかするのを受け入れることにしました。でも症状は収まりません！　次はいったいどうしたらいいんですか？」この患者さんは本当に受け入れることができていたのでしょうか？　症状に関して文句を言ったり愚痴をこぼしているかぎり、その人はまだ本当に受け入れることができていません。

多くの患者さんが一番恐れている症状はパニックです。なぜなら、神経が過敏になっている人の場合、パニック発作は突然に、とても激しく襲ってきて、どんどん強くなっていくように感じられるからです。「起こるのではないか……」と不安に思いながらそのことを考えるだけでも、パニックを引き起こしかねないくらいなのです。そのような異常事態に対する自然な反応は尻込みすることです。でも、先程も言ったように、緊張して尻込みするとそれがさらに神経の過敏化を引き起こし、パニックを悪化させます。受け入れることは最終的に神経を落ち着かせるのに、確実に効果のある生理的プロセスです。「最終的に」という言葉を使ったのは、ほとんどの場合、この鎮静効果はその場ですぐに感じられるものではないからです。受け入れることであなたは回復への道のスタート地点に立ちます。でも、すでに固定化している過敏状態をすぐに解消することはなかなかできません。なぜなら、受け入れるという「新しい心の状態」が、本当のやすらぎをもたらしてくれるものだと感じられるようになるには時間がかかるからです。

神経症のさまざまな症状は、何らかの心の状態が表に現れたものです。でも、必ずしも「現在の心の状態」を反映しているとは限りません。受け入れるようにし始めた時には、身体はまだ、何週間か前、何か月か前、あるいは何年か前から続いている、緊張と恐怖に満ちた心の状態を引きずっています。ですから、受け入れる心構えがしっかりできて、実践を始めたあとも、前のような状態が続くことが多いのです。でも、少しずつかもしれませんが、必ず状態はよい方向に向いていきます。受け入れることの効果は少し遅れてやってくることを覚えておいてください。

このようなことがあるので、神経症はやっかいなのです。受け入れる努力を始めても、さまざまな症状がすぐに消えないと、患者さんはがっかりして、また不安になります。「自分はまだ途中の段階にいるのだ」と自分自身を納得させようとしても、心配でたまらなくなります。そんな時、私の言葉を思い出してください。

もう一度くりかえして言います。**本人が受け入れたことを身体がしっかり確認するには時間がかかります。ですから、心に平安がもたらされるのにも時間がかかります。**長期にわたる緊張と不安によって恐怖が心に根付くのに時間がかかるのと同じです。だからこそ、私が提案する四つの方法のうち最後の「時が経つのに任せる」ことが治療にとても重要な意味を持っているのです。

■理解は受け入れを助ける

理解は受け入れるための大きな助けになります。その人が「自分の心臓には何か医学的問題がある」と信じていたら、狂ったように高鳴る鼓動を「受け入れる」ことなど、できなくて当然です。不規則な心臓の鼓動が単に一時的なもので、神経のちょっとしたいたずらにすぎないのだとわかっていれば、もっと楽に受け入れることができるでしょう。

実際のところ、適切な説明は、受け入れるための心の準備をしている患者さんにとって、とても助けになります。でも、だれもがそのような説明を受けられるわけではありません。ある女性はこう言っています。「自分がどんなふうに感じているか、どう表現したらいいかわかりません。ただ、何かおかしな感じがするんです。でも、いくら私がそれを伝えようとしても、お医者様は私の顔を見ているだけで、何の説明もしてくれないのです！」

「おかしな感じ」という言葉は、神経症の患者さんが実際にどう感じているかをかなり正確に表しているかもしれません。実際のところ、このような「おかしな症状」を言葉で表現するのはむずかしいものです。なぜなら疲労と不安が相互に作用し合う時、そこから生まれるさまざまな症状は漠然としていて明確に表現できないものだからです。それでいて、それらの漠然とした症状は、明確に表現できる症状と同じように患者さんを苦しめるのです。

もしあなたが医師の診察をきちんと受け、おかしな症状は神経から来ていると言われていて、それでも不安を感じているとしたら、そのおかしな感じは神経症にはよくあることで、決して何か大きな病気にかかっているわけではないと自分に言い聞かせてください。そして、それらの症状を楽な気持ちで受け入れて、自分を安心させるよう努めてみてください。何も知らないまま受け入れることも、知識を得たうえで受け入れることも、同じように回復の助けになりますが、知識に後押ししてもらうとより楽に受け入れることができます。

医師の中には、このおかしな症状が神経から来ているものだとは知っていても、その生理学的仕組みをよく理解していないために、説明できないという人もいます。ですから、神経からくるおかしな感覚は、完全な説明がなくても（説明があればそれに越したことはありませんが、それが無理な場合でも）受け入れたほうがいいのです。でも、もっとはっきりした症状（たとえば、脱力感、震え、頭痛、激しい動悸、嚥下障害といった症状）に関する説明はきちんと受けられるはずですから、ぜひそうしてください。このことについては、あとの章でまたお話しします。

「先生は受け入れ、受け入れと簡単に言うけれど、そんなに簡単なことじゃない……」あなたの気持ちはよくわかります。私も軽い気持ちで言っているわけではありません。みなさんにしてほしいと思っているのがどんなことか、よくわかっています。すべてを呑み込む炎のように襲ってくるおかしな感覚を受け入れるのはたやすいことではありません。燃え盛る炎をしずめるのは簡単ではありません。身体がつねにブルブルと震えているように感じられる時、その状態を受け入れ、何とかしようとするのはたやすいことではありません。おまけに、胃がむかむかするし、手足が痛み、胸が激しく打ち、目がかすみ、頭がぐるぐる回っているような感じがするのですから……。こんなふうに言うと、何かとてもひどいことが起きているように聞こえるかもしれませんね。実際、それはとてもひどいことにもなり得ます。さらに、そのような症状を抱えると同時に、心がすっかり弱ってしまって、あとほんの少し力が加わっただけで折れてしまいそうに感じていたとしたら、どんなにかつらいことでしょう。こういったことを私はすべて承知しています。わかっていたうえで、それでも受け入れることが大事だと言っているのです。

■台風の目を見つける

ある日、一人の女性が電話をかけてきて、今朝はとくにとてもつらかったと話してくれました。彼女は「あと二、三時間したらウィークス先生と話をするのだ。そうすればきっと少し楽になるから！」と自分に言い聞かせることで、それまでの時間を耐えてきました。私と話したらきっと心に平穏がもたらされる……そう考えることで、彼女は持ちこたえられたのです。

でも、このような「平穏な時を待って生きる」だけでは本当の解決にはなりません。それでは、あまり先に進めないからです。だれかが平穏な時をもたらしてくれることを待つだけでは、長く続く本当の心の平安はもたらされません。苦しみからのこのような解放は一時的なものにすぎません。

私はこの女性に、次の二つのことを説明しました。一つは、心の平安は自分自身の中にあり、さまざまな症状がピークに達している時、それに対してどのような姿勢でいるかが、心に平安がもたらされるかどうかを決めるということ。そして、二つ目は、そういう時こそが、長く続く本当の平安を見つける助けとなる「受け入れ」を試みるチャンスだということです。

すると彼女はしばらく考えてから、こう言いました。「台風の目を見つけなければいけないということですね！」この女性は、私が言いたいことをわかってくれたのです。船乗りたちは、台風の中心には「目」があるとよく言います。嵐はそのまわりを吹き荒れますが、そこには入ってきません。この目を見つけるためには、船はまず嵐の中を通らなくてはなりません。

この女性も、無理することなく、自分のできる範囲でさまざまな症状を受け入れ（これが台風が吹き荒れる中を航海している状態です）、二番目の恐怖が加わらないようにすれば、自分で台風の目を見つけることができるでしょう。そして、はじめの頃は症状はこれまでにも増して強く感じられるかもしれませんが、「もう医師の慰めの言葉を待たなくてもいい、時間はかかったが自分は回復への道を歩み始めたのだ」とわかってくれれば、きっとそこに心の平安を見いだすことができるに違いありません。

このように自分で勝ち取った自信に基づいた心の平安は、症状がなくなったから得られるというものではありません。症状が吹き荒れる嵐の中心にあるのです。この中心、台風の目を見つけ出した時、はじめて、症状の激しさが治まり、平安がもたらされるのです。当然のことですが、このプロセスは急激にではなく徐々に進行します。私と話をした翌日、この女性は、まだつらくてたまらないが、アトリエで椅子に座り（彼女は画家でした）、二時間絵を描き続けたと報告してくれました。心の中では台風が猛威をふるい続けていましたが、仕事に没頭することができたのです。それは何か月もの間、できなかったことでした。仕事をしているあいだは、台風がそれほど重要なことに思えませんでした。そんなふうに感じたのははじめてでした。

嵐と真正面から向き合い、吹き荒れるがままにさせておくには勇気が必要です。この女性は十二年間、自分の「おかしな感覚」からずっと尻込みしていました。そして、ずっと病気のままだったのです。何か別のアプローチを試みる時期が来ていたのは明らかです。別のアプローチとは、嵐の中に飛び込み、それを進んで受け入れる――はじめは自分ができる範囲でいいのです――ことです。

■第二の恐怖を防ぐ

「恐怖の閃光」が単なる「放電」にすぎないと知ることが助けになる場合もよくあります。ひどく恐ろしいものに感じられるかもしれませんが、その実態は知覚神経における放電現象にすぎないのです。つまり、放電によって引き起こされた閃光を恐れて尻込みし、その閃光に自分の人生をめちゃくちゃにさせている人がたくさんいるということです。

これまでに何度も説明してきたように、怖がって後ずさりすると、緊張が生じ、パニックという炎をかき立てるホルモンの分泌がうながされます。真正面からそれと向き合い、身体と心を楽にして受け入れれば、ホルモンの流れを遅くし、いずれは止める助けになります。

神経が過敏になり、何が起こっているのかわからず途方に暮れている人は、過敏状態が悪化するにつれてパニック感が強まるように感じ、止めるすべのないパニックの波に呑み込まれていく自分を想像してしまうかもしれません。もしそういう人に、最もひどい閃光――自分にはもう耐えられないと思えるほどの強さの閃光――を分析する余裕があったとしたら、それがピークに達した時に、ぶるぶる震えながら後ずさりしている自分の姿に気づくことでしょう。

どんなにパニックが恐ろしくても、それを抑える方法はあります。それは、パニックに向かって突き進んでいくことです。そうすればいずれパニックは収まります。反対に、後ずさりしていては決してそれをしずめることはできません。

このことをよく理解し、あきらめずに実践していけば、いつかきっと、パニックに襲われても、自分とは遠く離れたところで起こっているように感じている自分に気がついて驚く日が来ます。それはまるで、パニックを上から見下ろしているような感覚です。パニックに対する恐怖は消えています。少し固い言葉になりますが、これが「ある状況を超越する」ということです。このプロセスはそのいい例です。

パニックに対する恐怖が消えれば、パニックは次第に弱まっていきます。時が回復を助けてくれます。大事なことなので何度も繰り返して言いたいと思います。回復の道は恐怖をなくすことにあり、それは「適切な方法でどのようにして恐怖を乗り越えるかを学ぶこと」によってしか達成されません。そして、その適切な方法とは受け入れることです。このようなことが理解できたら、すぐに治ってしまうこともあります。もちろんそれはまれなことですが、私はそのような例も見てきています。

繰り返しパニックに襲われて、患者さんが疲れ切ってしまうこともあります。私はそういう時、度を越さない程度に一時的に薬を使うように、そして、時々何もしないで心と身体を休ませる時間をとるように勧めます。それは患者さんの体力を回復させ、気分をリフレッシュさせる助けになるからです。

真正面から取り組み、受け入れるようにしていると、自分を支えてくれる内なる声が生まれてきます。投薬は、その声が聞こえなくならないように、適切に行われなければいけません。使いすぎては逆効果になることもあります。

■受け入れを実践する

パニックについてずいぶんたくさんお話ししてきましたが、これまでお話ししてきたことはすべて、さまざまな神経的症状――動悸、胃の不快感、手の震えなど――にあてはめることができます。パニックは一つの例として挙げただけです。どんな症状でも、「第二の恐怖」を付け加えないように、そのまま受け入れれば、次第に和らいでいきます。必ずそうなります。なぜなら、パニック以外の症状も、同じように恐怖から生み出されたものだからです。

今これを読んで、次のような疑問を持たれた方もあるかもしれません。「何らかの問題、悩み事――たとえば解決することがむずかしい家庭内の問題など――を抱え、そのためにストレスに（そしておそらくは恐怖にも）ずっとさらされ、神経がやられてしまったという場合は、これではだめなのではないですか？　神経からくるさまざまな症状を受け入れることは、そういう人の助けにはならないのではないですか？　そんなことをしても問題は解決しないのですから」

確かに問題を解決することはできません。でも、何らかの問題によってもたらされたストレスによって、神経からくる症状を抱えるようになった人も、それらの症状のせいでさらに苦しんでいるということがあるのではないでしょうか。頭を鉄の輪で締め付けられているような感じ、極度な疲労、動悸、手のひらの発汗といった症状はそういった人にも共通します。これらの症状の原因を理解することは、それらを恐れる気持ちを和らげるのに必ず役立ちます。そうすれば、きっと、問題を解決しようとすることにもっと集中できるようになるでしょう。

神経の不調を抱えているからという理由でこの本を読んでいる人は、今この場で、受け入れを実践してみてください。楽な姿勢をとって、大きく息を吸いゆっくりと吐き出してください。吐きながらおなかの筋肉がゆるみへこんでいくのを感じてください。抵抗するのをやめて、自ら進んで受け入れる感覚を味わうことに努めてください。その感覚をみぞおちのあたりで感じるようにしましょう。どうか今すぐに、やってみてください。

ふっと一瞬でも受け入れられたような感じがしませんでしたか？　もし感じられたら、それが回復への第一歩です。受け入れる努力を続けていれば、きっと症状は軽くなっていきます。そしていつのまにか気にならなくなって、ふと気がついたらなくなっていることでしょう。

「真の受容」と「耐え忍ぶ」こととの違いはきちんと理解しておく必要があります。忍耐には大きな勇気が必要ですが、結果的には「抵抗」を意味します。つまり、前進すると同時に後退しているのと同じです。前にも言ったように、これは「来るなら来て、さっさと終わらせてくれ！」という姿勢です。真の受容は真正面から向き合い、力を抜いて楽な状態でいること、できるかぎり自分で興奮状態を引き起こさないようにして、ゆっくりと前に進む心積もりでいることです。真の受け入れとは逆らわずにいることなのです。

私はこれまでに、本書だけでなくいろいろな機会に、「受け入れる」ことについて何度も繰り返しお話ししてきました。私がそれを重要視しすぎると思われた読者もいらっしゃるかもしれません。でもこれこそが回復のカギなので、何度繰り返し強調してもしすぎることはないと私は思っています。

私はまた、心の平安はパニックの裏側にあると何度も言ってきました。これも大事なことなので、もう一度繰り返しておきます。パニックを通り越してその反対側に抜けると、小さな声が聞こえてきます。それは「パニックが起こっても、もうそんなことはどうでもいいのだ！」という声です。あなたが耳を傾けるべきなのはこの声だけです。これがあなたの支えです。たとえ後戻りすることがあって、ほとんど救いようのないような最悪の状態になってしまったとしても、この声がいつもあなたを助けに来てくれます。あなたをまた立ち上がらせてくれます。そして、「あの忌まわしい化け物のことなどもうどうでもいいのだ」とあなたがもう一度感じることができるように助けてくれます。「もうどうでもいい、大したことではない」と思えるようになれば、勇気が戻ってきて、完全な受け入れに必要な自信を取り戻すことができるでしょう。そして、今度は、前よりももっと積極的に受け入れることができるかもしれません。

受け入れとは、銃を捨て、トラがこちらに向かってきてもそのままにしておくことを意味します。恐ろしいことのように思えますよね？　こんな危険なやり方の中に回復への道が見つかるなどとは信じられないかもしれません。でも、その通りなのです。

真正面から向き合うことと受け入れることが密接な関係を持っているのと同じように、受け入れることと「浮かんで通り過ぎる《フローティング》」ことの間にも密接な関係があって、この二つを区別するのはむずかしこともあります。

次に、浮かんで通り過ぎることについてお話ししましょう。

第十三章……浮かんで通り過ぎる

昔の正統派の精神医学では、治療における「恐怖に対する恐怖」の重要性はほとんど認められていませんでした。子供時代の体験の中に原因を見つけるやり方に重点が置かれることが多かったのです。でも、実はこのやり方は必ずしも必要なものではありませんでしたし、効果的でもありませんでした。

ある女性は次のように書いています。「私が診てもらった精神科医や心理療法士の中には、『恐怖に対する恐怖』の認識が治療に有効であることに耳を傾けようとする人は一人としていませんでした。でも、私はまさにそのせいで苦しんでいたのです。私がこれまでに出会った専門家たちはまるで石のようでした。石に道理を説くことはできません」

このようにして、失望し、当惑し、そしておそらくは大量の投薬によって感情を麻痺させられた患者さんたちは、望みをほとんど失った状態で病状を悪化させていきます。あるいは、自分で治療しようと試みる人もいるでしょう。

でも残念ながら、自己療法はうまくいかないことが多いのです。それは、「本能」は多くの場合、患者さんを間違った方向に導いてしまうからです。患者さんは病気と「戦おう」とします。本当は戦うのではなく、浮かんで通り過ぎなければいけません。

「先生、浮かんで通り過ぎるというのは正確に言うとどういうことなのですか?」私はよくそう聞かれます。具体的にお話しするとわかると思うので、一つ例を挙げましょう。神経が過敏になっていて恐怖を抱えている人は、極度な緊張状態にあるために、通りを歩く、店に入る、あるいはただ家の中で別の部屋に移動しようとするだけでも、足がすくんで前に進めないように感じることがあります。身体がこわばってしまうのです。そのような「麻痺状態」は過度の緊張のせいなのですが、その人自身がそのことを認識していることはまれです。実際のところ、こんな時に人間が本能的にしてしまう反応は、その状態に抵抗しようとしてさらに自分を緊張させ、無理矢理に前に進もうとすることです。

無理矢理自分に何かさせることはさらなる緊張を生みます。それは身体がもっとこわばってしまうことを意味します。そのせいで、思うように身体が動かず絶望的な気分になったその人のパニック状態は、さらにひどくなってしまうかもしれません。そうすると、思考が後退し（実際に頭の後ろの方に思考が縮こまっていくように感じることもあります）、「凍りついて」しまったように感じられます。そして最後には、それ以上何も考えられないような気がしてきます。「脳が麻痺する」というのがこの状態です。

広場恐怖症を抱える人たちは、この麻痺状態がどんなものか知っていて、家から外に出ようとする時、その状態に陥ることをひどく恐れます。その恐怖のせいで、多くの人が何年も家から出られないでいるのです。

ここで「浮かんで通り過ぎる」を実践するとどうなるか、見てみましょう。麻痺状態に陥ってしまった人は、自分に無理矢理何かをさせようとするのをやめて、身体からできるだけ力を抜き（肩や手足から力を抜き、全身がだらりとして、ふにゃふにゃになったような感覚を実際に感じるようにして）、大きく息を吸ってから、自分が何の抵抗も受けることなくふわふわと浮かんで前に進んでいるところを想像しながら、ゆっくりと息を吐くようにすると、緊張が少しとけて筋肉が緩み、前に進むことができるようになります。最初は足が震えたり、ぎくしゃくとした足取りかもしれませんが、きっと前に進めます。

■広場恐怖症

呼び名は少し難解ですが、広場恐怖症もごく普通の不安状態の一つにすぎません。不安状態にある人は、心臓の鼓動が速くなったり、手のひらに汗をかいたり、身体に力が入らないように感じたり、めまいがしたり、パニック感に襲われたりすることがあります。その時、その人が「この場所からすぐには出られない、逃げ出せない、だからこのままでは人前で恥ずかしい想いをすることになる……」と感じるような場所にいると、パニック発作がどんどん悪化していきます。だから、はじめからそういう場所に行ったり、人と会ったりするのを避けるようになってしまうのです。とくに、飛行機、駅の間隔の長い電車、劇場、コンサート会場といった、「すぐには外に出られない、あるいは出にくい状況・場所」に自分を置くことを避けるようになります。

私の考えはこうです――大部分の広場恐怖症の根本には今言ったようなパターンがあって、そうなるのは不安状態からくる自然な成り行きです。普通の不安状態にも軽いものから深刻なものまでいろいろな段階のものがあるのと同じように、広場恐怖症にも軽度なものと重度なものがあります。例えば、同じ人でも、日によって、気分がよくて一人で出かけられる、スーパーマーケットにだって行けるという時もあれば、玄関のドアの前に立つことすらできない日もある……といった具合です。このようなケースは軽度の広場恐怖症です。重度の場合は、つねに一人では出かけられず、中にはだれかと一緒でも出かけられないという人もいます。不安神経症から生じる広場恐怖症にはこのようにさまざまな度合いのものがあります。

■行動を伴ったリラックス

浮かんで通り過ぎることの別の例を挙げましょう。神経症の人は、朝目が覚めた時に、とても疲れていて、ベッドから出ること、着替えること、朝食をとること――とにかく「何かをすること」――を考えただけでも尻込みしてしまうことがあります。

こんな時、あなたは「つらくても、何とか気持ちをしゃんとさせなくては」とがんばる時もあるかもしれませんが、「やっぱり無理だ……」と思って、かえって落ち込み、みじめな気持ちでまたベッドにもぐり込んでしまうこともあるのではないでしょうか。ある女性は自分がアリになってエベレストを見上げているような気持ちがすると言っていました。

この女性は、先に待ち受ける厳しい戦いだけに目を向けるのではなく、こんなふうに考えたらいいのです――「いいわ、できるだけ自分にやさしくしながらがんばるわ。ただやり過ごすことを考える。無理にがんばったりしない。何にも逆らわず、成り行きに任せる。戦って突破しようなどとは思わない。じたばたするのはやめて、ふわりと身体を浮かせて、そこから離れる。身体だけじゃない、頭も心も、洋服までも一緒に浮かせるのよ！」

私が言っている「戦う」ことと「浮かんで通り過ぎる」ことの違いがわかってきましたか？　浮かんで通り過ぎるというのは、悲壮な思いで決意を固めたり、歯を食いしばってがんばったり「しない」ことを意味します。つまり、がんばるのは最低限にするということです。

「浮かんで通り過ぎるというのは、単にリラックスするというだけのことじゃないの？」そう思われた方もあるかもしれません。確かにリラックスすることも含まれますが、浮かんで通り過ぎることにはそれ以上の意味があります。それは行動を伴っている点です。真正面から向き合い、心と身体の力を抜き、それから浮かんで通り過ぎるのです。

ですから、浮かんで通り過ぎるというのは、横たわって天井を見つめながら、「がんばらなくていい。じたばたするのはもうやめる。ただずっと、ベッドにこうやって横たわって何もしないでいよう」と思うこととは違います。これではただリラックスしているだけです。行動を伴ったリラックスではありません。ただし、このように一時的に「それについて何もしないでいる」というのは、いい効果をもたらすこともあります。気分転換の効果です——本当に「一時的」な効果ではありますが。

自分の身体を疲労の沼から救い出し、ふわりと浮かばせて通り過ぎて行こうとする時、無理に回復への道を探す必要はありません。それは、自分自身は身体から抜け出して、あとは身体が勝手に迷路からの出口を見つけるのをながめている……といった感じです。怪我をした時、身体は私たちから特別に指示がなくても、自然にうまく治します。神経も同じです。身体はチャンスが与えられ、傷をほじくり返す詮索好きな指先に邪魔されなければ、過敏になった神経も治すことができます。**浮かんでください。傷をいじり続けるのはやめましょう。**

神経症をわずらっていると、同じ問題に何度も繰り返しぶつかることがよくあります。同じ戦いを何度も繰り返していると、患者さんはすっかり気力を失い、そこから抜け出す出口を探し続けることがむずかしくなります。戦うことによってエネルギーを吸い取られていくような場合には、浮かんで通り過ぎるようにすれば、出口を探し続けるのが少し楽になります。浮かんで通り過ぎれば、無理矢理がんばることによって引き起こされる緊張が取りのぞかれるからです。

浮かんで通り過ぎることを学ぼうと思っても、緊張の度合いが強すぎると、緊張した身体を緩めること自体が不可能に感じられることもあるでしょう。そんな時は、**身体の緊張が緩んでいるところを「想像する」だけでもいい**ので、やってみてください。それだけでも効果があります。

■特定の問題を抱えている場合

前に少しふれたように、不安障害を抱える人は、原因の種類によって次の二つのグループに分けることができます。一つは、何か特定の問題（複数の場合もあります）があって、それを直接のきっかけとして病気が引き起こされ、その状態が続いている場合。もう一つは、特にこれといった外的問題はないが、神経の不調のためにつらい症状が出ていて、そこから抜け出す方法を見つけることだけが問題だという場合です。

一つ目のグループに入る人、つまり特定の問題を抱えている人に、その問題に対して何もせずにただ浮かんで通り過ぎるように勧めるのはあまりいい方法ではありません。かと言って、悩み、苦しみ、頭が混乱して何が何だかわからなくなっている人に、自分で答えを見つけることを期待するのも、いい治療法とは言えません。これは、苦しみを必要以上に長引かせることを意味しかねないからです。なぜなら、そういう人は、神経が過敏になっていて、疲労し切っているので、一つの「ものの見方」を維持し続けるのがむずかしい場合が多いからです。回復のためには、いくらかでも心の平安をもたらしてくれるような、一つのものの見方を維持し続けることが大事です。いいセラピストは、患者さんがこのようなものの見方を見つける手助けをしてくれます。

興奮状態を引き起こすような特定の問題を抱えていて、そのせいで神経症にかかってしまった人が、浮かんで通り過ぎる方法でその問題に対処し、それについて何も心配しないでいられるようになるというケースはまれです。私が言いたいのは、「問題そのもの」の上を浮かんで通り過ぎることではなく、**自分を苦しめ、正常な生活を妨げるような「思い（考え方や記憶という場合もあります）」をすべて頭の中から追い出し、空に浮かべて風に乗せて遠くに流してしまうように努力してください**ということです。もちろん、この方法が成功するかどうかは、苦しい思いの強さによります。でも、たとえどんな苦しい思いでも、試してみるだけの価値はあると思います。

繰り返し言いますが、これまでに、特定の問題で苦しんでいる人にこのようなアドバイスをした時、私はその人自身が持っている後ろ向きの考え方から少し離れて浮かんで通り過ぎるように、という意味でそうしてきました。神経症を抱えている人に、現実に抱えている問題を「浮かんで通り過ぎる」べきだという意味でアドバイスをしたのではありませんので、その点は気をつけてください。

■呪文を唱えてやり過ごす

次に紹介するのは、ある患者さんが真正面から向き合い、受け入れ、浮かんで通り過ぎる方法を実践した例です。

「今年、私がどれくらいよくなったか、ぜひお知らせしたいと思ってこれを書いています。二十年前、最初の発作に襲われてからずっと広場恐怖症に苦しんできました。この二十年間、バスを見ただけで、あるいはバスという言葉を聞いただけで、胃がひっくり返るような感じがして、それに乗ることなど、考えることすらできませんでした。

ご存じのように、去年、先生のカセット『Going on holiday』を手に入れました（何度も聴いたためにテープが伸びてしまいました！）。そして、このテープのおかげで、家族と一緒に短いクルーズに行ってみようと決心するまで回復しました。

今年は、去年よりずっと長いクルーズ（一か月です！）に申し込みました。カナリア諸島へ行く船旅でした。今回もカセットと一緒の旅でした。はじめの四日間はあまり快適ではありませんでした。海は荒れて、風も強かったのです。でも、私はこれまで長い間できなかったことを何でもやってみようと心に決めていました。寄港先ではバスに乗って六回もレストランに行きました。それも一人でです！　テネリフェ島では、切り立った崖の上を通って、高さ四千フィートの山にも登りました。それに、海岸まで大型ボートに揺られていくなどということまでしたのです。

だめになりかけたのは、一晩だけです。その夜、食堂に入った時、自分のやることなすことが気になって、ひどい自意識過剰状態になってしまったのです。どうしても食べ物を呑み込むことができませんでした。その時のメニューは私が大好きなロースト・ターキーだったのに！　どうしていいかわかりませんでした。頭に浮かんだのはただ一つのことだけでした。だから、私はひたすらそれをやりました。やわらかいものとデザートだけを食べ、呪文のように自分にこう言い聞かせたのです。『身体の力を抜いて！　受け入れて浮かぶのよ！　受け入れて浮かぶのよ！』。おかげで、食後のコーヒーが出る頃には、私はうまく浮かんでいました」

さあ、ここでみなさんも浮かんで通り過ぎる方法を実際に試してみてください。そして、それをやりながら、次の章でお話しする四つ目のルールを守る心の準備をしてください。最後のルールは「時が経つのに任せる」というルールです。

第十四章……時が経つのに任せる

どんなことから回復するにも時間がかかります。神経症の場合も同じです。神経の不調を抱える人が、時間の経過をもどかしく感じ、すぐに楽になりたいと思うのは無理もないことです。でも、もどかしく感じたり、いらいらすることは緊張を意味します。そして、緊張は回復の大敵です。

神経が過敏になるのは人間の身体の中で起きる化学的な変化です。それをまた化学的に調整し直すには時間が必要です。神経症で苦しんでいる人がこのことをしっかり理解し、時の経過をゆっくりと待つことができれば、回復への大きな障害が取り除かれます。まだ過敏状態にある身体は、環境が静かであれば、表面的には穏やかになることもあります。でも、たとえわずかでも過敏になっているその身体は、何か新たなストレスにさらされると、平穏な状態を維持することができません。ですから、多くの時間の経過が必要なのです。「時間薬」と言われるように、時間はそれ自体に治療効果があります。ここで、ロバを前に進ませるために、鼻先に人参をぶらさげる話を思い出してみましょう。人参（これが回復です）は目的地に着けば食べることができますが、そのためには辛抱強く前に進まなければいけません。ロバが疲れて立ち止まったら、そのたびに人参をほんの少し先に動かして、ロバが前に進む気持ちにしてやる必要があります。ただし、先に動かすといっても、つねに、ロバから見える位置でなければいけません。ともかく前に進み続ける（時間を経過させる）ことが一番大事だからです。

「回復までにどれくらい時間がかかりますか？」この質問もよくされます。回復までの道のりは、どれくらい心と身体が過敏になっているか、また、回復のプロセスを囲む環境がどうなっているかによって異なります。つねに緊張にさらされたままで道を進む、たとえば、問題を抱えた家庭で生活しながら回復に努めるといったような場合もあるでしょう。また、つらい過去の記憶に苦しみながら回復に努めなければならないということもあるでしょう。身を切り刻むような「記憶のナイフ」の切れ味を鈍くするのにも多くの時間がかかります。記憶に麻酔をかけることはできません。実際のところ、忌まわしい記憶に突然襲われた時、心が震えおののくのを止められる人がいるでしょうか？　そんな人はいるはずがありません。でも、それをしなければ神経症から回復できない……そんなふうに思っている人がたくさんいるように思います。そういう人はつねに、すぐに心の平穏をもたらしてくれる特効薬を求めているのです。でも、ここには即効薬はありません。

■ぶり返し

こういったつらい記憶に対する、過敏になった心と身体の激しい反応は、自然の法則が働いた結果に過ぎません。でも、このことを理解するのはなかなかむずかしいものです。また、回復の途中で経験する「ぶり返し《セットバック》」は、後戻りすることを意味するとは限らず、むしろ回復へのプロセスの一部であると受け止められるべきなのですが、このことを理解するのもむずかしいものです。ぶり返しのたびに気落ちしてしまう人は、「よくなりかけるとすぐこうなる。自分はほかの人のようにはいかない。疫病神につきまとわれているのだ」などと思いがちです。この人に付きまとっている「疫病神」は、理解の不足です。過去の忌まわしい経験・出来事がまるで昨日起きたことのように思え、まだ身体が、その記憶から与えられる刺激に対して反射的に、強烈な反応を示すような状態にある時、記憶に振り回されて、自分はもう決して回復しないだろうと思ってしまうのはごく自然なことです。

忌まわしい記憶が激しく襲ってきて、つらくてたまらなくなった時には、「これまでがんばってきたのに、何も進歩していないみたいだ。自分は何も学んでいないのか……」と思ってしまいがちです。無視することができるようになっていたはずの症状が、突然にまたとても大きなことに思えてくるのです。そして、自分を振り返り冷静に考える余裕もないまま、ぶり返しの渦に否応なく引き込まれていくように感じます。でも、それまでにきちんとした方法で——真正面から向き合い、症状を受け入れながらそれらと共存し、第二の恐怖（症状、とくにパニックに対する恐怖）を付け加えないようにすることによって——苦しみから抜け出していたら、その時の回復の記憶が、小さな内なる声を次第に目覚めさせてくれます。それは「あなたは前にここから抜け出している。今度もできる！　今感じている症状は本当は大したことではない。あなたにはそれがわかっている！」という声です。この声を聞いたら、きっと少し楽になれます。少し安心します。そして、その声に感謝しながら耳を傾けるようになるでしょう。なぜなら、この声はあなたにとってとても大切な感覚——症状が本当に大したことではないのだという認識——をもたらしてくれるからです。ぶり返しが始まってパニックに陥ったばかりの時のように、ただそう「考える」のではなく、そう「感じ」させてくれるのです。安心した気持ちでそれが「感じられる」ようになれば、恐怖が減っていきます。そして、緊張がとけて心の平安が訪れます。真の回復への道が始まるのです。症状がもう大したことではないのだと繰り返し認識すること。これはとても大事です。回復はそれを繰り返し認識するという経験の上に築かれます。

ぶり返しが何度もあって、今言ったような経験を充分に重ねると、「症状はもう大した問題ではない」という感覚が、よりすばやく、より大きな効果を持って感じられるようになり、記憶が生み出すショックの影響がどんどん弱くなって、最後には過去の苦しみの単なる残像にすぎなくなります。

確かに、記憶は過去の症状をとても鮮明に蘇らせることができます。そして、それは患者さんに大きなショックを与えます。そのためでしょうか、セラピストの中には、記憶によってひどいぶり返しが繰り返し起こるような場合、完全な回復はむずかしいと考えている人もいるようです。このようなセラピストはぶり返しが「最良の師」の一人であり、回復の過程に必要不可欠と言っていい「足踏み状態」であることを認識していません。それが必要不可欠なのは、新たに学び直し、回復のためのいろいろな方法を実践するための時間を与えてくれるからです。このことを理解していないために、そういったセラピストは、起こるかもしれないぶり返しに関しても、患者さんに前向きな準備をさせることができないのです。

■十分な時間が必要

神経症の場合、ひどく具合が悪くて、まわりで起きている出来事にまったく関心が持てなくなる時期が来ることがあります。回復に向かうと、関心は戻ってきますが、時にはそのおかげで事態が複雑になることがあります。というのは、前よりよくはなっているけれど、将来正常な生活を送るために必要なことや、それに伴う責任に真正面から向き合うことができないという感じがしてくるからです。このような時に、患者さんはよく、「よくなりたいと自分で思っていない」などと言われてしまいます。このような非難は間違っています。患者さんは治りたいと思っています。でも、それと同時に、まだ一部しか回復していない状態の患者さんは、さらに回復するためにはもっといろいろなことをしなければならない……と思うと、とても恐ろしく感じてしまうのです。そして、その恐怖のために、みんなが言っている通り自分はよくなりたいと思っていないのかもしれないと、自ら納得してしまう場合もあります。このような気持ちの混乱も神経症にかかっている人がよく陥りやすい状態です。当然の反応なので、それに惑わされないようにしましょう。

正常な反応という「防御幕」を張るためには十分な時間が必要です。この防御幕は、患者さんが正常な生活の中でバランス感覚を徐々に取り戻す手助けをしてくれます。十分な時間をかければ、正常な反応がごく自然なものになっていきます。

体力が戻ってくるにつれて、心も強くなり、前向きな見方や自信が戻ってきます。このプロセスはとても少しずつ進行していくので、本人にははっきりとわからないこともあります。少しずつ積み重ねるからこそ、いろいろなことが可能になるのです。少しずつ積み重ねていくには十分な時間がどうしても必要です。

あるオランダ人はヴェラ・ブリテン（英国女性作家・平和活動家。その自伝をもとに、映画『戦場からのラブレター』が作られた）に、「戦後のオランダ国民は時間と理解のみが癒すことのできる精神的な病に苦しんでいた」と語ったそうです。この人は、戦争が終わり平和になったからといって、すぐに苦しみが消え去るわけではない、オランダ国民がバランスを取り戻す、つまり自身の人生を含めいろいろな出来事を受け止める能力を取り戻すためには時間が必要だと言ったのです。そしてさらに「私たちを辛抱強く見守ってください。自由を本当に自分のものにするために、私たちには成長する時間が必要です」と付け加えたそうです。神経症に苦しんでいる人たちも、回復を自分のものにするために成長する時間が必要です。即座に明かりをつけるスイッチはありません。一夜にして治る方法はないのです。

神経症にかかっている人が回復を始めた時、陥りがちな落とし穴は記憶によるぶり返しだけではありません。とくに、まだ残っている疲労がしかけてくる「いたずら」につかまってしまうこともよくあります。たとえば、正常な疲労と、神経の疲労の名残とを見分けることが問題になることがあります。神経症で長い間苦しんできた人は、どんな疲労でも神経からきたものだと思い込んで、回復への道のりは自分が思っていた以上に長いのだと悲観したり、動揺したりしがちです。ある女性の例をお話ししましょう。この女性はかなり回復していたのですが、心配性で思い込みをしがちになっていました。そして、トランプで遊んでいてちょっとした間違いをするたびに、病気のせいだ、まだ治らないのだ……と心配ばかりしていました。でも、よく考えてみれば、そういったちょっとした間違いは病気になる前にもよくあったことだったのです。神経症にかかっている人の多くは、病気が治ればこれまで一度も感じたことのなかったようなすばらしい心の平安がもたらされ、何もかもが順調にいくようになると期待していますが、すべてがよくなるというのは、少し期待しすぎかもしれません。

前にもお話しした通り、多くの人の場合、何か月も、あるいはもっと長く何年ものあいだ、自分自身と自分の病気のことばかり考えてきたので、自意識にがんじがらめになっています。そして、いつも不安で、緊張していて、何事からも尻込みしてしまい、そのために心の平安の訪れを遅れさせているることが多いのです。そういう人は、自分自身や自分の病気のことを無理に忘れようとしますが、それはかえって回復を遅らせることになります。**神経を病んでいるときは、自分に無理に何かをさせることはできません。**過剰な自意識をなくすための唯一の方法は、それを受け入れることです。普通の思考の一部として、頭に浮かぶすべての思考を受け入れましょう。これは、自分自身と自分の病気について、考えずにいられなければいくらでも考え、それと同時に、そうすることが心の疲労のせいでできあがった思考のクセにすぎないと認識することを意味します。大切なことなのでここでもう一度言っておきます。**回復のカギは「忘れること」ではありません。「もうそんなことはどうでもいい」と思えることが大事です。**ですから、時間の経過が必要なのです。

神経症の人の心と身体の激しい反応は、神経が過敏になっているために起こっている現象の一つです。そのことをしっかり頭に入れて、そういった反応を受け入れながら時間が経つのをじっくり待てば、神経も反応も次第に正常な状態に戻っていきます。どうかこのことをしっかり理解して、激しい反応に動揺することなく、冷静にそれをやり過ごすようにしてください。これは「バランスを取り戻す」ことと同じです。あのオランダ人がヴェラ・ブリテンに言ったように、一度崩れたバランスを取り戻すには多くの時間が必要です。

第十五章……いろいろな症状の治し方

この章では、パニックなどのように時折襲ってくる症状ではなく、その強さに違いはあるものの、ほとんど毎日、つねに感じられる症状に焦点を合わせてお話ししたいと思います。

まず、自分の心と身体に注意を向け、今どんな状態で座っているか（あるいは横になっているか）、感じてください。不快な症状やつらい思いから少しでも逃れようと、身も心も縮こまってはいませんか。またそれと同時に、不安な気持ちで、どんな変化も見逃すまいと「待ち構えている」のではありませんか。私があなたにやってもらいたいのは、それと正反対のことです。できるかぎり楽な姿勢で座ってください。できるかぎり身体から力を抜いてください。手や足に重りがぶらさがっているところを想像してみてもいいでしょう。椅子に座ったまま、身体をだらりとさせましょう。それから、口を少し開きゆっくりと深呼吸をしてください。それができたら、力を抜いた状態をもう一度全身で感じるようにして、不快な症状から逃れようと身体を緊張させるのをやめましょう。次に、不快な感覚を一つずつ、じっくり確かめてください。その状況を観察、分析し、自分に向かって声を出して説明してみてください。たとえば「手が汗ばんでいる。ぶるぶる震えていて、皮膚がヒリヒリする……」といった具合です。「そんなふうにぶつぶつ言うなんて、何だか馬鹿らしい……」今あなたはそんなふうに思ったかもしれませんね。もしかするとふっと笑ってしまったかもしれません。それでいいのです！　そうだったらなおさら効果的です。そんな気持ちのまま、読み続けてください。

■胃がむかむかする

まず最初に、神経の不調によって生じる胃の症状を見てみましょう。よくあるのは「むかむかする」「痙攣する」「さしこむように痛い」「重たい」といった症状です。胃が時々ピクピクと動くように感じられることもありますし、熱い鉄串に串刺しにされたように感じられることもあります。そうした症状があっても、「いやだ！　逃げたい！」と心と身体を緊張させないようにしてください。反対に、その不快感と「共存しよう」と考えてみてください。身体の力を抜いて、症状を観察、分析してみましょう。さっき言ったように、声に出して状況を説明してみるのもいいですね。この先を読む前に、ちょっと時間をとって、今私が言ったことをやってみてください。

さあ、どうでしたか。胃の不快感をしっかり感じて、分析してみましたか。落ち着いて観察すれば、それは思ったほどひどいものではなかったのではないでしょうか。

もし手首が関節炎になったら、あなたはひどく動揺しますか？　おそらく、それほどあわてたりせずに、痛みとうまく折り合って日常生活を送ろうとするのではないでしょうか。神経の不調によって生じる胃の不快感も同じように受け止めればいいのです。普通の痛みとは別物だと考えて恐れる必要はありません。自分に取りつこうとしている化け物か何かのように考えるのはやめましょう。この不快感は単に、過敏になったアドレナリン分泌神経のいたずらにすぎないこと、それから逃れようと緊張し続けていると、さらにアドレナリンの分泌がうながされて症状が悪化することを理解するようにしてください。過剰に分泌されたアドレナリンによって、神経が異常に興奮させられ、胃の不快感が続いているのです。

自分の症状がどんなものか観察し、分析していると、奇妙な感じがすることがあります。自分の注意が自分自身から離れていくような感じです。あなたもそれに気がついたかもしれませんね。緊張が続いているあいだ、あれほど恐ろしく思えて、そこから逃げようと尻込みしていた「あのこと」は、あなたがそれをありのままに受け入れると、あなたの注意を長く引き留めておくことはできなくなります。この場合の「受け入れる」とは、それが単なる身体的な不快感、違和感に過ぎず、医学的に重大なことでも、実際に何か害を及ぼすことでもないと納得することです。

ですから、症状を受け入れ、しばらくのあいだ、それと一緒に生活しようと覚悟を決めてください。症状はまだしばらくのあいだ――正確に言えば、回復のプロセスにあるあいだ――は続くでしょう。でも時間の経過に身を任せ、症状が襲ってきた時に、びくびくしながらそれに神経を集中させるのをやめるように心がけていれば、それはいつかきっと去っていきます。神経の不調による症状の多くは、そういうものとして受け止めることが大事です。

ここで一つ、やらないように注意してほしいことがあります。それは、恐れるのをやめて受け入れたらすぐに症状がなくなると期待することです。そう期待するのは間違っています。受け入れができても、すでに疲れ切っているあなたの神経システムが回復するには時間がかかります。骨折した脚が治るのに時間がかかるのと同じです。でも、効果的な対処法を少しずつ身につけ、胃の不快感を恐れず、それを治そうと変に意識を集中させたりしないでありのままに受け入れ、共存していこうという心構えができてくれば、ほかのことに対する興味が戻ってきて、そのうち症状があるかどうか気にすることすらなくなるでしょう。これこそが真の回復の扉を開けるカギです。本当に受け入れることによって、あなたは「恐怖→アドレナリン→恐怖」の悪循環――この場合は「胃の不快感→アドレナリン→胃の不快感」の悪循環――を断ち切ることができるのです。

■真の受け入れ　その一

今の話で、「真の受け入れ」が回復の土台となることが少しわかっていただけたのではないかと思います。次に、胃の不快感以外の症状の観察・分析を始める前に、この真の受け入れということの正確な意味をよく理解しておきましょう。

患者さんの中には「胃の不快感は受け入れました。でも、症状はなくなりません。いったい今度はどうしろというんですか?」と不満を訴える人がいます。この人は本当に受け入れているのでしょうか。実は、まだそのことに不満を訴えるような状態では、本当に受け入れているとは言えません。

また、こんなケースもありました。比較的年のいった男性が「いつも朝食のあとすぐに胃の不快感が始まります。ただじっとしてそれをがまんするのは無理です。そんなことをしたら、一時間後には疲れ切ってしまいます。ですから、立ち上がって歩き回るのです。でも、もう歩き回る気力もなくなってしまいました。いったいどうしたらいいのでしょう?」と聞いてきました。私はこう答えました。「あなたはその胃の不快感を本当には受け入れていませんね?　そうでしょう?」男性はむっとした表情で「もちろん、受け入れていますよ。もう恐れてなどいませんから」と答えました。

でも、この男性がまだ恐れていることは明らかでした。実際のところ、不快感が一時間続くと疲れ切ってしまうことを恐れ、座ったまま身体を緊張させて、不快感が襲ってくるのを「待っていた」のですから。そして、それが始まると何とか逃れようと心と身体をさらに緊張させ、そのあとに極度な疲労が訪れるのを恐れ続けていたのです。この胃の不快感はそれ自体が緊張から生み出された症状なのですから、当然ながら、こんなふうにして待っていれば必ず訪れてきます。

この男性の場合、大事なのは、胃の不快感が始まっても放っておき、それに神経を集中させずに新聞を読み続ける心の準備をしておくことでした。私はそれを何とかわかってもらうようにしました。真の受け入れはそうすることによってはじめて実現されるのです。つまり、そのような心の準備を続けるうちに、「胃の不快感が始まるかどうかなど、もうどうでもいいことだ」という段階に徐々に達していくのです。それ以外の方法はありません。そして、その段階に達した時、緊張と不安が与える刺激から解放され、アドレナリン分泌神経が次第に落ち着き、胃の不快感も自然に治まり、最終的には消えてなくなるのです。

この男性に必要だったのは、心の状態を不安から受け入れへと変化させることでした。この種の神経症の症状は、ほとんどの場合、その人の心の状態が反映されたものです。でも、これまでも何度も言っているように、あなたが心の状態を「受け入れモード」に切り替えても、身体はすぐにはそれに反応しません。まだしばらくのあいだは、それまで長いあいだ続いてきた緊張と恐怖に満ちた心の状態が反映されるかもしれません。そのことを忘れないようにしてください。神経症が時として患者さんに多くの当惑をもたらす理由の一つはここにあります。この男性が当惑していたのもこのせいでした。彼は受け入れ始めていました。でも、すぐに症状が消えなかったために、がっかりしてしまい、「症状を受け入れている」と自分自身を納得させようとしながらも、また不安になってしまったのです。繰り返して言います。**受け入れることが一つの心の状態として確立され、身体がそれに慣れて、最終的に平穏な状態がもたらされるまでには時間がかかります。**恐怖が緊張と不安という形で定着するのに時間がかかったのと同じことです。時間の経過に任せることが回復にとってとても重要な意味があり、私がそのことを繰り返し強調するのはこのためです。時間こそが答えです。そして、時間が経つのを待っているあいだ、あなたを支えるのは真の受け入れです。

■手に汗をかく

さて、今度は手を見てみましょう。汗ばんでいますか？　もしかすると震えているかもしれませんね。皮膚がヒリヒリしたり、針でチクチク刺されるような感じがしていませんか？　緊張したり、恐怖を感じたりした時には、どんな人でもそんなふうに感じることがあります。あなたが恐怖を感じているのは確かなのですから、手にそのような症状があっても当然です。発汗、震え、チクチク刺されるような痛み、ヒリヒリした感じ……これらは、不安と恐怖のために過敏になったアドレナリン分泌神経が引き起こす身体的症状にすぎません。そのような感覚はこれ以上ひどくなることはありませんし、手がうまく使えなくなるということも決してありません。確かにあなたの手は汗ばみ、震えているかもしれません。でも、まだちゃんと使えています。あなたの手は健康なのです。

ですから、そのような症状はひとまず受け入れることにしてください。症状を一夜にしてなくすことはできません。しばらくのあいだ手は震え、汗をかき続けるかもしれませんが、「緊張のせいでこうなっているのだ。まあ、放っておいて様子をみよう」と思って受け入れれば、いくらか心が落ち着きます。そうすれば、アドレナリンの分泌量が減り始め、汗腺の働きも次第に落ち着いていきます。つまり、「恐怖↓アドレナリン↓発汗」という流れを「受け入れ↓アドレナリンの分泌を抑える↓発汗が減る」という流れに変えるのです、そうすれば、最終的に「心の平安↓過剰なアドレナリンの分泌がなくなる↓過剰な発汗がなくなる」という段階にまで達することができます。これはごく単純なプロセスです。はじめは受け入れること自体が、あまり単純なことには思えないかもしれませんが、プロセスとしてはごく単純なものなのです。

■甲状腺機能亢進症

手が熱くなる、震えるといった症状は、甲状腺機能亢進症という病気の患者さんにも見られます。症状的にはとても似ていますが、この病気の場合は単に「神経のせい」ではありません。特別な治療が必要です。医者に診てもらい、甲状腺機能亢進症ではないとはっきり診断してもらっていない人は、このような症状を見過ごしてはいけません。まずきちんと診断を受けてから、今お話ししたように症状を受け入れるようにしてください。診断を受けたあとも、「医者が間違っているのかもしれない……」などと心配したり、不安に思うかもしれませんが、そのようなことに時間とエネルギーを浪費するのはやめましょう。今かかっている医師の言葉を信じることができなかったら、ほかの医師からセカンド・オピニオンを得るのもいいでしょう。でも、それ以上あちこち聞いて回るのはやめましょう。甲状腺機能亢進症は診断がそれほどむずかしい病気ではありません。

■心臓がドキドキする

次は心臓に関する症状を見てみましょう。ここでお話しするのは、時々起こる短時間の動悸の発作ではなく、あなたが毎日、つねに感じている心臓の「ドキドキ感」についてです。心臓が強く脈打っているように感じられる、脈が速いように感じられる、鼓動がジンジンと身体に響くように感じられる、心臓がブルブルと細かく震えているように感じられるといった症状がこれにあたります。もしかするとあなたは心臓が実際に速く動いていると思っているかもしれませんね。「ドキドキする」という言葉からも「普通より速い」という印象がします。でも、実際に、秒針のついた時計を見ながら測ってみるとわかりますが、あなたの脈拍が一分間に百以上だということはまずありません。たまには百二十という時もあるかもしれませんが、そんなことはまれです。実際のところ、あなたの心臓が、ほかの健康な心臓と比べて働き過ぎだということはおそらくまずありません。違っているのは、あなたの神経がほかの人に比べて過敏になっていることだけです。つまり、心臓の鼓動に対して敏感になっているために、一つ一つの鼓動を「感じて」しまっているだけです。不安を抱えながら、一回一回の鼓動を耳を澄まして待ち受けていたら、神経過敏状態が続いて当然です!

ここであなたにわかっていただきたいのは、そんなふうに鼓動に異常があるように感じられても、それが神経の不調からきたものである場合は、そのために心臓に重大な障害が起こることはまずないということです。やりたければ、テニスだろうが野球だろうがやって大丈夫です。それどころか、もし何かスポーツに興味があり、それをやるだけの体力があったら、ぜひやってみてください。じっとして不安を抱えながら脈拍を数えているよりも、身体を思い切り動かしたほうが、かえって心臓の状態が落ち着き、鼓動もゆっくりと感じられることでしょう。当然のことですが、そうする前には、医学的な検査を受け、医師から「問題は単に神経的なものだ」というお墨付きをもらうようにしてください。

心臓の鼓動に神経を集中させ、脈拍を測りながらじっと待っている……そんなことを何週間も続けるのは時間の無駄です。日常的な活動で、「これをやったら心臓に悪い」などというものは何もありません。「しばらくのあいだ、心臓のあたりのおかしな感じを気にしないようにしよう」と心に決めることがカギです。そうすれば、何でもやりたいことができるのです。ヒリヒリした感じや痛みは、緊張のせいで胸壁の筋肉に力が入っているために引き起こされたものにすぎません。心臓に欠陥がある場合は、あなたが感じているような箇所に痛みを感じることはありません。心臓の内部には、痛みを感じる神経がないので、心臓の中で痛みを感じることはないのです。

ですから安心してください。ほかはともかく、心臓に関して言うなら、あなたは健康です。ほかの人の心臓とひどく違う打ち方をしているわけではありません。ただ、あなたがその鼓動を「意識している」だけです。そして、異常なのではと心配し、注意を払い過ぎているために、さらに強く意識されるという悪循環に陥っているだけです。少しばかり勇気を出し、気持ちを楽にして鼓動を冷静に観察し、手の発汗や胃の不快感と同様に、これもアドレナリン分泌神経の過敏化の結果であるということを理解するように努めてください。あなたの心臓は、それをつかさどる神経が、恐怖が原因でとても過敏になっているので、どんなに小さな刺激にも反応してしまうようになっているのです。突然物音がしただけで、ドキドキと激しく鼓動することもあるでしょう。あるいは、はっきりしたきっかけは何もないのに、突然鼓動が速くなることもあります。これにはもっと当惑させられることでしょうが、原因は同じです。過敏化した神経です。

過敏になっている神経が少し落ち着くまで、この気まぐれな鼓動とうまく共存していこうという心構えでいてください。あなたが冷静になって、回復のためのプロセスの一部としてこのような症状を受け入れられるようになれば、神経はきっと落ち着いてきます。心臓が速く鼓動し続けている（あるいはそう感じられる）のが続いているかぎり、自分は病気なのに違いないと思うのは間違いです。確かに、鼓動に意識を集中し続けるのをやめようと心がけても、それができるようになるには数週間かかるかもしれません。でも、あきらめないでください。あまり意識しないようにして、症状を受け入れる努力を続ければ、きっと受け入れられるようになり、そのあとはどんどんよい方向に向かっていきます。心臓の鼓動をすぐに落ち着かせる「魔法のスイッチ」はありません。でも、時には薬が役に立つことがありますから、医師に相談して、必要なら処方箋を出してもらいましょう。

■頭がズキズキする

頭の周囲、あるいはてっぺんのズキズキした痛みは、長く続く緊張のせいで、頭の骨を覆う筋肉が収縮しているために生じているものです。痛みが一番ひどいところに圧迫を加えたり、温めるなどすると、少し楽になることがありませんか？　これは、痛みが局部的なもので、触れれば届くところにあり、脳の奥深くに原因があるものではないことを証明していると言っていいでしょう。つまり、こういった痛みは決して脳腫瘍のせいなどではないのです。

この頭痛は筋肉の緊張のせいで起こっているので、当然ながら、あなたが心配するとよけいにひどくなり、反対に心と身体を楽にして緊張を緩めればよくなります。鎮痛剤は助けにはなりますが、大きな効果はありません。心と身体を楽にして、痛みを受け入れれば、緊張が和らぎ痛みは次第に治まっていきます。実際のところ、この頭痛――患者さんがよく「頭が締め付けられるようだ」と訴える頭痛――はなかなかとれにくく、ほかの症状と比べて長く残りやすい症状です。ですから、しばらく続いていてもあまり気にしないようにしてください。これも必ずよくなります。私が保証します。どんなにしつこく、症状の重い頭痛でも、受け入れる努力を続けていれば必ず次第に和らぎ、消えていきます。

■真の受け入れ　その二

本当に受け入れることと、単に受け入れていると「思っている」こととの違いはよく理解しておく必要があります。胃の不快感、手のひらの発汗、動悸、頭痛などの症状があっても、それにあまり神経を集中させず、気にしないでいること、それが本当の受け入れです。はじめの頃は、苦しい症状のある時に、気持ちを落ち着けてそれを受け入れることなどなかなかできないかもしれません。でも、百パーセントそうできなくてもいいのです。そもそも、あなたの今の状態では、気持ちを落ち着けること自体がむずかしいのですから。今私があなたに求めているのは、**症状があっても、それにあまり大きな注意を向けずに毎日の生活を送っていこう、それと共に歩いて行こうという「心構え」を持つこと**だけです。それが真の受け入れにつながります。

■アドレナリン分泌神経の力には限度がある

これまでお話ししてきたように、自分が持っている症状を冷静に観察し、言葉にしてみたら、今度は、症状を一つ選んでそれに注意を集中させ、意識的にそれを「悪化」させてみてください。どうですか?　そうしようと思ってもなかなかそうすることはできないのではないでしょうか。アドレナリン分泌神経の力には限度があるのです。意識を集中させればその効力を少しは高めることができるかもしれませんが、それにしてもほんの少しです。それなのに、あなたは真正面から立ち向かったら症状を限りなく悪化させることになるのではないかと恐れるあまり、そうすることを避け続けてきたのです——たとえていうなら、こわごわと横目で眺め続けてきたのです。

大丈夫です。安心してください。正面から立ち向かっても、わざと悪化させようとしても、症状を悪化させることは「できません」。それどころか、意識的に悪化させようとすると、反対に症状が改善されることすらあります。つまり、「悪化させよう」と思って症状に注意を集中させると、少なくともその間だけは、恐怖ではなく、ある意味で「興味を持って」それを眺めることになるからです。それはごく短時間とは言え、緊張から解放されることを意味します。そして、そのために神経を落ち着かせる効果が現れるのです。**症状は恐怖と、それによって引き起こされる緊張によって悪化します。心と身体を楽にして、真正面から向き合い、受け入れることによって悪化することは決してありません。**この本を読んでいるうち、いろいろな症状は、見かけの恐ろしさだけで自分を苦しめてきたのかもしれない……そんなふうに感じ始めた人がいるかもしれません。まったくその通りなのです！

これまでに取り上げたような症状に苦しんでいた一人の学生さんの例をお話ししましょう。この男性は動悸や手の発汗、胃の不快感などのせいで、学業に専念することができなくなっていました。「このまま症状が続いたら、もう頭がおかしくなりそうだ！」と思い詰めるまでになっていたある日、元軍人の友人が訪ねてきました。彼は友人に今のつらさを訴えました。「もうこれ以上耐えられない。がんばって戦ってきた。できることはすべてやった。これ以上どうしたらいいかわからない。この地獄から抜け出す道はきっとあるはずなのに。そうだろう？」

友人は、戦場で前線に立たされた兵士たちの多くが、同じような神経的症状を抱えていたことを話してくれました。兵士たちは、自分は神経による「こけおどし」に苦しんでいるだけなのだと気づくと、症状から解放されました。友人は「だから、きみも神経のこけおどしに乗らず、自分を憐れむ気持ちや恐怖心がわいてきたら、それにとらわれずにやり過ごすようにして、自分のやるべきことをやり続けるようにしたらいい」と忠告してくれたのです。学生はその言葉に希望を見出しました。そして、それまでは心臓に負担をかけるのではと不安でいろいろなことができないでいたのですが、二週間後には山登りができるまでに回復しました。これは何年も前のお話です。今でも彼は働き過ぎた時など、時々同じような不快な症状に襲われることがありますが、心と身体を楽にして受け入れ、浮かんでやり過ごすようにすれば、それらが消えてなくなることを知っていて、それを実践し続けています。彼は自分の神経的症状と共に生きる方法をマスターしたのです。

■「戦う」のではなく「浮かぶ」

浮かんで通り過ぎる、あるいは浮かんでやり過ごすというのは受け入れることと同じくらい大事で、同じようにすばらしい効果を持っています。「戦うな。浮かんで通り過ぎろ」という言葉はあなたのスローガン、あるいは「呪文」にしてもらっていいと思います。そうするだけの価値も、効果もあります。

「浮かんで通り過ぎる」というのはちょっとなじみがない言葉だと思うので、ここでそれがどのような意味かもっとはっきりとさせるために、具体的なお話をしましょう。ある患者さんの例です。この女性は人と会うのがとても怖くて、何か月も、買い物のために店に入ることすらできないでいました。そして、ちょっと買い物をしてくるように頼むと、こんな答えが返ってきました。「店に入れないんです。やってみましたが、だめなんです。がんばってそうしようとすればするほど、だめになるんです。無理にそうしようとすると、身体が麻痺したようになって、足を前に出すことができなくなります。ですから、買い物をしてこいなどと言わないでください」

私はこの女性に、「そんなふうに自分に無理に何かやらせようとしているかぎり、できるようになる可能性はまずありませんよ」と言いました。無理強いすることは、戦うことです。それ以前にも、そうしないようにと忠告していたのですが、彼女はそうせずにいられなかったのです。そこで私は、無理矢理、自分に鞭打つようにして店に入るのではなく、自分がふわふわと浮かんで入っていくところを頭に浮かべながら入ってみるようにして店に入るのではなく、自分がふわふわと浮かんで入っていくと具体的に、雲に乗って浮かんだままの状態で店に入っていくところを想像するのでもいいと話しました。さらに、たとえ何か「恐ろしい思い」が頭に浮かんできて邪魔をしても、それは単に自分が「考えていること」に過ぎず、その脅しに乗って注意をそこに集中する必要などないのだと言い聞かせました。「そんな時は、その思いを頭から抜き取って、宙に浮かべてどこかに吹き飛ばしてしまうようにすると、もっと楽に店に入れますよ」

次に私のところに来た時、彼女はうれしくてたまらないといった様子で、こう言いました。「先生、私を下ろさないでくださいね。今もまだ浮かんだままでいるんです。何かほかに浮かんで通り過ぎたらいいことがあったら、なんでもおっしゃってください！」

「浮かんで通り過ぎる」というたった一つの言葉が、何か月も牢獄に閉じ込められていた心を解き放つ助けになるなんて、何だか不思議に思えるかもしれませんね。実は、そうなる理由は簡単なのです。戦おうとすれば緊張が生まれ、緊張は行動を妨げます。浮かんで通り過ぎようと考えると、緊張が解けて心と身体が楽になり、それが行動を助けます。この女性はいつも極度の緊張状態にあって、ある時など、私の目の前でハンドバッグの中にあるはずの車の鍵を震える手で探しながら、泣き出しそうになっていました。「浮かぶ」方法をマスターしたあとも同じような状況になったことがありましたが、その時は彼女はこんなふうに言いました。「先生、お待たせしてすみません。鍵がどこかにいってしまうはずはありません。今、請求書二枚と口紅と財布の上を浮かんで通ったところです。もう少し浮かんだままこのあたりを探せば、見つかると思います」。前は震えていた手はその時はほとんど震えていませんでした。彼女は緊張した情況を浮かんで通り過ごす方法を学びつつあったのです。

私が診てきた患者さんの中には、絶え間ない恐怖のために身も心も緊張し切って、歩くことも、腕を動かして口に食べ物を運ぶことも自分にはできない……と思い込むまでになってしまった患者さんもいました。そのような状態になっていたある男性は、もう何週間もベッドに寝たきりでいました。少し話してみると、その麻痺状態の原因が筋肉の異常ではなく、頭の中の「思考」にあることが理解できる人だとわかりました。彼は、自分の行動を邪魔している思考の上を浮かんで通り過ぎることによって、筋肉を解放する方法を学びました。二、三日後、彼は誰の助けも借りずに、食べ物を自分の口まで「浮かばせて運ぶ」ことができるようになりました。そして、歩くこともできそうだと言い出したのです。

このことは、彼のいた病棟にちょっとした騒ぎを巻き起こしました。医師、医学生、看護師たちが、彼の様子を見に集まってきました。この患者さんが立ち上がって歩こうとすると、足元のおぼつかないその姿を見た一人の看護師があわてて「気をつけて！　倒れるわよ！」と叫びました。

後になって、患者さんはこの時のことを振り返ってこう言いました。「あの言葉はまるで予言のように聞こえました。もう少しで本当に床に崩れ落ちそうでした」でも、その時、頭の後ろで一つの声が聞こえたそうです。それは「浮かぶんだ。そうすればきっとできる。恐怖の上を浮かんで通るんだ！」と言う声でした。そして次に、彼の言葉によると「私は浮き上がり、病棟を一回りして帰ってきました。みんなもそうですが、私自身、本当にびっくりしました」。

いま例として挙げた二人は、自分の思考によって自ら恐怖をかき立てていました。このような思考は、疲れ切った頭にとてもしつこく付きまとい、強迫観念のようにこびりついてしまうことがあります。ですから、そういった思考を逃がすための通路がある、つまり「浮かばせて、頭の外に出してやる」ための排気口のようなものがある……と想像することが助けになる場合があります。たとえば、ある女性は後頭部にそのような出口があると考えるようにしていました。また、別の女性は右の耳の上（一昔前の商店の主人などが鉛筆をはさんでいた場所です）に出口があって、そこからそういった思いがふわふわと浮きながら流れ出るところを想像するようにしていました。また、そういった思いを小さなボールと考えて、そのボールが自分の頭の中からポンポン跳び出ていくところを想像するようにしていた女性もいました。このようなことは、心が健康で、元気もあって、自分の思考や記憶をコントロールしたり、切り捨てたりすることが自由にできる人たちには、子供じみたことに思えるかもしれませんね。でも、疲れ果て、不安と恐怖に苦しめられている人たちにとっては、子供じみたことなどでは決してありません。助けになることだったら、ほかの人にどんなふうに見えようと、関係ありません。どんなことでもとてもすばらしいことなのです。一番大切なのは効果があることです。今言ったような方法は、確かに効果があるのですから、人にどう思われようと試してみない手はありません！

■はじめてのパニック

「私がはじめてパニックを起こしたのは、エクセターの店で買い物をしていた時でした。店で紅茶を飲み、化粧室に行きました。そこで強いパニック感が始まって、人に頼んで家に連れて帰ってもらわなければなりませんでした。とても恐ろしい体験でした。それ以来ずっとエクセターには行けませんでした。

それから三週間後、またパニックを起こしました。その時、私はとても緊張していました。数日前に歯医者に行っていました。外で何かをする予定ができると、いつも不安になるのです。その二日後に、孫の洗礼式がありました。すばらしい教会で、式もとてもすてきでした。式のあと、近くのホテルでビュッフェパーティーがありました。みんなが母(八十五歳でした)の世話をしたり、生後八か月の孫娘に食べさせたりしているのを、私はほほえましい気持ちで見ていました。その時、手にチョコレートがついてしまったので、手を洗いに行こうと思いました。

そのホテルのことはよく知っていましたが、化粧室は改装されていて、慣れていませんでした。私が入った時、そこにはだれもいませんでした。今になってみると、エクセターでパニックを起こした時と、あの時パニックを起こした時の状況の間に関連性があることがわかります。トイレの個室のドアに鍵をかけた時にそれは始まりました。私はいつもドアに鍵をかけるのに不安を感じるのです。まず恐怖が襲ってきて、それから、まわりのすべてが自分から離れていくように感じます。自分が誰であるか、今何をしているかはわかるのですが、まるで夢の中にいるようで、アイデンティティーを失ったように感じるのです。今でも覚えていますが、エクセターでは、『自分はまだ生きているんだろうか……』と感じました。ホテルでパニックが始まりかけた時、私は『奇妙な感じがしてきても、それに注意を払ってはいけません。緊張しないで、それを受け入れるんですよ!』というウィークス先生の言葉を思い出しました。

私は手を洗いました。そのあとハンドドライヤーで手を乾かす時間が、気が遠くなるほど長く感じられました。鏡を見ました。とてもみじめな気持ちでした。鏡の中の私もみじめな姿でした。そして、私は思ったのです。『髪の毛を整えお化粧を直して、みんなのところに戻ろう』それから、廊下を通ってパーティ会場に戻りました。そして、席に着くと、席を立つ前にやっていたことを続けることに意識を集中させました。パニック感はほとんどなくなっていました。

翌日、とても疲れていましたが、今回はひどく動揺したりしないと心に決めました。前日のパニックのことは何度も思い出しましたが、そう決めたのです。

先生、あのパニック感は最悪の状態にまで達していたのでしょうか？　あるいはあれよりもっと悪くなる可能性があったのでしょうか？　あれよりもっと長く続くこともあるのでしょうか？　もしあれが最悪の状態だったとしたら、今度また来ても、何とか対処できると思うのですが……」

この女性は私にそう聞くことによって、「あれ」がまた襲ってきても、前よりひどくはならないという保証を求めていたのです。これは、この女性がまだパニックを恐れていること、そして恐れているあいだは、新たなパニックの種を心に抱えていることを示しています。彼女はパニックにうまく対処しました。もしそうしていなかったら、「あれ」がもっと悪くなる可能性は大いにありました。彼女は「あそこまでなら耐えられる！」と自分に言い聞かせることで、安心感を得ようとしていましたが、それは間違いです。そうすべきではありません。パニック感がどんなに強烈になろうと、真正面から立ち向かい、それを乗り越えられると知ることが大事なのです。たとえどんなに強烈でもそれには限度があります！　どんなパニックの発作も適切な方法で乗り越えられるようになってはじめて、「あれ」を恐れる気持ちからも、そして「もしかして次は……」と恐れる気持ちからも解放されるのです。

パニックはいろいろな形で現れます。中にはちょっと奇妙な感覚もあります。その一つが「思考の後退」です。これは、思考がどんどん遠ざかっていき、最後には頭の一番後ろに押し込められていくような感覚です。その感覚は恐怖をもたらします。なぜなら、この感覚に見舞われた人は、もう二度と自分を取り戻すことはできないのではないかと不安になるからです。頭の奥に押し込められて出られなくなったような感覚、あるいはアイデンティティが失われて自分がどこかにいってしまったような感覚を生み出すこの思考の後退は、緊張のボルトが普通よりきつく締められたことによって生じる現象に過ぎません。そのことを認識し、緊張がもたらす「奇妙ないたずら」に振り回されないようにすることが大事です。理解は緊張の緩和（たとえほんの少し楽になるだけでもいいのです）をもたらします。そして、それと共に神経が少しでも落ち着けば、きつく締め付けられたボルトを緩める助けになります。先ほど例に挙げた女性の場合は、私の言葉を思い出し、家族や友人たちのいる部屋に戻った時に、ある程度この落ち着きが戻ってきました。パニックに陥っても、落ち着いて考えてください。本当はそこには恐れるべきことは何もないのです。それを忘れないようにしましょう。

■戦略的静観

少し固い表現になりますが、「戦略的静観」という言葉も、「浮かんで通り過ぎる」ことをうまく表していると思います。戦略的静観とは、よい結果を得るために、戦うのをやめることを意味します。つまり、恐怖をコントロールしよう、何とかしようとして、自分に全神経を集中させ、絶えず自己分析を続けるのをやめることです。つらい状況に出会うたびに、回復するために必ず克服しなければならない挑戦だと受け止め、戦うことでそこから脱出しようとするのはやめましょう。戦いを避け、山をよじ登って越えるのではなく迂回して先に進み、ふわふわと浮きながら時の経過に任せることが戦略的静観です。

たいていの人は戦わなかったら負けだと思っていて、意図的に何もせずに成り行きに任せることに対して、本能的に反発を感じてしまいます。そういう人は、そんなことをしたら、がんばろうという気力を失ってしまい、何とか立っている今の足場が崩れてしまうのではないかと、心のどこかでぼんやりと感じているのです。ある若い男性はこう言っていました。「警戒していなければいけないと感じるのです。もし成り行きに任せたら、きっと何かがプツリと切れてしまう。それがわかるのです。自分をコントロールする力を失わないようにして、自分がばらばらになってしまわないようにすることが絶対に必要なのです」この青年は初対面の人と話さなければならない状況になると、爪が食い込むほどきつく手を握り締め、身体の震えを抑えて、自分が緊張していることを人に知られないようにしました。そして、その「変装」をあとどれぐらい見破られずに維持できるだろうかと不安に思いながら、何度も時計を見ていたそうです。

■気持ちを楽に持つ

「戦略的静観」を実践して成り行きに任せることを特にお勧めしたいのは、この青年のような人たちです。つまり、何事かあると緊張し、自分をコントロールしようと努め、時間が経つのを今か今かと待ってしまう人たちです。身体が震えたら、震えさせておけばいいのです。それを止めなければいけないと考えるのはやめましょう。他人の目に正常に見えるようにしようとするのもやめましょう。リラックスしなければいけないと思うこと自体やめたほうがいいのです。そういう思いが頭に浮かんだら、ただそのまま頭の中に置いておく、自分の「身体に対する心構え」としてそっと置いておくようにしましょう。何に対しても気持ちを楽に持つことが大事です。言い換えれば、緊張していてリラックスできないからといって、そのことをあまり気にかけてはいけないということです。緊張した状態をありのままに受け止めようという心構えでいること、そのこと自体が頭をリラックスさせてくれます。そして、それにともなって身体もリラックスしてきます。「リラックスさせなければ……」とがんばる必要はないのです。必要なのは待つことです。ある患者さんは「自分をリラックスさせようと、一日中必死でがんばってきました」と言っていましたが、これではリラックスなどできるはずがありません。それどころか、必死で戦いながら過ごした一日は緊張の連続だったに違いありません。身体の状態をコントロールしたり、思い通りの方向に向けようとしたりするのはやめて、身体が自然にバランスのとれたレベルに落ち着くのを待ちましょう。どうか私の言葉を信じて、やってみてください。そうすれば、あなたは決してダメになったりすることはありません。自分自身に対する本当のコントロール能力を失うことなど決してありません。きっと絶望の深みから水面へと浮き上がって来ることができます。

　自分をコントロールしようと必死で押さえつけている手を放してみてください。戦わなければいけないと思っている相手は、あなた自身が作り出しているものだけで、それ以外に戦う相手などいないのだということを理解するようにしましょう。そう納得して戦うのをやめれば、少し安心できます。そして、その安心した気持ちが、あなたが自分の中にあることを忘れかけている心の平静さを思い出させてくれるのです。自分をコントロールしようとして緊張した状態で必死に努力をしていると、アドレナリンの分泌がどんどん増え、そのせいでかえって身体のさまざまな器官を興奮させることになり、あなたが逃れようとしている不快な感覚を生み出させてしまいます。

ですから、次のようなことをぜひ試みてください。

・緊張や恐怖を感じても、その上を浮かんで通り過ぎる。
・マイナス思考や心無い言葉も、浮かんでやり過ごす。
・戦うのを止めて浮かんで通り過ぎる。
・何事も受け入れ、もっと多くの時間が経つのに任せる。

第十六章……繰り返し起こる神経的発作の治し方

次に、神経の不調によって引き起こされるさまざまな症状のうち、つねに感じるのでなく、発作のように襲ってくるものについてお話しします。たとえば、パニック状態になる、心臓がバクバクする、心臓の鼓動が遅くなったり一瞬止まったりする、身体が震える、深い呼吸ができない、のどに何か詰まっている感じがする、めまいがしたり、吐き気がする、実際に吐いてしまう、などの症状です。

悩み事や悲しみ、罪悪感、屈辱感といったものが原因の複雑型神経症の場合、ウツ状態や不眠がとても大きな問題となってきます。ですから、繰り返しを避けるために、この二つの症状に対しては、あとの複雑型神経症のところでくわしくお話しすることにします。

■パニック発作

前にも言いましたが、恐怖は絶え間ない緊張状態をもたらします。また、時にはパニック発作という形で現れることもあります。この発作は身体の中心部、みぞおちのあたりから始まり、燃え盛る炎が身体全体に広がっていくように感じられます。まず胸のあたりがその感覚でいっぱいになり、次に背骨に沿って上へ、下へと広がっていきます。そして顔、腕、脚に広がり、足の指先にまで達していきます。

このような発作的症状がある人は、もしかすると、神経が参り始めた頃はその症状をある程度コントロールできていたのに、今はコントロールが利かなくなり、いつそれが襲ってくるかと、いつもびくびくしながら暮らしている……そんなふうに感じているかもしれません。症状に対して神経がとても過敏になっているので、ほんのちょっとした刺激でも、簡単に発作が起こってしまうのです。つまり、神経が過敏になっていると、つねに不安で、緊張した状態にあるので、それがさらに発作の頻度や強度を増す結果になってしまうのです。あなたが陥っているのは、そのような悪循環です。

慢性的な恐怖から生じる症状への対処の仕方についてはすでにお話ししましたが、今お話ししたパニックのような急性の恐怖の発作に関しても同じ方法が応用できます。その方法とは、正面から向き合い、分析し、理解しようと努めることです。そして、**一時的にそれと共に生きることを学び、時が回復をもたらしてくれるのを待つ**ことです。

これまであなたは、パニックの波が近づいてくるのを感じるとすぐに、それをコントロールして押し止めようとする、あるいはそこから逃げ出してできるかぎり早く忘れるようにするといった対処法をとってきたかもしれませんね。そうすることであなたは、いつかやってくる発作との戦いのためにいつも身構え、それを恐れながら生きてきたのです。でも、それはもうやめましょう。次に発作が襲って来たら、前に胃の不快感や手の発汗を観察・分析したように、そこから逃げ出すのはやめて、その感覚を観察し、それが身体を通り過ぎていくのを感じながら、それがどんなものか、自分に向かって説明してみてください。

そうしたら、きっと次のようなことがわかります。つまり、**恐怖はそれが始まった時に一番強く感じられる**こと、そして、もし心と身体を楽にして、逃げ出さずにその場に踏み止まり、恐怖を真正面から見据えれば、それは力を弱め、消えていくということがわかります。恐怖そのものや「恐怖に対する恐怖」に神経を集中させてどんどん膨らませたり、コントロールすることで無理矢理押しとどめようとしたりせずに、心と身体から力を抜いて、恐怖の波が過ぎるのを最後まで見届けるのです。この技《わざ》を身につければ、あなたの中に「恐怖に対する恐怖」が生まれにくくなります。胃の中が熱くなる感じや、背骨を駆け上るひりひりした感じ、手足に針を刺されるような感じ、こめかみがズキズキする感じといった症状は、それ自体があなたに恐怖をもたらすものになり得るのです。冷静に症状を見つめると、それがわかります。「こんな単純なことだったのか」とびっくりするかもしれませんよ。あなたはそのような単なる身体的症状に怯えていただけなのです。恐怖を分析してみると、それがあるパターンに従って進行し、受容と緊張の緩和によって消えてなくなる身体的症状の一つにすぎないことがわかってきます。それを認識することによって、あなたは恐怖の正体を暴くと共に、自分自身のつらさの正体をも暴き、残っているのは実体のないお化けのようなものだけだということがわかるでしょう。

■とてもひどいパニック発作——何かにすがらずにいられない！

「私のパニック症状はとてもひどいのです。気が遠くなり、頭がくらくらして、普通に息ができなくて倒れてしまいそうになります。立っていられなくなって街灯の柱につかまったこともあります。それだけではありません。自分が『そこにいない』ように感じて、もう元には戻れないような気がするのです。

どうしたら、このひどいパニック症状が襲ってくるのを止められるのでしょうか？　今は、バスに乗っていたとしたら、そのまま乗っているようにしています。道を歩いていたとしたら、そのまま歩き続けるようにしています。先生が教えてくださった方法をやってみるように努力はしているのです。でも、とてもひどいパニックが襲ってきた時に、それを放っておいて、その時やっていることをやり続けるというのはとてもむずかしいことです。そんなことができる人などいないのではないでしょうか？　パニックに襲われると、とてもエネルギーを消耗します。自分がひどく無力に感じられ、恥ずかしくなります。そんな時、冷静でなどいられるわけがありません。このまま死んでしまうのに違いないと思って、そんな状態から逃げ出すために、何でもいいからそばにあるものにすがりたくなります」

これは、前にお話しした広場恐怖症がどんなものかを示すいい例だと言えるでしょう。この女性が訴えている症状はどれも、極度の恐怖から生まれたものです。彼女は「恐怖が生み出した恐怖」を恐れることで、さらに自分を追い込んでいます。つまり、「恐怖が生み出した症状がさらに恐怖を生み出す」という悪循環にはまっているのです。

自分でパニックに何とか対処しようとしているこの女性はとても勇気があります。ただ残念なのは、本当は「我慢している」だけなのに、それを「受け入れている」と勘違いして、それによって自分を袋小路に追い込んでいることです。これほど激しいパニックが襲ってきた時に、恐れずにいることがどんなにむずかしいか、私にはよくわかります。絶望的になるのは当然です。その攻撃は時としてあまりに激しく、心が折れてしまいそうに感じられます。

ここでちょっと薬を使うことについてお話ししておきます。どんなにひどい発作でも、薬を使わずにそれを乗り切ることは可能です（多くの人がそうしています）。でも私は、すべての患者さんがそうすべきだとは思いません。一時的に薬を使うことで、少し休みがとれるのは確かです。苦しみからしばらくのあいだ解放され、それによって気力を取り戻し、新たな気持ちで困難に立ち向かうことができる場合もあります。「一休み」すれば、絶望的になってパニックに押しつぶされたりせずに、やり過ごすことができるかもしれません。

私はこのような患者さんを治療する場合、よく「私があなたにしてほしいと思っていることが何か、あなたが思っていることを話してください」と頼みます。とくに、受容とはどんなことだと思っているか、自分の言葉で話してくれるように頼みます。そして、受容と我慢の違いがはっきりわかっていない時は、それがわかるまで話をします。

私はまた、「受容する時、自分の『真ん中』でしっかり受け止めるようにしてみてください」と言います。パニックを我慢する、耐え忍ぶのではなく、「来るなら来るがいい。おまえのせいで私は死んだりしないし、頭がおかしくなったりもしない。ただやりすごせばいいんだ」と自分にしっかりと言い聞かせ、納得するようにするのです。そして、患者さん本人が「そうできた」と確信したら、「では、『パニックが起こるといい、そうすれば受け入れの練習ができるから』と思いながら、外を歩いて来てください」と言います。

そうすると、たいていの患者さんはほっとした顔で戻ってきて、「先生、できました！」と報告してくれます。一回目がダメでも、たいていは二回目にはうまくいきます。そして、たとえ二回がダメでも、うまくできるようになるまで、患者さんと話を続けながら何度もやってみます。

ここで、先ほどちょっとふれた薬の使用についての注意を一つ。神経の過敏化がひどい時に小休止を取るために一時的に薬を飲むことは確かに有効ですが、楽な状態を保つためにずっと飲み続けることにならないように十分注意が必要です。後者は薬への依存です。回復ではありません。これは大事なことなので、忘れないようにしてください。

パニックの発作が弱まる、頻度が減っていく際には、あるパターンに従うことが多いようです。つまり、受容を続けていると、まずパニックを恐れる気持ちが次第に弱くなっていきます。次に恐怖が、「パニックが起こったらいやだな」という嫌悪感へと変わり、最後には嫌悪感もなくなって、「もうどうでもよいこと」に思えるようになります。ただし、これはパニックの発作がなくなることを意味しているわけではありません。どうでもよいことになった状態から、パニックがなくなる状態になるまでにはもう少し時間がかかります。大事なのは、パニック発作はまだ来るかもしれないが、それはもう大したことではないのだと気づくことです。これが回復への第一歩です。

どうか恐怖が生んだ症状を恐れて後ずさりしないでください。後ずさりしても解決にはなりません。セラピストの中には、広場恐怖症の患者さんが安心して外出できるようになるまで、同行したり同行する人を手配してあげる人がいますが、私の考えでは、そのやり方ではパニックの発作の再発は止められないと思います。

今お話ししたような私の治療法がかなり厳しいやり方であることはわかっています。でも、もし完全に回復したかったら、このやり方が一番効果的だと思います。パニックを克服するためには、症状を恐れないようになることが必要です。恐れずに症状と折り合いをつける方法を学ぶことが根本的解決につながります。自分が安心していられる家という環境から離れることに恐怖を感じている場合、受け入れができていないまま無理矢理外出して、慣らしていくという方法は効果的ではありません。特定の場所や状況を恐れている場合も同じです。そこにいることにだんだん慣れていくようにする……という方法ではパニックを完全に起こさなくするのはむずかしいと思います。

今の私の話を読んで、がっかりした人、私の方法を実行するのはとても無理だと思った人もいるかもしれません。その気持ちはわかります。今はそれでもいいです。ただ、次のことだけは覚えておいてください――**やろうと心に決めさえすれば、この方法は必ず実践できます。そして必ず効果もあります。**

■恐怖を克服するほかの方法

これまでお話ししてきたように、恐怖を克服する方法の一つは、分析し正体を暴くことですが、それ以外にもあります。患者さんが独自の方法を考え出すこともあります。中には、恐怖の原因を見つけ、それを取り除けば恐怖もなくなるだろうと信じて、そうすることによって恐怖を克服しコントロールしようとする人もいます。たとえば、ある女性はパニック発作のあいだに死んでしまうのではと心配で、激しい動悸が起こることをとても恐れていました。彼女は「パニックでは死んだりしない」と自分に言い聞かせることで、死に対する恐怖をなくすことに成功し、それと同時に動悸に対する恐怖もなくなりました。でも、私はこの章で取り上げた広場恐怖症などの症状に対して、この方法を使うことは勧めません。なぜなら、恐怖の原因がとくになにもないという場合が多いからです。また、一つの問題を克服しても、次々と新たな問題が見つかる場合もよくあります。そのようなケースでは、恐怖そのものをターゲットにする方法のほうがいいと思います。恐怖の原因がなんであれ、「パニックが起きたっていい、私はただやりすごすだけだ」と腹をくくることです。

たとえば、ある女性は道路を歩いて買い物に行くのを恐れていました。自分はなぜそれが怖いのだろうと考えてみると、いろいろな問題が恐怖の原因となっていることがわかりました。たとえば、一度その中で倒れたことのある公衆電話ボックスのそばを通ることや、目つきの鋭い近所の人の家の前を通ること、精肉店で順番を待つことなど、問題はたくさんありました。その一つ一つについて、なぜそれを恐れるのか、原因、理由を突き止めようとしたら、それだけでも一つの研究プロジェクトになりそうでした。常識的に考えて、そんなことをするのは無駄なのは明らかです。路上で彼女が遭遇する障害の一つ一つの原因を探るより、そのすべてにあてはまる、共通したアプローチを見つけるほうがもっと効果的です。そのアプローチが恐怖自体の正体を暴く方法です。そうすることによって、恐怖が引き起こす不快な身体的感覚を恐れなくなれば、電話ボックスや目つきの鋭い隣人の家の前を「浮かんで通り過ぎる」ことができるようになります。精肉店の中にだって「浮かんで入る」ことができるのです！

でも、この方法ではダメな場合があります。つまり、比較的軽い恐怖に対してはこの方法がとても効果的ですが、強度の恐怖の場合はやはりその原因をなんとかしなければなりません。そうでないと、恐怖の正体を暴いても問題を回避しているだけになってしまいます。今言った「強度の恐怖」というのは、そもそも神経症を引き起こす原因となるほど大きかった恐怖、そして今も、回復を妨げるほど大きな恐怖を意味しています。このような恐怖を抱えて苦しんでいる人のケースについては、あとの章でくわしく取り上げるつもりなので、ここでは、恐怖の程度が軽い人、つまりその人にとって一番の問題が、恐怖が引き起こす不快な身体的感覚で、そこから解放されることだけが問題だというケースについてお話ししました。

■気を失う

神経症の人が本当に気を失うケースはまれです。「気を失いそうな感じがする」ことはあっても、実際にそうなる人はあまりいません。その理由は、神経症の人が経験する気が遠くなるような感覚は、自ら引き起こしたものである場合が多く、たいていの人は、「このままでは気を失ってしまう！」と不安にかられて何か行動を起こし始めると、気を失うことから注意をそらすことができ、自ら陥っていた穴から抜け出せます。たとえば、その状況から逃げ出す方法をさがすことに神経を集中すれば、気を失いそうになっていることを一時的に忘れてしまうかもしれません。気が遠くなっていく感覚に打ち勝つために、その場から逃げだす方法をよく使っている人は、必要になったらすぐに外に出られるように、いつもドアのすぐそばに座ります。

でも、そもそもそういう人たちが気を失ってしまいそうに感じるのはなぜなのでしょう？　ほとんど物が食べられないという人の場合は、おそらくは栄養不足で貧血状態になっているためにそうなると考えられるので、ここでは取り上げません。これからお話しするのは、神経が参ってはいるけれど食べ物はきちんととっているという人のケースです。このような人が気を失ってしまいそうに感じるのは、恐怖を感じる状況に置かれると、次のような自己暗示によって、自分に小さなショックを与え続けてしまうからです。たとえば、劇場に行ったとすると、座る前から「座席が前列の正面だったらどうしよう？」と心配し、座ってからも「あとどのくらいこのまま座っていられるだろうか？」「あの人はまだずっと話し続けるのだろうか？」「気を失いそうになったらどうしよう？」「気が遠くなってきている！」「外に出られなくて、この場で気を失ったらどうしよう？」といった具合に、次から次へとショックを与え続けるのです。たいていの人の神経は、たとえこのような攻撃があっても、長い時間十分耐えることができます（少し頭がふらふらするくらいのことはあるかもしれませんが）。神経症の人でもそうです。実際のところ、先程も言ったように、神経症の人もめったに本当に気を失ったりはしないものです。

ここで覚えておいていただきたいのは、神経症をわずらっている人でも、私がいつも言っているような方法で心の準備をしておけば、気を失わずにすむということです。その方法とは「第二の恐怖」を付け加えないことです。気を失うのが怖いと思うような状況に置かれたら、「ああ、どうしよう、これからどうなってしまうんだ！」などと思って、自分によけいなショックを与えず、できるかぎり身体から力を抜いて、どんな感覚がわきあがってきても受け止める心構えでいることです。

神経症にかかっているいないにかかわらず、気を失いやすい人というのはいます。たとえば、閲兵式で同じところに何時間も立っている兵士が気を失って倒れることがありますが、この種の気絶は、状況が許す範囲でできるかぎり身体を動かすことで防ぐことができます。

でも、今これを読んで、じっと立っていなければならないような状況になったら、すぐに身体をそわそわ動かさなければいけない……と考えたりしないでください。実際のところ、神経症をわずらっている人でも、身体から力を抜き、わきあがってくる感覚――気を失いそうな感覚もその一つです――をすべて受け止めるようにすれば、神経のせいで気を失うようなことにはなりません。

■鎮静剤を使う

たとえ少量でも鎮静剤を使う必要がある場合は、かならず医師に処方箋を書いてもらい、量を管理してもらいましょう。他人がもらった処方薬を使ってはいけません。きちんとした指示のもとに使うのであれば、鎮静剤への依存症の心配をする必要はありません。よくなれば、鎮静剤は不要になります。

鎮静剤がとくに必要なのは、眠れない時です。なぜなら、睡眠はすばらしい治療者《ヒーラー》だからです。睡眠が最も効果を上げるのは、心が安らいだ状態にある時です。さまざまな不快な感覚を受け入れ、それらから逃げるのをやめれば、心にいくらか安らぎが戻ってきます。そうなった時、睡眠は大きな助けになります。一方、まだ恐怖を抱え、そこから逃げ出そうとばかり考えている人の場合は、その効果が薄れます。でもたとえそのような場合でも、睡眠には回復を促進する力があります。鎮静剤や催眠剤を使うのはその力を借りるためです。

■動悸が激しくなる（心悸亢進）

眠りかけた時などに、しばらくの間、どこかおかしくなったのではと不安になるほど動悸が激しくなることがあるかもしれません。あるいはそのような状態で目が覚めることもあるかもしれません。そんな時、パニックを起こしてベッドから飛び出したりしないでください。あなたがパニックを起こせば起こすほど、神経が興奮してより多くのアドレナリンを分泌させ、鼓動をさらに速くさせます。もしかしたらあなたは「今、お医者さんに脈をとってもらえたらいいのに！　今なら心臓が本当に速く動いているのに！」と思うかもしれません。でも実際に脈拍を測ってみたら、一分間に百二十を越えていることはまずありません。それに、たとえ超えていても心配することはありません。健康な心臓は、脈拍が一分間に二百四十を越えても、特にダメージを受けることなく、数時間、あるいは数日にわたって耐えることができます――もちろんこれは理想的な状態とは言えませんが。

それに、たとえドキドキした感じがのどまで上がってきて、今にも心臓が破裂しそうに感じられても、本当に破裂することは決してありません。心臓がふくらんで破裂しそうなその感じは、ほとんどの場合、あなたの首の大動脈の脈動に過ぎません。心臓がのどに届くほどふくらむなどということは決してありません。心臓の筋肉はとても厚く、強いものです。それを肝に銘じておけば、破裂するのではと心配したり、心悸亢進によって深刻なダメージを受けるのではと恐れたりすることはなくなるでしょう。

ですから、できるかぎりリラックスして（第二十四章の「リラックスの方法」を参考にしてください）、大きく息を吸い、ゆっくり息を吐き出してください。そして、心臓の鼓動が速く感じられても放っておいて、「心臓は健康だ。どこも悪くない。ただ一時的に興奮しているだけだ。興奮したことで深刻なダメージが引き起こされることはない。じきに治まる」と自分に言い聞かせ、自然に静まっていくのを待ちましょう。たとえ動悸の発作が長く続いたとしても、病気でなければそれは大したことではないのではありませんか？　動悸が興奮によって引き起こされたものだとわかっていれば、それほど恐れることはないのではありませんか？　だれかとおしゃべりしたり、ベッドから出てミルクを飲んだりすることで心を落ち着けるのもいいでしょう。ひどい動悸がしていても、歩き回ったからといって心臓にダメージが与えられることはありません。ベッドから出たくなければ、それでもかまいません。横になったままできるだけリラックスして、心臓がドキドキしても「どうかしなくちゃ」と思ったり、「これは何なのだ？」と考え続けたりしないで、そのまま放っておきましょう。（はじめはむずかしいかもしれませんが、これが大事です。）そうしていたら、いつかきっと、まだドキドキしているのにいつの間にか眠っていた……という夜や、いつのまにか忘れてミルクを飲みながら新聞に目を通していた……という朝が訪れて、自分でもびっくりすることでしょう。

回復のパターンはここでも同じです。受け入れることで神経が落ち着いてくると、発作の頻度が減っていき、最後には起きなくなります。何年も前のことですが、ストレスの多い状態で研究を続けていた時、私も時々心悸亢進の発作に襲われました。でも、それ以来ずっと発作は起きていません。もし発作に対して私が過敏な反応をしていたら、それがどんなに無駄なことだったか、もうみなさんにはわかっていただけたと思います。あの時からもう何年も経っていますが、そのあいだずっと、私の心臓は正常に動き続けています。

■鼓動が遅くなる

心臓の鼓動がひどく速まるのとは逆に、まるで休みをとろうとしているかのようにとても遅くなり、完全に止まってしまうのではないかと思って、気を失うような感覚に突然襲われる人もいます。このような発作に襲われると、身体が麻痺したような感じがして動けなくなることもあります。これは「血管迷走神経発作」と呼ばれ、副交感神経（中でも迷走神経と呼ばれる種類の神経）が過度に刺激された結果、引き起こされた状態です。副交感神経にはアドレナリン分泌神経を抑制する働きがあります。その抑制力が強くなりすぎて、心臓の鼓動が異常を感じさせるレベルまで下がってしまうと、このような発作が起きます。

血管迷走神経発作は心悸亢進ほど頻繁には見られませんが、それが何なのか、どうしてそんなふうになるのかわかっていないと、やはりとても不安になります。しっかり覚えておきましょう。この発作もまた、神経の過剰な興奮が原因で起きたものです。心臓に異常があるからではありません。それに、発作自体が心臓に害を与えることもありません。あまり心配しないようにすれば、続いていた緊張がとけて、発作は次第に治まります。ただし、一見治まったかのように見えても、また起こることもあります。でも、あわてたりしないでください。理解と受容ができていれば、発作は前ほど大ごとには思えないはずです。また、心臓の動きを整えるための薬の処方箋を医師から出してもらうこともできますから、必要なら相談してみましょう。発作のせいで病気になる……といったことは決してありませんが、不安や恐怖のために疲れ切ってしまうこともあるので、早めに症状を止めるのはいいことです。私はいつも、真正面から取り組み、受け入れるようにとアドバイスをしていますが、ひたすら耐えることがいいことだとは思っていません。

■脈が飛ぶ

神経の緊張のために疲れ切っている心臓、あるいは、アルコール、ニコチン、カフェインなどの過剰摂取のために興奮している心臓は、時として脈が飛んだりすることがあります。これは実際に心臓が鼓動しそこなっているわけではありません。ただ、鼓動の間隔が不規則になっているだけです。このような症状があると、心臓が一瞬痙攣したような感じがして、のど元のあたりがむずむずするという人や、胸のあたりがパタパタする感じがする人もいます。せきが出ることもあり、動くのが怖くなって、じっとして、次はどうなるのだろうと不安な気持ちになります。

この症状は決して危険なものではなく、そのせいで心臓が止まるようなことはありません。びっくりさせられますし、不快な症状ではありますが、それだけのことです。その証拠に、多くの場合、運動をすれば止まります。ですから、心臓が「打ちそこなった」からといって驚いて、安静にしなくてはと急いでソファーに横になったりしないでください。四十歳以上の人の大部分は、時としてこのような症状を経験しますし、若い人でも経験する人はたくさんいます。大した問題ではありません。

前にもお話ししましたが、こういった話は、医者から「あなたの心臓には異常はない。そういった症状は神経から来ている」と言われていることを前提としています。まだ診断を受けていなくて、症状が続いている人は、ぜひ診察を受けてください。そうすれば安心できますし、説明も受けられて理解の助けになります。

■身体がブルブル震える

神経が疲労している人の中には、鼓動が速くなったり遅くなったりするだけでなく、心臓の働きが急に弱くなったように感じられる発作を起こす人がいます。そういう人たちはその症状を「身体に力が入らない」とか「身体がブルブル震える」などと訴えます。足から突然力が抜けたようになって立っていられなくなり、震えが始まり、身体中から汗が噴き出てきます。実際に気を失うわけではありませんが、気が遠くなる感じがする人もいます。この発作は少し休めば治まります。これは低血糖性発作と呼ばれるものです。名前は大げさですが、要するに血液中の糖分が不足しているというだけのことです。言い換えれば、ガソリン不足でエンジンがノッキングを起こして、車体ががたがた揺れている状態です。

低血糖性発作はとくに、常に緊張状態にあって、エネルギーを補給するよりも速いスピードで消費してしまう人によく現れます。普通食事の前に起こりますが、害はありません。先程も言いましたが、しばらく休むだけで治まります。休んでいる間に肝臓が血液中に糖分を放出するからです。甘い物を食べると発作が早く治まるので、このような症状がある人はいつも何か甘い物を持ち歩くといいでしょう。この発作は神経症の人だけに現れるものではありません。健康で元気いっぱいの人も経験することがあります。

■深く呼吸ができない

頭痛のところでお話ししたように、神経の緊張は頭蓋の筋肉を収縮させますが、同じように胸や肺の筋肉にも影響を与えることがあります。そのような場合、患者さんは、胸を充分に膨らませてしっかりと呼吸ができないと訴えます。そして、ため息をつきながら家の中をうろうろと歩き回って、それを見かねた家族に「そんなにつらそうにするのはやめてくれ」と言われてしまうのです。

このような発作は一時的なもので、緊張が解けると同時に消えていきます。実際に肺が悪くなっていることはまずありません。病気などではないのです。自分が望むほど深く息ができない時はあるかもしれませんが、息はいつも充分に吸えています。

この症状は、足りない空気を肺にもっと取り入れようと必死になって息をしようとすればするほど悪化します。急いで呼吸をしすぎると、肺で交換される二酸化炭素の量が多くなり、血液中の二酸化炭素の量が低下し、呼吸器系、循環器系、神経系に影響が出ます。それで、突然めまいを感じたり、手に針で刺されたような痛みが走ったり、手が痙攣（指がこわばったり、手首が曲がった状態になったりする）を起こしたりするのです。こういった症状は患者さんやその家族をひどく驚かせますが、命に係わる病気ではありません。その証拠に、紙袋を口に当てて、吐いた息を吸うようにする（血液中の二酸化炭素の量を増やす）だけで症状は止まります。かなり恐ろしく見える症状にしてはあっけない幕切れですが、やってみると実際にそうなることがよくわかります。

■のどのつかえ

神経が過敏になっている人の中には、「のどがいつも圧迫されているような感じがする」、あるいは「のどに何かひっかかっていて、つばを呑み込んだり水を飲んだりして取ろうとしてもどうしても取れない」などと訴える人がいます。また、「のどがひどく腫れているような感じがする」と言う人もいます。このような患者さんたちは、のどに重大な欠陥があるのだと思い込みがちです。中には、癌にかかっているのではと思う人もいます。これもほかの症状と同じです。神経の緊張に起因する筋肉の収縮によって引き起こされた症状にすぎません。この症状はよく「ヒステリー球」と呼ばれるものと同じです。あまりに症状がはっきり感じられるので、その圧迫感が単なる筋肉の収縮のしわざにすぎないと信じるのは、患者さんにはむずかしいことかもしれませんが、この症状も心身の緊張をほぐし、受け入れることで消えます。この「のどに詰まった塊」が神経的なものだと患者さんが納得するのは容易なことではなく、医師にのどを精密検査してもらって、それでやっと安心するということもよくあります。安心できれば、自然と症状も治まります。

■めまい

めまいも患者さんに大きな動揺を与える症状の一つです。人間は、自分が生きる世界が安定していると感じるために、ふだん見慣れているのと同じようにそれが見えることを必要としています。ですから、突然、家具の輪郭がゆがんだり、家具が自分に向かって飛んでくるように見えたりすると、とてもびっくりします。

めまいには大きく分けて二つのタイプがあります。一つは、動いていないはずのものが動いているように見えるタイプで、もう一つは、ただ本人の頭がふらふらして、バランスがとれないように感じるタイプです。人間のバランス感覚は、目と耳、目と首の筋肉との間の複雑な相互作用によって維持されているので、普通と少しでも違ってくると、身体が揺れてめまいを感じます。ですから、めまいを感じたら、症状自体は重要視する必要はないものですが、神経が疲れてきたことの前兆だと思って注意しましょう。重要視する必要がないという理由は、めまいは短時間しか続きませんし、気持ちを落ち着かせ、疲れをとるようにすればすぐに治まるからです。

ただし、身体的にちょっとした問題——たとえば、耳管と呼ばれる耳とのどをつなぐ管や鼓膜に耳垢が詰まっているなど——があってめまいが起こることもあるので、医師によく診てもらって、そのめまいが神経に起因するものであることを確かめることはいいことです。神経に起因するめまいは、たいていの場合、頭がふらふらするタイプのめまいです。

■吐き気、嘔吐、食欲不振

物を食べることに問題が出てくるケースもあります。食欲がなくなり体重が減ったり、食べ物を見ただけで吐き気をもよおしてしまう人もいます。あるいは実際に吐いてしまうこともあるでしょう。ゲンチアナ（リンドウ科の植物）末など、食欲や消化を助ける成分を含んだ補助食品を食事の前に摂るのも助けになりますが、一番大事なのは、食べ物を胃の中に入れ、吐き気が襲って来ようと、何としてもそこにとどめておくぞという、あなたの固い意志です。たとえ吐いてしまっても、しばらく待って、また一口食べて、もう一度トライしましょう。そうなることもあると覚悟して取りかかることが大事です。

「吐き気があるし、ストレスの中で食べても気持ちが悪くなるばかりで、身体にいいことは何もないから、たくさん食べる必要はない」などと考えないでください。その考え方は間違っています。少しでも食べ物を身体に入れれば、たとえ消化に普段より時間がかかったとしても、それは栄養になります。栄養不足と貧血が、あなたが今抱えているような症状を引き起こすこともあります。だから、充分に食べる必要があるのです。

きちんと食べていない状態が何週間も続いている人は、はじめは普通の量を食べることがむずかしいかもしれません。その場合は、一回の量を減らして何回も食事をするようにしてください。溶いた卵に温めたお酒を混ぜた卵酒（薬を飲んでいてアルコールを摂れない人は、お酒を煮立ててしっかりアルコールを飛ばしたり、お酒の代わりに牛乳を使うといいでしょう）を飲んだり、低脂肪牛乳を飲むのもいいでしょう。また、ビタミン剤を毎日適量摂るのもいいことです。ただし、医師の指示や薬に付属する説明書に必ず従ってください。ビタミンの摂り過ぎは、不足と同じように身体に悪い影響を与えることがあります。

まとめるとこうなります。吐き気があっても、がんばって食べ物をおなかに入れてください。それができるようになるまでに時間がかかるかもしれませんが、あきらめないでください。きっとできるようになります。

■体重の減少――体重計をそばに置かない

受け入れること、時間の経過に任せること、そして食事をとること――とくに、食欲がなくても最後に一口余分に食べるようにすること――、この三つができていれば、体重のことは気にしなくていいです。神経が参っている人は、体重が減ることを必要以上に気にしすぎます。少しやせて身体が骨ばってくると、このままどんどん体重が減って、いつか倒れてしまうのではないかとひどく不安になります。浴室の体重計に一日に何度も乗り、不安と期待で胸をドキドキさせながら数字を眺めます。身体を揺らしたり、固くしたりして少しでも多く表示されないかと願う人もいるかもしれませんね。そんな人は、体重計は見えないところにしまって、「ダイエットをしなくては」と考えるようになるほど身体に肉がつくまで、それに乗りたいという衝動に負けないようにしてください。

これは興味深いことなので、感情的なストレスが食欲におよぼす直接的、かつ一時的影響について少しお話しします。私は、精神的にひどく苦しんでいて、食べ物を見ただけで吐き気がするような状態だった人が、その一時間後いい知らせを聞いた途端に、がつがつと食べ始めたという例を見たことがあります。

恐怖が原因でやせた人は、病気にかかっているわけではありません。食べ物を身体に入れてあげればすぐに減った体重は戻ります。あなたの身体はそれを待っているだけです。ですから、やせ衰えたように見える外観、「かわいそうなほど細くなった身体」など気にしないようにしてください。食べることだけを考えて、体重計のことは忘れてください。元気のいい友達が、「まあ、すっかりやせこけちゃって！」などと声をかけてきても、体重計に乗りたいという衝動に負けないようにしてください。

■障害が残ることはまずない

近所の人があなたを気の毒そうにながめて「まあ、すっかりやつれちゃって！」などと言った時には、次のことを思い出してください。今日、どんなにあなたがやつれて見えようと、数週間後にはその同じ近所の人が「まあ、元気そう見違えたわ！」と声をかけてくるかもしれません。今の神経が参っている状態から、あなたは完全に回復することができるのです。たとえ今、胸のあたりに痛みを感じていたとしても、それが心臓の障害として残ることはまずありません。

ですから、こんなふうに考えてはどうでしょう？「今日はすっかりやつれて見えるかもしれない。でも神経症は身体の病気ではない。少しよくなればすぐに体重は戻る。そうなるまで、たとえ多少無理をしなくてはいけなくても、食べ続けよう、おなかに食べ物を押し込もう。そして、近所の人が言うことなど気にせず、浮かんで通り過ぎよう」

■もう新しい症状は現れない

アドレナリンが影響をおよぼすのは、体内の器官の一部に限られていますから、いつも同じパターンに従って症状を引き起こします。このことを知っておくと、少し気持ちが楽になるかもしれません。なぜなら、これから先、今まで以上にあなたを驚かせるような症状が現れることはないからです。そう思うと少し安心できるのではないでしょうか。実際のところ、神経症に一番関わっているのは、「次にいったい何が起こるのだろう！」という不安です。ですから何が起こるかおぼろげにでもわかって安心すれば、回復への一歩を踏み出せます。ここでよく覚えておいてください。**ここで取り上げた症状のほかに、新たに深刻な症状が現れることはまずありません。**

でも注意してください。ここで取り上げた症状のうちいくつかをすでに経験している人は、ほかの症状もみんなこれから経験することになるのだ……などと考えないでください。すべての症状を経験する人はまれです。私たちはだれもが、ほかの部分に比べて敏感な部分を身体に持っています。つまり、アドレナリンの刺激に対してすぐに反応しやすい部分は人それぞれだということです。吐き気を感じたり、実際に吐いてしまったりしたことはないという人は、緊張に耐えられるくらい胃が丈夫なのです。それはその人がもともともっていた「体質」ですから、これからも変わらないでしょう。ひどく気持ちが動揺した時の反応も人さまざまです。胃がむかむかする人もいれば、トイレに行きたくなる人もいますし、ただ胸のあたりがかき回されるような気がするという人もいます。でも、そういった症状のすべてを一人の人が経験することはまれです。

おそらく、長く苦しんでいるあなたの症状の生成パターンは、すでにその結果を表していると思います。つまり、起こるであろう症状はすべてもうあなたは経験済みなのです。ですから「最悪の状態は経験した、もうこれ以上はない」と思って、自分を安心させてあげてください。

第十七章……自分を取り戻す

「自分を取り戻すまで、いったいあとどのくらい時間がかかるのだろう?」神経の不調が引き起こすさまざまな不快な感覚を真正面から見据え、受け止められるようになったら、次にはきっとこんな疑問がわいてくることでしょう。病気に対して新しいアプローチを始めても、まず確実に、しばらくのあいだは症状が何度もぶり返してきます。はじめの頃は、以前とまったく同じような激しい症状が戻ってくるかもしれません。たとえ数週間、新しいアプローチで対処し続けても、アドレナリン分泌神経は、疲労して過敏になっている状態からそう簡単には抜け出せません。症状が戻ってくるのはそれだからです。このことをしっかり心に留めておいてください。

私はよくこんなケースに出会います――神経症に悩む患者さんが私とはじめて話をしたあと、「やっと答えが見つかった! これで私は救われる!」と大喜びしてカウンセリングルームをあとにする、でも、わずか数日後、そんなこともあると警告してあったにもかかわらず、症状が前と変わらないことにひどくがっかりして戻ってくるというケースです。私はそんな患者さんに、神経が新しいアプローチに反応を示すにはもっと時間がかかるともう一度説明して、次のように言います。「コースを走り切ったランナーと同じです。ゴールして勝利を手にしても、すぐにピタッと止まるわけにはいきません。身体が慣れるまで、まだしばらく走り続けなければなりません」。このことをきちんと理解し、しばらく症状が続くことが受け入れられると、患者さんはまた元気を取り戻します。理解すること、そして、もっと時間がかかるものなのだと心から納得すること、これが最終的に奇跡をもたらします。回復までには時間がかかります。その間、冷静に自分の症状、状態を受け入れること、それがあなたの目標です。でも、たとえあなたが理解し、冷静に受け入れようと心に決めても、はじめはそうすることがとてもむずかしく感じられるかもしれません。だからといってがっかりすることはありません。はじめは、自分の考え方、心の持ちようを受容の方向に向けるだけで充分です。そうすれば、自然にいつかきっと冷静に受け入れられるようになります。

恐怖についても同じことが言えます。あなたが「恐れないようにしたい」と思っても、恐怖を感じ続けることがあるかもしれません。でも、くじけないでください。たとえこれまでの私の話を理解するのが精一杯で、実行するのは無理に思われても、それでもあなたはすでに回復への第一歩を踏み出しています。今の段階では、恐れないようになりたいと願う、それだけで十分です。今はまだ症状や状態を恐れていても、それらを受け入れる心構えを持ち続けていれば、恐怖は自然と消えていきます。なぜなら、受け入れようという気持ちが緊張をある程度和らげ、それによって症状が軽くなるからです。そうすれば希望がわいてきて、回復できるという自信も芽生え始めます。そして、最終的には恐怖がすっかり姿を消します。

次に薬の使用について一言。今お話ししたようなことは、必ずしも薬の助けを借りずにやらなければいけないというわけではありません。私もすべての人にそれができるとは思っていません。薬を正しく使い、過敏化した神経を包む緩衝剤の役目をさせることができれば、大きな助けになります。医師がそのような薬を処方してくれる場合もありますし、あなたのほうから頼んでもいいでしょう。ただし、薬を使う場合は、感情を「麻痺させる」のではなく、「安定させる」のにちょうどよい量を見極めることが大事です。薬の種類や量を自分で勝手に調節してはいけません。

■自分を忙しくさせる

回復するのを待つあいだ、「自分を忙しくさせておく」ことはとても大事です。つまり、頭や身体を使って何か活動をすることです。でも、自分を忘れようとして、がむしゃらに何かするというのはやめてください。がむしゃらに何かするのは恐怖から逃げ出すことを意味しますが、そんなことをしても恐怖から逃げることはできません。私があなたにやってほしいと思っているのは、症状を真正面から見つめ、それを受け入れる一方で、頭と身体をほかのことに使って忙しくさせておくことです。回復を待つあいだには、まだ症状が戻ってくる可能性はありますが、それを承知の上で、自分を忙しくさせておくのです。この二つのアプローチのあいだには大きな違いがあります。私が勧めているアプローチは、がむしゃらに走るのをやめ、身体の力を抜いてもっと冷静に、ゆっくりと歩きながら、「よし、来るなら来い。不快な症状が襲ってきてもそのまま放っておくぞ」と自分に言い聞かせるやり方です。「走って逃げ出しても症状を止めることはできない。でも、受け入れれば、それは次第に治まっていく。そのあいだ、私はほかのことをして頭を忙しくさせておこう。そうすれば、必要以上に不快な症状のことを考えないですむ」、そう言い聞かせてください。

たとえ短いあいだでも恐怖から解放される時間があると、そのたびに神経は落ち着き、刺激に対して過剰な反応をしなくなります。そして、不快な症状やつらい感覚はどんどん軽くなっていき、最後には単なる過去の思い出となるでしょう。

■短期間で回復することもある

私は以前、サナトリウムで療養中の友人に、神経症によるひどい落ち込みから立ち直るための方法についての手紙でアドバイスをしたことがあります。数か月後、知らない人から感謝の電話がかかってきました。私が友人に書いた手紙を読ませてもらったというこの女性は、それを全部読み終わる前に、自分が病から解放されたことがわかったと話してくれました。そして、数日後には退院し、四か月後の今も健康で、もう二度とぶり返しはこないと自信を持っていると言ったのです。

この女性のように、ごく短期間で回復することもあります。私はこれまで何度も、受け入れができるようになっても恐怖は続くかもしれないし、なかなかとれない不快な症状もあるかもしれないから、しばらくのあいだ、時の流れに任せる覚悟をしておくようにと言ってきましたが、誤解しないようにしてください。私は神経症からの回復には「必ず」時間がかかると言っているわけではありません。今お話しした女性の例でもわかるように、短期間に劇的に回復することも確かにあります。ただ私は、期待するほど早く回復しないかもしれないから、期待しすぎないように、そしてあまりがっかりしないように警告しておきたかっただけです。「しばらくのあいだ、時の流れに任せる」という言葉は、簡単に言えば「しばらくのあいだ、我慢する」ということです。それ以上の意味はありません。でも私は意図的に、「我慢」という言葉を使って直接的なアドバイスをするのを避けました。なぜなら、神経が極度に緊張している人には、我慢することがとてもむずかしく思えることが多いからです。ですから、「時の流れに任せる」という言葉を選びました。二つの言葉の違いはあまりないように見えるかもしれませんが、受け止め方には大きな違いがあります。「しばらくのあいだ、時の流れに任せる心づもりでいなさい」と言われたら、自分にもできるかもしれないと感じる人でも、「しばらくのあいだ、我慢しなさい」と言われたら、そんなの無理だと思うかもしれません。「我慢」という言葉が、苦しいとかつらいといったネガティブな意味あいを感じさせるからでしょうか。

■治療期間の平均は三か月

神経症の患者さんが効果的な治療を受けたことがない場合、一年病気が続いていても、私から見ると、それはまだ「長患い」ではなく「短期の病気」の部類に入ります。数か月ならとても短期と言えるでしょう。一方、患者さんが適切な治療を受けている場合は、私の経験から言うと、回復までにかかる時間は平均してだいたい三か月です。一回話をしただけで治ってしまった患者さんもいます。まれではありますが、このようなケースも確かにあるのです。

■回復はゆっくりと

確かに、身体の疲労が神経症の回復を遅らせることもあります。でも、たとえ疲れ切っていても、身体によい食べ物をとり、できるだけ安定した精神状態を保つようにすれば、かなり重い神経症からも二、三か月で回復するのが普通です。ただし、ぶり返しが頻繁にあった場合はもう少し時間がかかります。患者さんによって回復のペースは違います。ペースは、どのくらい速く自信と心の平安を取り戻せるかによって決まります。体力について言うと、たとえば足や腕の力は、あなたが「できる」と信じて使えばきっと戻ってきます。みなさんもご存じだと思いますが、「できない」と思い込んで身体を動かさなかったために、本当に病人になってしまうこともあります。自信が持てず、臆病になって、できることもできないと思い込んでいると、心も身体もどんどん弱くなります。自信と体力の回復は「同時進行」します。

ある女性は三年間ジムに通っていました。そのジムのインストラクターたちは、神経的機能障害の治療に興味を持ち、ある程度の知識を持っていました。彼らは、そのような人たちの体力不足を心配して、「体力を使い過ぎてはいけない、決して無理をせずゆっくりと回復するのがいい」といつも言っていました。そのせいで、この女性は三年たっても体力にほとんど自信が持てず、回復にはまだ時間がかかると覚悟していました。

私はこの女性に対して、本当の問題は筋力の弱さではなく自信不足にあると指摘し、思い込みによって自らを陥れている「麻痺状態」から自分を解放し、筋肉を使い始め、それを強くするようにしなければいけないと説明しました。すると、数日のあいだに彼女自身びっくりするほど多くのことができるようになりました。彼女はこんなふうに言っていました。「自分でもびっくりしています。こんなことはできないとばかり思い込んでいました。間違った考え方が自分をあれほど弱くしていたなんて信じられない気がしますが、実際そうだったのです！」最近この女性からカードをもらいましたが、そこにはこう書いてありました。「今でも先生がくださった、幸せの扉を開く『黄金の鍵』を使っています。いつも動き回っていて、立ち止まる暇もないくらいです！」

次のことを忘れないようにしましょう。
・いったいいつになったらよくなるのだろう……という気持ちでカレンダーとにらめっこをしない。
・それが短いか長いかはわからないが、ともかく必要なだけ時が経つのに任せる。
・あせらず、自分の回復のペースに任せる。
・恐怖をなくすことと、筋肉を使うこと、この二つにだけ気をつける。

■頭の中が真っ白になる

気分がだいぶよくなったあとも、突然頭の中が真っ白になってしまうことがあります。このような状態になっても、結局はまた、回復への正しい道を歩き始めることができますが、そうなった瞬間は、「どっちに行ったらいいのか思い出せない！」と感じてあせってしまいます。たとえ人がそばにいたとしても、「まるで夢の中にいるような感じ」がするのです。

これは、長いあいだ自分のことばかりを見つめすぎてきたことの「なごり」です。つまり、あまりにも長く自分の中に閉じこもって生活してきたために生じた弊害にすぎません。重大なことではありません。こんなことに驚かされてはいけません。時間の経過を待っていればそれは必ず去っていきます。もちろん、あなたがそれに「第二の恐怖」を付け加えなければ、もっと速く過ぎ去っていきます。

■二度と完全に打ちのめされることはない

もう治ったと思った頃に、以前と同じ恐怖や不快感が、前と変わらない強さで襲ってくることがあります。そんな時、うろたえてはいけません。そういうことはめずらしいことではありません。忌まわしい記憶はまだ鮮明に残っていますし、傷跡もまだ新しいのです。もしかするとあなたは、「あの不快な症状から完全に解放されるはずがない」と思って、それを試してみるつもりで、かつての感覚をひっぱり出そうとしたのかもしれません。あなたがもしそうしたかったら、そうしてもかまいません。大丈夫です。これまでにあなたを回復に導いてくれたものは、どんなぶり返しが来ようと正しい方向に導き続けてくれます。ですから、ぶり返しがあっても冷静にそれを受け入れ、もっと多くの時間の経過に任せるようにしましょう。

あなたが感じている不快な症状や異常な感覚が、神経のいたずらによって引き起こされているにすぎないと理解し、そのいたずらな神経の正体を暴いてしまえば、それが再びあなたを完全に恐怖に陥れることは決してありません。自信と強い心があなたの奥深くに育ち、恐怖の上を浮かんで通り過ぎるのをつねに助けてくれます。この自信はあなた自身が経験を通して得たものなので、それを完全に失うことはこの先決してありませんきません。つまずくことはあるかもしれませんが、完全に打ちのめされることは二度とないのです。

恐怖から解放され、自信を取り戻したあなたは、不快な症状や異常な感覚への興味を失っていきます。苦しんでいる自分のことばかり考えていたあなたが、自分のことを忘れる瞬間が出てきます。はじめはほんの一瞬だけかもしれませんが、その時間はだんだん伸びて、最後には何時間も続くようになります。そして、外の世界に対する興味がわいてきて、他人がきちんと存在する世界に再び戻っていきます。あなたは自分を取り戻したのです。

■回復のパターン

あなたは真正面から取り組み、受け入れ、浮かんで通り過ぎ、時間の経過に任せることによって回復します。この回復のパターンがしっかり頭に入りましたか？　そうであることを心から祈っています。なぜなら、これをしっかり理解して、あなたの一部にしてもらいたいからです。完全に理解して、「これでいいのだろうか」と迷ったり、何か困難にぶつかった時に、頭がすぐそこに戻っていくようにしてもらいたいのです。このパターンを正しく応用すれば、必ずよい方向に向かっていきます。

第十八章……複雑型神経症

これまでの章で取り上げた神経症は、過敏になった神経によって引き起こされた身体的な症状から解放される方法を見つけることが最大の問題で、患者さんはそれ以外に大きな心配は抱えていないケースです。でも、それとは異なり、一見解決不可能な問題、悩み事や深い悲しみ、強い罪悪感、屈辱感などが原因で引き起こされた神経症に苦しんでいる人もたくさんいます。このような場合、身体的な症状は病気のほんの一部に過ぎません。患者さんは神経症の原因そのものにすっかり気をとられていて、身体的症状にはあまり注意を払わず、気がついたときには症状が完全に定着していたということが多いのです。このような神経症は、比較的単純な不安神経症よりもずっと複雑ですが、この二つのタイプの神経症には多くの共通点もあり、はっきりした境界線を引くことがむずかしい場合もあります。（前にも言いましたが、本書ではこの二つを単純型神経症、複雑型神経症と呼んでいます。）

複雑型神経症の最も一般的な原因は、一見して解決不可能な問題と、それがもたらす心の葛藤です。神経症、神経の衰弱を引き起こすほど深刻な問題を抱えている人は、そのことについて考えるとどうしていいかわからなくなって縮こまり、後ずさりしてしまいます。時には、とても繊細な神経や自尊心、義務感といったものが、それほど深刻に物事を考えなければ容易に達することのできる妥協点にその人が達するのを妨げます。つらい問題を抱える人の多くは、はじめはひるんで、逃げようとします。でも、最終的には問題を解決するか、あるいはほかに方法がなければ、「妥協案」を見つけます。

神経症になる可能性があるのは、問題の持つういろいろな側面のうち、耐え切れないほどつらい側面ばかりを見つめ続け、解決や妥協する方向になかなか向かえない人たちです。

どんな問題であれ、神経症を引き起こすほど深刻な問題は、恐怖や不安、警戒心を生みます。そのために、問題について考えるたびに、パニックに陥ってしまうのです。そんな状態がしばらく続くと、絶え間のない恐怖と緊張が生み出すストレスが身体に影響を与え始めます。そして、手に汗をかく、吐き気がする、動悸がするといった症状が始まるのです。はじめの頃は、これらの症状は、その問題について考えたり、それに関連することを目にしたり経験した時に主に起こります。そして、時間が経ち、次第に問題が耐え切れないものになってくると、それにつれて身体的症状も強く、恒常的になっていきます。

こうなると、毎日が「悲劇」の一色に塗りつぶされます。問題のことを忘れ、幸せに感じることもたまにはあるかもしれませんが、それはほんの一瞬で、いつもその幸福感の真っ只中で突然、問題を思い出し、心が鉛のように沈んでいきます。まるで、おぼれている人がやっと水面に顔を出して息を吸ったと思ったら、また水の中に引き込まれるかのようです。数週間、あるいは数か月、ときには何年もの間、このような状態で何とか普通の生活を続けようとしますが、次第に生きる喜びが失われていきます。そして、日常生活や仕事にも影響が出てきます。顔つきや態度にも現れるようになって、まわりの人もその人が少しおかしいと気づき始めます。

このプロセスはゆっくりと進むこともありますが、一日中問題のことばかり考え続け、何度もパニックに襲われて、坂道を転げ落ちるように急速に進行することもあります。でも、速度の速い遅いに関わりなく、このプロセスが進行するパターンはだいたい同じです。つまり、問題のことばかり考えている時間が長くなればなるほど、それが引き起こす恐怖が増します。そして、恐怖の発作がどんどん強くなり、ほんの些細な刺激でもその発作が引き起こされるようになり、さらに恐怖が増すという悪循環が始まります。

このような状態になった人は途方にくれます。どうなってしまったのかわからず、すぐに心が苦しくなり、それに対処できない自分に一層当惑します。どんなことでも、たとえ問題とほんの少ししか関わりを持っていないことでも、引き金となってパニックを引き起こします。ですから、新聞や本を読むことすら恐れるようになります。

■ストレスに対する過剰反応

この段階に至ると、問題が原因となって引き起こされる恐怖の影響をとても受けやすくなるばかりでなく、どんなストレスに対しても過剰な反応をするようになり、当惑がさらに増します。たとえば「待つこと」がもたらすストレスが耐え難くなることがあります。まるで、頭がプッツリと切れそうに感じるのです。心配が生むストレスが、たとえて言う「頭痛の種」となるだけでなく、本当に激しい頭痛を引き起こすこともあります。その焼けつくような痛み、締め付けられるような痛みは、どんなことをしても和らがないように思えます。また、自分がやりたくないことを強いてやらされたり、やらなければならないような状況になると、「本当はやりたくない」という気持ちが心の中で嵐のように吹き荒れ、苦しくてたまらなくなり、身体が麻痺してそれができないということもあります。そのほかに、他人の苦しみに異常なほど敏感になることもあります。普通ならただ「かわいそうに」と思うだけですむことでも、とても悲劇的なことに思えます。よくある出来事なのに、ひどく痛ましいことに思えてしまうのです。健康な人でも、疲れている時には心が動揺しやすいものです。その動揺の波を何倍にもしたらどうなるか考えてみたら、このような神経症に悩む人たちの苦しみが多少わかり、それがどんなに当惑させられることか想像することができるかもしれません。

中には、実際にはそうではないのに、すぐ「自分はダメな人間だ」と思ってしまう人もいます。そうなると、無意識の中に閉じ込められていた過去の罪悪感が邪悪な頭をもたげてきます。人はだれでも、何とか頭で折り合いをつけておとなしくさせている罪悪感をいくらか持っています。神経症にかかっている人は罪悪感と頭で折り合いをつけたり、それを水面下に沈めておくことがなかなかできません。一つの罪悪感が頭をもたげ、それが消えたと思ったらすぐに、次の罪悪感が頭をもたげます。

このような患者さんは、自分をさいなむ罪悪感を並べ挙げた長いリストを持って医師に会いに行きます。医師は患者さんの苦しみを和らげようとベストを尽くしますが、患者さんは次に来るときにはまた別の長いリストを持ってくるのです。良心が過敏になっていると、確かに罪悪感は地獄のような苦しみをもたらすことがあります。でも、その人が思うように罪悪感が深刻なものに根差している場合はまれです。良心が過敏になっているので、罪悪感が頭をもたげた時の感情的な反応が増幅され、それを適度な大きさにとどめておく能力が失われているだけです。中には、自分の人生が罪に埋め尽くされているように感じる人もいますが、それも過敏になった良心がそう感じさせているのです。

■極度の疲労

苦しみ続けている人は、時が経つにつれてどんどん疲れてきます。感情的なストレスに継続的にさらされることほど人を疲労させるものはありません。はじめの頃は、かなり長いあいだ――時には何か月も――考え続けることに耐えられますが、次第に頭と心が疲れてきます。昼間、ほとんど一分の休みもなく考え続け、時には寝ている間も悪夢に苦しめられるのですから。

普通の人はこのように絶えず考えてはいません。考え続けていると思うかもしれませんが、実際はそうではありません。たいていの時は、脳は受信機のような働きをして外界の音や光景を受け入れるだけで、そのことについて実際には考えていません。脳が休むのはこのような時です。

■自分を罰するのが好き？

神経症をわずらう人の中には、「自分自身を罰するのが好きなのではないかと思う」と言う人がいます。ある患者さんはそのあと、こう付け加えました。「神経症というのはそういうことなんですよね、先生？」

私はこれまでに、神経症の患者さんで、自分を罰するためだけに意図的に苦しみを自ら招き、病状を悪化させているという人には会ったことがありません。今話した患者さんのような例で、その苦悩が自分で招いたもののように思えるのは、神経が過敏になっているために思考が恐怖に支配され、何か考えるとすぐにそれに続いてつらい症状が起こるので、「この苦しみは自分が招いたものだ」と考えるのが適切に見えるからです。実は、セラピストの中にもそのように考える人がいます。中にはそれに対する仰々しい理由をわざわざ見つけてきて、患者さんにも同じことを信じさせようとする人もいます！

「自分で自分を罰している」というのは、ただそう見えるだけのことです。実際にはそうではありません。神経を病んだ人が、「私は自分で自分を罰するのが好きなようだ」などと言う時、その人が本当に言いたいのは「ほんの少し不安になっても、すぐにこんなに激しい反応を起こしてしまう。それを考えると、自分を故意に罰しているとしか思えない。それ以外の説明は見つからない！」ということです。もし、本当に自分を罰するのが好きだったら、それを止めるために医者に助けを求めたりするはずはありません。

■同じ音楽を聴き続ける

深刻な問題を抱えていて、それが頭から離れないという人は、それについてひたすら考え続けます。そして、最後には、目を覚ましている間、一瞬の休みもなく考え、頭が休まるのは眠っている時だけ――それもごくまれに熟睡できた時だけ――ということになります。いつも同じいくつかの思考につねにとらわれているこの状態は、同じ音楽を何度も繰り返し聴いている状態にたとえることができます。はじめのうちは、バックグラウンドミュージックにして仕事をすることもできますが、次第にその音楽が自分と仕事のあいだに、自分と読書のあいだに、自分と友達や家族との関わりのあいだに割り込んできます。頭が音楽でいっぱいになって、すっかりコントロールされてしまうのです。音楽が思考に置き換わってしまうと言ってもいいでしょう。前は、「あのことはちょっと考えないでおこう」と思って、いやなことについて考えるのを避けることが多少できましたが、今では、どんなに一生懸命、頭からそのことを追い出そうとしてもできません。振り払おうと、もがけばもがくほどから み付いてきます。疲れ切った頭が回復力を失い、思考が自動的に走り続けるようになってしまうのです。

■深く刻まれた溝

絶え間なく考え続けることだけでも、人を疲れさせ、恐怖や当惑に陥れるのに十分なのに、そこにさらに厄介な現象が起きてきます。以前は少なくとも、異なるいくつかの観点から問題を見ることができたのに、それが突然できなくなり、「それまでずっと自分を苦しめ続けてきたような観点」からしか見ることができなくなってしまうのです。そして、問題のまわりの状況を含めて考えるのではなく、問題そのものについてしか考えられなくなります。

これは、長いあいだ同じ観点から問題を見続けたために、その思考回路が、いわば深い溝として頭に刻まれてしまった状態だと考えることができます。ですから、問題について考え出すと、思考が自然にその溝の中に落ち込んでしまうのです。違う角度から見ることは、自分の力の及ばないことのように思えます。違った見方をしようと試みると、すぐにつらい過去の映像が、とても強烈で恐怖に満ちた感情を伴いながら鮮明によみがえるので、ほかの考えはすべてかき消されてしまいます。この感情的な反応は、気がつく暇もないほど素早く起こるので、ほとんど「反射的」なものだと言っていいでしょう。

こうなると、本当に不安になってきます。自分はおかしくなりかけているに違いないと思い始めます。コントロールを失い、勝手に進んでいく自分の思考の前で、なすすべもなく立ち尽くすというのは、どんなにか恐ろしいことでしょう。ある患者さんは、自分の頭が川の流れに翻弄されるまま浮き沈みするコルクのように感じられると言っていました。

前に、頭の周りをベルトで締め付けられるような痛みについてお話ししましたが、この痛みは問題について考え込むと一層強くなります。そして、痛みのために考えることがむずかしくなって、頭が混乱したり、思考速度が遅くなったりします。

このような神経症状について、一つ例を挙げてお話ししましょう。私のところにやってきた中年の男性の例です。この男性は健康診断の時に血圧が高めでした。それを見た医師が「あなたはおそらく脳卒中で亡くなるでしょう」（この言葉は患者さんから聞いたままを引用しました）と言ったそうなのです。男性はびっくりしましたが、不安を表に出したくなかったので、いくつか質問をするだけにとどめました。でも、家に帰りつくまでずっと頭はそのことでいっぱいでした。家に着いてからも、妻に打ち明けることもせず、何も言わずに悩み続けました。この時、男性はちょうど会社で大きな仕事にとりかかろうとしていました。それは数年間、専念しなければならない仕事でした。でも、何の前触れもなく突然医師からあのような宣告をされた今、仕事はほとんど意味のないように思えてきました。そして、とてもつらいジレンマに追い込まれてしまいました。脳卒中で死んでしまうとしたら、新しいプロジェクトに乗り出すことに何の意味があるのか？　でも、自分はもうそれを引き受けてしまった……。男性は大きなストレスにさらされ、心配で頭がいっぱいになりました。そして、脳卒中で死ぬことを考えるたびに、先ほど挙げたような頭痛や頭の混乱といった症状に襲われるようになってしまったのです。

はじめて私のところに来た時、この男性は気の毒なほどひどい状態でした。私は脳卒中の話をした医師本人に、患者さんの治療の助けになるからと言って、診察の時に何と言ったのか正確に教えてもらえないかたずねました。その医師は自分の言葉がそんなに深刻な影響を与えたことを知って驚いていました。確かに脳卒中の話はしたが、ずっと先のことを言ったつもりだった、つまり、男性が寿命を迎えた時、脳卒中で亡くなる可能性が高いというくらいの意味で言っただけだと言うのです。医師は患者さんがその言葉をそんなに簡単に誤解して、不必要に心配していたことが信じられないようでした。そして、「でも、あんなに分別のありそうな人がどうして……」と繰り返していました。確かに私たちはみんな分別を持って判断できます――健康に関する問題や悩み事が他人のものである場合は。自分自身のこととなると話は別です。ショックを受けるような言い方をされて、誤解してしまうことがよくあります。

私はこの医師とのやり取りを患者さんに説明しました。それを聞けばすぐに安心するだろうと思ったのですが、それは大きな見込み違いでした。男性はまた私のところにやってきて、「先生、こんなことを言うと私のことを臆病で馬鹿な人間だと思われるかもしれませんが……。先生のおっしゃることはすべてよくわかるのですが、どうしてもここに入っていかないのです」と、自分の額を叩きながら言いました。そして次のように続けました。「まるで脳卒中のことを考えたまま頭が凍りついてしまったかのようです。頭の中の氷が割れれば、緊張が解けてまともに考えることができるだろうに……と思うのですが、実のところ私はそれどころではないんです。脳卒中のことを考えると自動的に恐怖が襲ってきて、考え続けるのを止められなくなります。何かちょっとでも血圧に関連のある話を読むだけで、そんな反応が起きてしまうんです」

この男性は疲れ切っていました。そして、心と頭の疲労が条件反射的に過剰な反応をするのを止めることができなくなっていたのです。

■死ぬことに対する恐れ

次に、年を取った一人の男性の例をお話ししましょう。この人はのどの手術をしなければならなくなりました。外科医は手術を受ければ三年から四年、寿命が延びるだろうと説明しました。男性は「もし手術をしなかったら、どれくらい生きられますか?」と聞きました。

医者は「六か月ぐらいです」と答えました。

患者はそれに対してこう言いました。「それなら、六か月でいいことにします。病院に入ったら今借りている家を出なければならなくなります。近頃は借家を見つけるのはむずかしいですからね!」

今でも覚えていますが、その場にいた私はびっくりして患者さんを見つめました。でも、自分自身もかなり高齢だったその外科医はまったく驚いた様子も見せず、私たち――彼のもとで学んでいた学生でした――のほうを向いてこう言いました。「年の功ですね!」医師がなぜそんなことを言ったのか、当時の私にはまったく理解できませんでしたが、今ではその理由がよくわかります。

青年・壮年期は人生に積極的に取り組む時期です。何事かを恐れるあまり、毎日の生活から喜びを奪うようなことはすべきではありません。その何事かは実際に起きてみたら歓迎すべきことかもしれませんし、近づいて来ても気づかないことだってあるかもしれないのです。

ですから、年齢には関係なく一日一日を大切にし、つねに将来のことを考えながら生きましょう。九十歳になって、新しいティーカップのセットが必要だと思ったら、買いましょう。「もう遅すぎるから買うのはやめよう」などと考えてはいけません。それを楽しむ時間が少ししかないとしたら、与えられただけの時間、楽しめばいいのです。最後の瞬間まで十分に楽しめばいいのです。あなたがそこにいなくなってからのことを心配する必要はありません。なぜなら、心配しようとしてもあなたはそこにはもういないのですから!

気にかけるのは、生きているあいだのことだけにしましょう。そして、毎日を思い切り楽しみましょう。そのあとのことは大いなる自然に任せましょう。神様を信じているなら、神様に任せるというのでもいいでしょう。死がどんなふうに訪れるか、想像するのはかまいませんが、決して死ぬことに対する恐れに振り回されないようにしましょう。

■自信の喪失

先程、脳卒中への恐れにとりつかれた男性の例を取り上げましたが、神経症がこのような段階に達すると、自信がすっかりなくなってしまいます。小さな子供に何か言われても、その通りにしてしまいそうです。この数か月は「二つの道のどちらをとるか、延々と迷い続ける」毎日でした。その結果、今ではたとえどんな小さなことを決めるのにも、超人的な努力が必要となっています。そして、たとえ何か決められたとしても、その力は短時間しか持続しないのです。外出するのに傘を持っていくかどうかを決めることすら、「自分には無理だ」と感じられるほどの大きな問題になり得ます。傘を持って出てはみたものの気が変わって家に戻り、迷った末また持って出る……そんなことを繰り返します。傘の身になったらなんとめまぐるしいことでしょう。雨さえ降ってくれれば、悩むこともなくなるのに！

このような状態になっても患者さんは、まだ自分自身をコントロールできること、そして、「そうなってしまったのではないか……」と疑いを持ち始めてはいるが、自分は臆病者になってしまったわけではないことを必死で証明しようとします。まだあれもできる、これもできると自分に対して証明しなくてはいけないように感じて、「耐久テスト」を次々に課していくのです。「私にはできる。こんなことに負けてたまるか」そう言いながらやり続けるのですが、そのために神経をひどくすりへらしてしまいます。そして、その力は短時間しか持たないので、まわりの人からそのことをとがめられることもよくあります。神経が過敏になっていると、実際にはみんなそれほどとがめてもいないのに、そう感じられることもあります。

■眼の異常

このような段階で、眼の具合がおかしい、物がかすんで見えたり、影が差しているように見えると訴える患者さんもいます。そういう人たちは何とかその状態を治そうと、つねに瞬きをしたり、目を細めたりします。夏、太陽に照らされて熱くなったアスファルトの上にたちのぼるかげろうに包まれたように物が見えることもあります。あるいは、眼の端に映った物があちこち動き回っているように見えることもあります。明るい光がまぶしいからとサングラスをかける人もいます。普段使っている眼鏡の度をいくら変えても、よく見えるようにはなりません。それもそのはずです。神経の緊張によって影響を受けている視力が、検眼のたびに変化するからです。

■音に敏感になる

疲労によって過敏になった聴覚神経もまた、同じようないたずらをします。スプーンと受け皿がちょっとあたっただけでも、身体をびくっとさせるほど大きな音に聞こえます。また、家の中のテレビの音が頭に響き、おかしくなりそうに感じることもあります。たとえ、その音に耐えられたとしても、頭が疲れ切っているので、テレビで話されている内容を追うことはほとんどできません。自分の中にすっかり閉じこもっているので、そこで交わされている会話についていくことができないのです。まるで、テレビの中で話している人たちは口だけパクパクさせていて、音声を発していないかのようです。テレビがそんなふうに見えたら、それだけでも人の気力を失わせるのには十分でしょう。その人は家族の団らんから遠ざかり、さらに自分の殻に閉じこもってしまいます。

■ささいなことが心の重荷になる

このころまでには、そもそもの原因となった心の葛藤や悩み事は自然に解消しているかもしれません。そして今は、自分に何が起こっているか理解できなくて、そのことが心の葛藤や悩み事以上の恐怖のもととなっているかもしれません。そんな状態になってしまった人は、悪夢から抜け出る方法を探し求めながら、内省的な思考でいっぱいになった頭を深く垂れ、うろうろと歩き回るばかりです。何か解決法が見つかっても、長続きしません。その人にとっては、どんな解決法も効き目が長く続かないのです。

このような段階で、人生がさらによけいな重荷を背負わせてくることもあります。たとえば家庭内のいざこざ、お金の心配などです。あるいは、ちょっとした不都合でも、その人には最悪の出来事に感じられて、ひどく動揺させられることもあります。

一人の患者さんの例を挙げましょう。この男性は田舎で休暇を過ごすことにしました。宿泊する部屋に入ると、ベッドの足元の壁に、耳を切り取ったあとのゴッホの絵の複製画がかけられていました。運悪くこの人は、ゴッホがしばしば精神錯乱を起こし、ある時、発作の最中に自分の耳を切り取ったという話を知っていました。その絵のかかっている部屋の中にいるだけで、緊張でどうかなってしまいそうでしたが、部屋を用意してくれた人に、その悲しすぎる絵をはずしてくれと頼むこともできませんでした。「自分もゴッホと同じように頭がおかしくなるのではと恐怖におびえている。だから寝室に入るたびにそのことを思い出させられるのは耐えられない」などと言えるはずがありません。その旅は、彼の神経を休ませるための特別な休暇旅行のはずでした。ゴッホの絵がなければ、本当にそうなったかもしれません。でもそううまくいくはずがない……。案の定、そこには「取り除くことのできない障害」が待ち構えていたのです。

ある女性の患者さんは、海辺で数週間を過ごすことにしました。旅の初日、海岸で、水際に立って海のかなたをぼんやり見つめている女性のグループを見かけました。次の日も、次の日もその女性たちは同じところに立っていました。彼女たちのまわりには、現実とは切り離されたような異様な雰囲気が漂っていました。彼女は意を決して、その女性たちがだれなのか近くの人に聞きました。そして、町の精神病院の患者さんたちが休暇で海岸に来ているのだと聞かされたのです。一年中、いつ休暇をとってもいいはずなのに、当然のことのように、病院は彼女がそこにやって来る時期を選んで患者さんたちを送り込んできたのです！　患者さんたちは、その小さな海辺の町で、彼女のあとをついて回っているかのようでした。町のあちこちでその姿を見かけるたびに、彼女は患者さんたちと一緒に町を歩き回る、影のような自分の姿を見る思いがしたそうです。

■家族の疲労

患者さんは、家族が一人、また一人と、疲労と焦燥感を募らせていくのを見て、一層不安にかられます。家族の人たちは、希望と絶望の連続に振り回され、もう耐えきれないと感じています。そしてやがて、患者さんをさらに傷つけるようなことを言わずにいられない状況が訪れるのです。ある女性は「頭がおかしくなっていくような気がする」と夫に訴えたところ、夫から「そんなふうになった人たちを送る場所はたくさんあるよ」と言われたそうです。この男性はとても心優しい夫でしたが、妻を何とか助けよう、慰めよう、妻の気に障るようなことは言わないようにしようと、始終気を遣っていたため、神経が緊張しすぎて、自分がその時何を言っているのかほとんどわかっていなかったのです。でも実際は、意図的ではなかったにせよ、彼はその一言で妻の最後の頼みの綱を断ち切り、立ち直れないほどの打撃を与えてしまいました。

■気持ちの落ち込み（ウツ状態）

感情的な疲労が原因でウツ状態が引き起こされることもあります。ウツ状態が突然襲ってきて、物理的な強い力で押さえつけられたように感じると、すべての希望を奪われたような気がします。これは恐ろしい経験です。この世界がまだ生きるに値する場所であると信じることも、ウツ状態から回復することに意味があり、またそれが可能であると信じることもむずかしく感じられます。ウツ状態も極度の疲労を原因とする一つの症状にすぎないのに、たいていの人はそのことが理解できません。人間の気分（ムード）はその人の中でとても大きな部分を占めているので、感情的にならずにそれを見つめることはむずかしいのです。世界が真っ暗に見える時、「調子が悪いのは私で、世界がおかしくなっているわけではない」と正しく見極めるのはたやすいことではありません。

ウツと感情鈍麻《アパシー》（無関心・無気力の状態）がその人から回復への意欲を奪っていくにつれ、戦いはどんどん困難を増していきます。生きているすべての時間が拷問のように感じられます。髪の毛に櫛を入れることすら、身体的、精神的に耐え難いほどつらい大仕事となり、身なりにかまわなくなってしまうこともあります。

■異常な興奮状態

あなたの疲労は、もはや人間が耐えられる限界にまで達してしまいました。それでも休むことができないのです。疲れ切った神経は今ではつねに興奮した状態にあります。ですから、疲れた身体を引きずって歩くことさえむずかしいのに、駆け出したい衝動に駆られます。休みたいとこれほど強く思っているのに、少しでも休むと、次々とつらい思いが襲ってきてあなたを苦しめるのです。もう何をしてもダメだ！　どこへ行ってもダメだ！　そんなふうに感じられます。気分はウツと、コントロールの効かないヒステリックな状態のあいだを行ったり来たりします。泣くと少し慰められる気がするという人もいます。

強迫性障害が始まるのはこのような段階に至った時です。

■強迫性障害《オブセッション》

強迫性障害は、神経の不調によって引き起こされる症状の中でも、患者さんがとくに大きな不安を持つものの一つです。ほかのどんな症状にも増して、人に「自分は頭がおかしくなり始めているに違いない」と思い込ませる力を持っています。そして困ったことに、疲れ切った人にはこの症状が現れやすいのです。健康な人間でもたいていの人は軽い強迫観念を持っています。たとえば、出かける前に必ず閉めたとわかっていても、どうしても気になって、戻って水道の蛇口やガス栓をもう一度確かめないではいられないといったことです。

神経症に伴う強迫性障害はこれよりもっと強制力が強く、つねに嫌悪感、時には恐怖感さえも伴った強迫的な思考（強迫観念）や行動（強迫行為）が繰り返し現れるという特徴があります。たとえば、脳卒中を恐れていたあの男性は、とてもひどい強迫観念を持つようになりました。前かがみになった時、血が顔に上って来た感じがすると、すぐさま血圧と脳卒中のことを思い出し、「脳卒中だ！」と思わずにいられませんでした。考えないようにしようとすればするほど、その思いは強くなって、時には声に出してそう言ってしまうこともありました。そのため、家に電気のスイッチを新たに取り付けることになった時には、かがまなくてすむようにと、高めの位置に取り付けてもらったほどでした。

ある看護師さんの例を挙げましょう。数人の新生児を担当していた彼女は、病院の窓の脇を通るたびに、腕に抱いている子供を窓から下の通りに放り出しそうな衝動に駆られると言っていました。例はほかにもかぎりなくありますが、それをくわしく取り上げても意味はないと思うのでこれ以上はお話ししません。もしあなたが強迫観念に苦しんでいたら、今あなたに必要なのは、ただその強迫観念がどのようにして生まれたのかを理解し、どのようにして治したらいいかを知ることです。

歌の一節が繰り返し頭に浮かんで来て、止めようとしてもなかなか止められないというのは、みんなよく経験することでしょう。疲れた頭は回復力を失い、止めたいメロディー——強迫観念の場合は止めたい思考——がハエ取り紙にハエがひっついたように頭にこびりついてしまいます。言い換えれば、神経症に伴う強迫観念を引き起こすのは、招かれざる自己暗示にすぎないということです。感情が非常に敏感に反応するようになっている時に、このような自己暗示が出現すると、疲れた頭に強烈な印象を与え、そこにしっかりと根を下ろしてしまうのです。

神経症にかかったことのない人は、私が必要以上に話を深刻にしていると思われるかもしれません。

そう感じている人に、ぜひ言っておきたいと思います。実際の苦しみは、私の話以上に深刻です。私が細かい点まで取り上げて書いているのは、単純な理由からです。この本は主に神経症に苦しむ人たち、「神経の具合がおかしい」と悩む人たちのために書かれた本だからです。そういう人たちにとっては、自分たちを悩ませる不可解な症状が、神経症の一般的な症状にすぎず、これまでに多くの人がそれを経験してきていると知ることは、とても大事です。それがわからないと、自分の身体が、何か忌まわしいことがいっぱい詰まったパンドラの箱のように思え、次に何が飛び出してくるかびくびくと怯えながら生きていくことになります。箱の中身を全部出して、その仕掛けを見せてあげれば、そういう人たちも自分が直面している相手が何か理解でき、恐怖を大幅に減らすことができます。

おそらくあなたは、この章で取り上げたさまざまな症状のいくつか——全部ではないにせよ——をすでに経験していることでしょう。ここに取り上げていない症状があるという場合もあると思いますが、これから先の章で紹介する回復のための原則はどんな症状にもあてはまりますので、そのつもりで読んでください。

第十九章……複雑型神経症の治し方

解決することがむずかしい問題（悩み事）や悲しみ、罪悪感、屈辱感などが原因で神経症になり、つらさに耐えかねて医師のもとを訪れる患者さんたちは、だいたい、今の章でとりあげたような「より複雑な」諸症状を抱えていますが、基本的な対処法は前の単純型神経症のところで説明したものと同じです。つまり、

・真正面から取り組む
・受け入れる
・浮かんで通り過ぎる
・時が経つのに任せる

というやり方です。

これから先の章では、神経症の大きな四つの原因――悩み事、悲しみ、罪悪感、屈辱感――と、その副産物とも言える、強迫性障害、不眠、ウツ状態などについて一つずつ取り上げていこうと思います。

ここで、回復するために必要な四つの条件についてお話しします。この先の治療法について読む前によく読み、条件を満たすように努力することを一つの目標としてください。

1. 指示通りにきちんと実行すること。中途半端にやってみるのでは効果はありません。

2. 失敗・挫折があってもあきらめないこと。時には大きな失敗をしてしまったように思える時があるかもしれませんが、自分がそれに負けなければ失敗は失敗にはなりません。「受け入れて先に進むぞ」と決心さえすれば、最悪の失敗も成功に変えることができます。神経症には「もう手遅れ」ということはありません。いつでも回復できます。深い絶望に襲われる日があっても、次の日には希望が見えてくることがあります。最悪の状態に思えるまさにその時に、回復の糸口が見つかることもあります。神経症をわずらっている間は、感情がとても不安定で揺れ動きやすくなっています。ですから、落ち込んだ自分の気持ちにあまり左右されないようにしましょう。決してもうダメだと思ったりしないようにしましょう。

3. 自分のことを憐れに思わないこと。これは、自分のことを「かわいそうだ」と思ってはいけないということです。今の状態を「ひどくみじめだ」と決めつけて、自分を悲劇の主人公にしないようにしましょう。家族がまったくわかってくれない、こんなに苦しいのに、どんなに苦しんでいるかわかってくれない……などと考えないようにしましょう。自己憐憫は気力と時間をいたずらに奪い、本当はあなたを助けたいと思っているまわりの人を尻込みさせてしまいます。自分に正直になって心を見つめてみてください。そのような自己憐憫の中には、プライド（誇り）が混ざっているのではありませんか。これまで長い間、あなたが必死に抵抗してきたというプライドです。あなたは本当にがんば

ってきました。そのことは誇りに思って当然です。それをきちんと自分に対して認めてあげてくださ
い。そして、この新しい治療法を取り入れていく時の自信をそこから得てください。私が自己憐憫の
話をすると、いったい何の話をしているのか……という表情をする患者さんもいます。あまりに混乱
していて、自分を憐れに思う余裕さえない人たちです。でも、それ以外の人たちには、私が今何を言
っているのか、わかってもらえると思います。

4. 後悔しないこと。「もしあの時……だったら」と、くよくよ考えるのはやめましょう。もう起き
てしまったことは、修復する手段がないかぎり、変えようのない過去のことです。終わったことです。
今、あなたが目を向けなければいけないのは、現在と未来です。人生は後ろにではなく前に横たわっ
ています。ですから、ぜひ覚えておいてください。もう、「あの時、ああしてさえいれば……」など
と考え続けてはいけません。一つ例をお話ししましょう。ある時、一人の男性が私のところに助けを
求めてやってきました。悲しい身の上話をする間、彼はひっきりなしに「もしあの時……」と言い続
けました。後悔するたびに嚙み続けてきたであろうその爪は、痛々しいほど短くなっていました。私
はこの男性に、もう後悔するのはやめて過去を受け入れ、未来へ向けて計画を立てるべきだとわから
せようと、できるだけのことをしましたが、彼は「でも、もしあの時……」と繰り返すばかりでした。
私はまた、心の安定を得る助けとするために、仕事など、何かやることを見つける必要があることを
わかってもらおうとしましたが、それも徒労に終わりました。彼はただ、疲れていて仕事などできな
い、自分の問題を考えることで精いっぱいでその余裕はないと繰り返すばかりでした。彼にとって最
大の問題は妻に捨てられたことでした。妻は夫の元を去り、田舎に引っ込んでしまっていたのです。

治療を始めた後、彼女は夫が仕事を始めたかどうか確かめるために町に戻ってきました。この時、夫が仕事をしていれば、戻ってくるつもりもあったのでしょうが、そうではなかったので、彼女はまた田舎に帰っていきました。その翌日、私のところに来たこの男性はこう言いました。「先生、前に仕事を見つけるようにおっしゃったのを覚えていらっしゃいますか? もしあの時、仕事を見つけていたら、きっと妻は戻ってきたでしょう。もし、あの時、先生の言う通りにしていれば……」彼はまた同じパターンに陥っていました。もうみなさんには、進むべき道は前にしかないということがよくわかっていただけたと思うので、これ以上はお話ししません。「もし、あの時……」と思うのは人間ならしかたがありません。でも、そういった愚痴や後悔に回復を妨げさせてはいけません。

最後にもう一度、回復に必要な四つの条件をまとめておきますので、いつも頭の片隅にとどめておいてください。

・指示通りにきちんと実行する。
・失敗・挫折があってもあきらめない。
・自分のことを憐れに思わない。
・後悔はできるだけしない。とくに「もし、あの時……」と考えない。

第二十章……悩み事

　とてもつらい悩み事を抱えて苦しみ続け、感情も頭脳もすっかり疲れ切ってしまった人には、もうだれかの助けなしにその問題に関して何かを決めるということができなくなります。あるいは何か決定をくだせても、それを長い間維持できません。もしかするとあなたも、すでにそのような状態に陥っていて、それに気づいているかもしれませんね。もちろんあなたは何か決めよう、それを実行しようとがんばっています。でも、神経をすり減らすばかりで、どんな決定も長く維持することができず、また新たな決定をくだしてみるけれど、それも短い時間しか維持できない……そんなことを繰り返しているかもしれません。ある瞬間には、これですっかり問題は解決したと思って大喜びしても、わずか一時間か二時間後には、問題の新しい側面が見えてきて、決定のくだせない状態に戻ってしまうのです。

　あなたにとっては、もう考えること自体がむずかしくなっているかもしれません。疲労のために思考速度が遅くなり、考えをまとめようとがんばっても、次々襲ってくるパニックの波に呑み込まれてしまいます。あるいは、思考がいつも同じ「溝」に落ち込んで、「苦悩のパターン」を繰り返すばかりで、悩み事について深く考えるのが不可能に思える段階にまで至っているかもしれません。このような状態にある時には、だれかに助けを求めることが大事です。悩み事についてよく話し合い、あなたが納得するような、「長く維持できる観点」を見つける助けをしてくれる人が必要です。それが見つからないと、疲れ切った頭を休ませることがなかなかできません。

■「すべてあなた次第」ではない

これは、「頭が疲労から回復するまでのあいだ、他人の頭を一時的に借りる必要がある」というふうに考えたらいいと思います。よく聞かされる「すべてあなた次第だ」とか「回復のカギはあなたが握っている」といった、いかにもわかったような言葉は本当ではありません。あなたの回復はあなただけにかかっているのではありません。今、あなたに助けが必要なことは確かです。最近このことを、悩み事に苦しむある女性に説明したところ、彼女はせきを切ったように泣き出し、こう言いました。「泣いたりしてごめんなさい。私に助けが必要だという言葉を聞いて、救われたような気がします。もう疲れ切っていて、自分自身を救うことなどできないと感じているのです。それなのに、みんな、私次第だ、ほかのだれも私を本当に救うことはできないと強く言うのです。でも、そうなのかと思うと、押しつぶされそうで、絶望的な気持ちになります。今までずっとそんな状態だったので、私に助けが必要だという先生の言葉を聞いて、これまでがまんしていた気持ちが止められなくなってしまったのです……」

自分に助けが必要だと感じても、恥ずかしいと思ったり、そんなことをしてはいけないと思ったりしないでください。脚を怪我したら杖が必要な時があります。大きなショックを受け、疲れ切った頭にも支えが必要です。でも、ここで注意してもらいたいのは、助けを求める相手をできるかぎり慎重に選ぶことです。ただ一番近くにいる友達だからといって選ぶのではなく、一番賢明だと思う人を選ぶようにしましょう。今のあなたは外からの影響をとても受けやすくなっているので、間違ったアドバイスのせいで一層動揺させられ、回復が一時的に遅れるということもあります。身近の人に打ち明けたくなるのは当然ですが、その誘惑に簡単に乗らないようにしましょう。相手がよく知らない人でも、すぐにその話をしたくなることもあります。あなたもそういう自分に気がついているかもしれませんね。ある女性はこんなふうに言っていました。「よく知りもしない人に苦しさを訴えている自分に気がついて恥ずかしくなることがあります。でも、自分では止めようがないのです」あまりたくさんの人に話さないようにしましょう。違う意見をいろいろ聞かされて、混乱するだけです。あなたが賢明だと思う友人あるいは家族の人を一人選んで、その人だけに相談するようにしましょう。

もしそういう人がまわりにいなかったら、医師、カウンセラー、牧師など、いわば相談を受けるプロで適切と思われる人を見つけましょう。ただし宗教関係者、あるいは信仰心の厚い人を相談相手に選ぶ時は、あなたにもっと罪の意識を感じさせることが自分の役目だと思っていそうな人は避けるようにしましょう。あなたはもう十分すぎるほど罪の意識を感じていて、そういう人たちの言葉に飛びついてしまうかもしれません。これ以上の罪の意識は不要どころか、回復の妨げになるばかりです。この段階であなたに必要なのは罰ではなく慰めです。

■新しい見方を受け入れる

慎重に選んだ助言者とうまく相談ができたら、次は、二人で見つけた解決策、あるいは妥協策を受け入れる——少なくとも当面のところは——心構えをしっかり作る必要があります。完璧な解決策を期待してはいけません。あなたが回復した時、必要ならば修正すればいいのです。その時には、今よりずっと楽に修正できるはずです。今の段階であなたがやらなければいけないのは、絶え間なく考え続けることにストップをかけること、疲れ切った頭に一つの見方をしっかりと持たせることです。そして、相談の結果得られた解決策、妥協策は、あなたが受け入れられるようなものでなければいけません。心から受け入れられない考え方にただ闇雲に従おうとするのでは、心が消耗する一方です。ですから、あなたが心の奥底で「これはちょっと違う……」と感じるような見方を我慢して受け入れるのはやめましょう。心の平安はそのようにして無理矢理もたらされるものではありません。新しい見方はできるだけ苦痛や恐怖をもたらさないものでなければいけません。賢明な助言者ならそのことをよくわかってくれるはずです。助言者に求められている役目が何か理解してもらうために、あらかじめこの本を読んでもらうのもいいでしょう。

新しい見方について話し合うことは、それを心にしっかり刻む役に立ちます。助言者となってくれた人に、できるだけ簡単にまとめて紙に書いてもらうのもいいでしょう。一人でいる時もそれを見て思い出すことができます。もう一度繰り返して言っておきます。一つの見方を維持することは、疲れた頭を支える杖の役目をしてくれます。あなたが絶え間なく考え続けるのをやめさせ、それによって生じる感情的、頭脳的疲労からあなたを守ってくれます。まったく苦痛を伴わずに一つの見方を受け入れることはむずかしいかもしれませんが、それが今のところ最善の解決策だと納得することができれば、それだけでも心にいくらかの平安、休息がもたらされることでしょう。

問題をだれかに相談する場合、あまり知られたくないことを話さなければいけないこともあります。それを思うと、相談したいという気持ちはあっても、秘密を知られることに対する恐怖がわいてきて、相談相手になかなか会いに行けないという人もいるでしょう。気が重いのに無理に会いに行くのではいけません。それは間違ったやり方です。そんなことをしたら、相手のところに着いた時には疲れ切ってしまっているでしょう。前にお話しした回復のための方法を使って、ふわふわと浮かびながら出かけましょう。浮かびながら入るという方法を身に着けて、店に入れるようになった女性の話を覚えていますか？　この女性を見習って、ふわふわ浮かんでいる自分を想像してください。この方法はびっくりするほど効果があります。前にも説明しましたが、浮かんでいる自分を頭に浮かべると、無意識のうちに心と身体から力が抜けて、あなたの行動を妨げている神経の緊張が和らぎます。このほかに、すべてのいやな思い、苦しい思いを宙に浮かべて、頭の中からふわふわと流れ出させるという方法も、ぜひ試してみてください。

■頭を締め付ける鉄の輪

この段階で、自分を苦しめている問題について話そう、あるいは考えようと思うと、それだけで頭蓋を包む筋肉が収縮して、頭に鉄の輪をはめられたような痛みを引き起こすことがあります。それにひるんではいけません。その痛みを受け入れるよう心がけ、頭の筋肉をできるだけリラックスさせるようにすれば、たとえ痛みがあっても問題について考えることができます。以前のようにさっさとは考えられず、そのせいで当惑するかもしれませんが、考える速度が遅くなったことも、頭の混乱も冷静に受け入れましょう。それと戦おうとして筋肉を緊張させたり、無理に考えようとしたりしてはいけません。受け入れてリラックスすれば、ゆっくりとではあっても、まだ自分が適切に物事を考えられることがわかるでしょう。脳自体に悪いところは何もないのです。ただ、苦痛と恐怖と疲労のためにその働きが妨げられているだけです。いずれ完全に回復します。

■恐怖が戻ってくる

信頼できる助言者と問題について話し合っているあいだ、あなたは大きな安堵感に包まれ、とうとう自分は治ったのだと感じることがあるかもしれません。それは本当にそうかもしれません。とくに、それまでそういうことをしたことがなかった場合には、よくそんなふうに感じます。助言者が大きな慰めを与えてくれると同時に、問題に対して納得のいく解決策を見つけてくれたことで、あなたの苦しみは終わるかもしれません。それに、もしその問題を自分の胸にしまい込んでいることが苦しみを増していたというような場合は、だれかに話すという行為自体が、苦しみをやわらげてくれることもあります。

でも、もう何か月も、あるいは何年も苦しんでいて、人に相談することも打ち明けることも経験済みだった場合は、問題について新たに話し合ったことで、たとえ安堵感、解放感に包まれたとしても、それは一時的なものにすぎないかもしれません。あなたの神経はまだ疲れ切っています。ですから、またあなたにいたずらをしかけてくるかもしれません。助言者と一緒に問題をすっかり解決したと思っても、その人と別れて一人になると、それまで考えたこともなかったので話し合わなかった新たな側面が現れてきて、また神経の過敏な反応と不安があなたをパニックに陥れるかもしれません。

あるいは、助言者と一緒にいる時は、その人の話を「なるほどそうだな」と思って聞くことができ、別れてからもしばらくはその考えを維持することができるかもしれません。でも、時間が経つと、またかつてのさまざまな恐怖がよみがえり、新しい見方を持ち続けることができないという場合もあるでしょう。そうなってもがっかりしてはいけません。それはよくあることです。あなたはこれまで長いあいだ、苦しみをもたらすような見方でその問題をながめてきました。そんなにも長い間維持してきた見方が、さっさと消えて、二度と戻ってこなかったとしたら、そのほうが奇跡です。それまでの見方は、すでにあなたの習慣的なパターンになっているのです。

ですから、それまでの見方が、さまざまな葛藤と苦悩を引き連れて戻ってきたら、また助言者のもとを訪れ、そのことを話して、もう一度問題について話し合うようにしましょう。新しい見方をしっかり自分のものにして、維持できるようになるまでには、何度も助言者のもとを訪れなければならないかもしれませんが、それが普通です。

前にも言ったように、助言者に話の内容を書いてもらうと大きな助けになります。私も患者さんのためにそのようなメモを書いて渡しています。必要ならば、患者さんの同意を得て家族の人にもそれを見せて、患者さんをどうやって助けたらいいか説明します。時には、家族の中で最も理解のなかった人（その人の無理解のために患者さんが一層つらい思いをしていることもあります）にアドバイスを与えます。そうすることで、回復の妨げとなっていた人を、助けとなる人に変えるのです。このような人は、自分が医師から信頼されていると思うと、びっくりするほど熱心に協力してくれるようになることがあります。医師に対して批判的あるいは懐疑的だった人でも、最後の望みが自分にかけられたと感じて、医師の意見を強く支持し、協力的になる場合もあります。

■新しい見方が定着するのを待つ

友人や医師、あるいは家族から助けを得て新しい見方を手に入れたあと、その見方を一日のうちほんのわずかな時間しか維持できなかったとしても、がっかりしてはいけません。毎日ほんの一瞬でもその見方を「垣間見る」ことができれば、回復への第一歩はもう始まっています。少しずつそれを続ければ、だんだんに長くその見方を維持できるようになり、最後にはしっかりと自分のものにすることができるようになります。

ある農家の主婦の例を挙げて、このことをもう少し具体的に説明しましょう。この女性は小さな農場で、夫と子供たちと一緒に幸せに暮らしていました。近所に仲のいい友達もいました。そんなある日、肺炎にかかってしまいました。そして、病気が回復に向かい始めた頃、子供たちは学校の寄宿舎で暮らすようになり、友人たちももっと田舎に越していきました。そばにいてくれる人を一番必要とし、何か活動をして忙しくしている必要があった時に、一人ぼっちになり、母親としての仕事もなくなってしまったのです。農場での毎日はとてもみじめなものになりました。

この段階で、自分がつらくなったのは闘病による疲れが出たものにすぎないということを彼女がきちんと理解していれば、それ以上の苦しみは避けられたかもしれません。でも、実際はそれに気づくことなく、すっかり当惑してしまった彼女は、自分の状態に不安を感じるようになり、友人の一人に勧められるまま、精神分析医のもとを訪れました。運の悪いことに、彼女が選んだのは腕のあまりよくない医者で、そこでいい加減な分析を受けることになってしまったのです。そして、同じような分析を受けたらだれにでも見つかるような、ささいな罪悪感を指摘され、それが原因で複雑な感情が生まれているのだと言われました。分析医はこの罪悪感をことさら大げさに取り上げ、当然ながら、医者に後押しされるまま、患者もそれを重大なことだと考えるようになりました。そして、そのために、解決しなければならない問題をかえってたくさん抱えることになったのです。彼女の不安は増し、気持ちはどんどん沈み、とうとう慢性的な神経症にかかってしまいました。

自分が大好きだった家庭、あれほど幸せに暮らしていたその場所が、なぜ今自分をこれほど苦しめるのか、彼女には理解できず、とうとう、あまりにつらくてそのことを考えることすらできなくなりました。でも、家にいるのがつらいからといって、自分のせいで夫が家を売らなくてはならなくなるのはいやでした。金銭的にかなり損をしそうだったからです。彼女は夫にこう訴えました。「私はこの家で幸せに暮らせさえすればいいの。それなのに、それがまるで自分の力では到底できないことのように思えるの。いったい私はどうなってしまったのかしら？　まるで人が変わってしまったみたいだわ」彼女は私に、家に近づくと、強い嫌悪感が波のように覆いかぶさってきて、逃げ出したくなるのだと言いました。

私はこの女性に、自分の置かれた状況を相反する二つの視点から見ていることを説明しました。まず彼女は、最近自分が強いウツ状態を経験した場所として自分の家を見ていました。その記憶があまりに強烈で恐怖を伴っていたため、家に入ったらすぐに、前と同じような苦しみ、あるいはそれ以上の苦しみが襲ってくるに違いないと思ってしまっていたのです。二つ目は、そのように思っているのと同時に、かつてそこで幸せに過ごした場所、再びそのように暮らしたいと思っている場所として、家を見ていたのです。

私はさらに、「そこで幸せに暮らしている自分の姿を心に描き、そのイメージが現実のものになるまで、時間が経つのを待つ覚悟を決めてください」と話しました。苦しみの記憶が薄れるには時間がかかります。それが薄れるまでは、その場所で大きな幸せを手にすることはできません。幸せに感じる瞬間はあるかもしれませんが、本当の幸せは、不幸せだった時の記憶が薄れてはじめてもたらされます。そして、その助けとなるのは時間だけです。

その時がくるまで、この女性は自分自身の反応をじっと見つめたり、感情を分析したりすることなく、自分を忙しくさせて、一日一日が過ぎ去っていくのに任せなければいけません。確かに、現在の状況や近い将来に対して彼女が持っている感情は複雑で、不安定で、苦痛に満ちています。最近起きたいろいろな変化によってその感情が大きな影響を受けていることも確かです。ですから、その感情にさらに振り回されるのは意味のないことです。この女性はこれから先の数か月、「浮かびながら」少しずつ自分の目標に向かって進み、毎日を生き抜く覚悟を決める必要がありました。自分の家で幸せに暮らしたいと願う、それだけで土台は十分です。私は彼女に、「浮かびながらというのは、すぐに回復することを求めるのではなく、時間が自分を幸福にまで運んでくれるのに任せるという意味です」と説明しました。つらい記憶や、自然に頭に浮かぶマイナスの思考はすべて、頭からふわふわと外に浮かばせて、どこかへ行ってしまうようにしないといけません。

気持ちが落ち込んでいる人が長い時間一人でいるのは賢明なことではありません。ですから、私はこの女性にも、新しい見方がしっかり自分のものになるまでのあいだ、頻繁に町に出たり、友達を招いて家に泊まってもらうことを勧めました。神経症をわずらっている人にとっては、だれかが家の中で動いている物音を聞くだけでも、測り知れないほど大きな助けとなります。

■新しい見方を維持する

自分を苦しめ続けている見方を忘れたいと思うなら、もっと受け入れやすい、代わりとなる見方を見つけることです。そして、そのような見方が見つかったらそれにしっかりつかまりましょう。状況が変わって再調整が必要となったら、助言者に相談しましょう。だれの助けもなしに一人でそれができると確信が持てるほど元気になっていないかぎりは、そうするほうがいいでしょう。自分に少しでも自信がなかったら、助けを求めるべきです。そうでないと、ある見方をしたと思ったら次の瞬間には別の見方が出てくるという、前と同じパターンにまた陥ってしまう可能性があります。

この段階では、自分で何かを決める必要はありません。決めたところで長続きしないことが多いのですから、何か決めようとがんばることは、あなたのプラスにはなりません。それどころか、何もうまく決められないことを苦しく感じるばかりで、時間の無駄です。それよりも、「今自分がこのような状態なのは、極度の疲労のせいで、また元気になれば前と同じようにいろいろなことが決められる、いやもしかするとこの経験を活かしてもっとうまく決断がくだせるようになるかもしれない」としっかり認識するようにしてください。大事なことなので繰り返し言います。今、あなたが決断をくだせないことはまったく問題ではありません。今大事なのは、助言者と一緒に問題の解決策、妥協策を見つけ、それをしっかりと受け入れ、疲れた頭を休めることです。

決断がくだせないことに苦しんでいたある男性は、「ここで力を振り絞って決断をくだしさえすれば、戦いは勝ったも同然だ」と言われたそうです。そして、この助言者は、「そうすればそのあとは決断をくだすのに何の苦労もなくなるだろう」と付け加えました。

このアドバイスは見当違いです。このように言われた人は、たいそう努力してなんとか一つの決断にたどりつくかもしれません。でも、だからといって、頭がてきぱき働かないことや、神経が疲れ果てていることに変わりはありません。ですから、そのあともしばらくのあいだは、前と同じように決断をくだすことがむずかしくて当然です。疲れた頭に決断をくださせる必要があるのでしょうか？　それがそれほど大事なことなのでしょうか？　恐怖から解放され、頭が十分に休みをとることができれば、決断をくだすことは自然にもっとずっと楽になるはずです。

■解決しようのない問題

問題に対して解決策、あるいは妥協策を見つけるようにと言われると、「私の問題は解決することができない。だから私がこの苦しみから解放される道はない」と考える人がいます。一見「解決不可能」な問題が解決された例をたくさん見てきた私は、この考え方には賛成できません。あなたの抱える問題は、あなたの目には解決不可能に見えるかもしれません。でも、いろいろな問題に対して解決策を見つけてきた経験豊かなカウンセラーの話を聞いたら、きっと驚くことでしょう。カウンセラーには状況を変えることはほとんどできないかもしれません。でも、少なくとも、もっと苦しまずにその状況を見る方法をあなたに教えてくれることはできます。

たとえば、別居することのできない姑との生活が原因で神経症になってしまったある女性は、「だから、おわかりでしょう、先生、私には解決の道がないのです」と言っていました。私はこの女性に、姑が自分の生活からいなくなることが苦しみからの唯一の解決法であると考えているかぎりは、解決の道はないと説明しました。そして、年老いた姑を憎しみを持って見るのではなく、彼女のいいところだけに目を向けるようにアドバイスしました。「そうしようと心に誓い、努力してみてください」それを実行してから、彼女に対してこれまでとは違った感じを持てるかどうか、様子を見てくださ い」人間は、相手が自分に対して持っている考え方に反応します。そして、多くの場合、相手が自分にどんな行動を期待しているかを無意識的に感じ取って、それに従って行動します。彼女の姑は息子の妻が自分を嫌っていることを知っていたに違いありません。そして、その結果、おそらく知らず知らずのうちに、自分の一番悪い面を彼女に見せていたのでしょう。幸いなことに、この若い女性はそのことをよく理解し、状況を変えることに成功しました。

■本当に身体が悪い時

単に神経のせいではなく、臓器疾患のせいで心身の健康を害している場合は、ものの見方を変えるというアプローチは少しむずかしいかもしれません。臓器疾患があって、そのことに対する不安が神経的な症状を引き起こしているような場合は、そのことをよく理解してくれる医師の助けが必要です。なぜなら、そのような場合でも、あなたの助けとなるような医学的な見方があるかもしれないからです。

私の友人に、長いあいだ高血圧を抱えている八十五歳の女性がいます。十五年前、血圧の異常をはじめて知った時、彼女はすぐにでも脳卒中に襲われるのではと思って恐怖に押しつぶされそうになりました。でも、医師と何度かじっくり話し合ったおかげで、状況を冷静に見ることができるようになりました。医師が助けてくれたのは彼女にとってとても幸運なことでした。そうでなかったら、この十五年間を、実際には起こらなかった脳卒中にいつ襲われるかと怯えながら過ごしていたことでしょう。

■転地の効用

神経が参っている人は、これまでと変わらない環境、状況に繰り返しさらされ、つらい記憶がよみがえって来て苦しさが増すということがよくあります。ですから、環境を変えたいと強く願い、自分はそのような苦しみと不必要に戦い続けるべきではないと感じる人がたくさんいます。でも、こんな時、友人たちは「戦いから逃げてはいけない」と忠告してくることが多く、そう言われた人は、もし逃げ出したら臆病者と思われるのではないかと思って、そこに留まってしまいがちです。

神経症の原因が存在する場所に、そのまま留まるように人に忠告する場合には、よく考えないといけません。「直面しなければならないことから逃げ出す」ために離れようとしている場合は、私は留まることを勧めます。でも、このような場合であっても、心と身体を休めるために一時的に離れることは、多くの場合賢明な方法です。たとえば、次のような若い学校の先生の場合です。この先生は言うことを聞かない生徒たちを扱いかねて、そのために神経症になってしまい、私のところにやってきました。私はほかの学校に移ることは勧めませんでした。そうしても、また同じように手を焼く生徒たちのいるクラスにあたるかもしれませんし、そうでなくても、いつかそういう生徒たちにぶつかるのでは……といつも心配しながら生活することになったでしょう。私がこの先生に勧めたのは、一か月の休暇をとり、新しいアプローチの仕方でクラスの生徒たちに向き合うことでした。私の勧めに従った彼女は、クラスの生徒たちをうまく扱うことができるようになり、学校を変わらなくてよかったと、とても喜んでいました。

反対に、その場を離れるほうがいいこともあります。妻に捨てられたために神経症にかかり、助けを求めてきた男性の場合は、家から離れることを勧めました。そこには妻の思い出がたくさんあって、彼がつらい思い出に対していくらか「免疫」を身に着けるまで、離れている必要があったからです。そして、もし可能なら、住んでいる町自体から半年ほど離れていられれば、もっと効果的だからそうするようにと勧めました。妻を思い出させるものを毎日目にして、そのたびに傷口を広げられていたら、治るものも治りません。

先程も言ったように、まったく違う場所に移り住むことを勧める時には、その前に、その人の状況をしっかり分析し、慎重に判断しなければいけません。でも、短期間の転地はどんな場合にも効果的なので、それは私もよく勧めます。短期間の転地は軽いショック療法のような効果をもたらし、つらい状況や思い出に繰り返し襲われることによる神経の疲れを和らげてくれます。そうすれば、これまでとは違った、もっと楽な見方で問題を見る助けとなるでしょう。

■苦しみのもとが見えてくる

神経症に悩む若い男性が友人と一緒に、これまで行ったことのない海岸のリゾート地に行った時のことです。ホテルに入ると、太陽の光のあたる窓際で楽しそうに話している数人の人たちと、天井の垂木から吊り下げられている、ちょっと変わった形の古い帆船の小さな模型が目に入りました。その光景は彼の日常からはとてもかけ離れていて、彼の興味を引きました。そして、休みなく走り続けていた彼の思考にストップをかけ、閉じこもっていた自分の殻から彼を引き出してくれたのです。彼は突然、自分の置かれた奇妙な状況に気づきました。神経症に悩むようになって以来はじめて、自分が感情的に疲れ果てていること、そしてそのせいで、かえって問題をとてつもなく大きなものにしてしまっていたことがわかったのです。問題はどれも、自分が思っていたように解決不可能なものではありませんでした。元気になれば、おそらく対処できるだろうということが見えてきたのです。

この男性は同じ日の夕方、海に泳ぎに行った友人たちが戻ってくるのを待っているあいだ、とても緊張し、つらくてたまらなかったそうです。みんなが帰ってくれば、自分の部屋に戻ってゆっくりできる、だからそれまでしばらく待つ……ただそれだけのことなのに、つらくてたまらなかったのです。

耐え切れなくなった頭が爆発しそうでした。ホテルに着いた時にロビーで気づいたことと、友人を待つあいだの頭の混乱状態とを考え合わせると、苦しみのもとが問題の中にあるわけではなく、自分の中にあること、自分の疲れ切った心と身体の状態にあることがさらによくわかりました。

この男性と同じように心と身体が疲れ切った状態にある人の中には、何とか少し高いところから問題をながめて、はっきりとした頭で考えようとすると、そのたびに、薄暗い部屋で、低く、固い天井を手探りをしているように感じると訴える人がいます。天井はまるで自分を押しつぶすように迫っています。また、頭が灰色の毛布に包まれていて、どうもがいてもそこから抜け出せないように感じると言う人もいます。前に、視力も影響を受けて、昼間の明るい光の中でも、あたりが影の中に投げ込まれたように見えることがあるとお話ししましたが、それを思い出してみると、心と身体が疲れ切っている人たちが、外界から切り離された感じを持つ理由がわかることでしょう。

この暗い天井や灰色の毛布は、過度に疲労した頭が作り出したものに過ぎません。学生たちが三時間四時間と続けて勉強をしたあとに持つ感覚に似ています。学生たちは突然、もうこれ以上一言も頭に入らないと感じて、外に出て水撒きなどして頭を切り替えないとどうしようもなくなります。神経症になってしまった人は、自分の問題について何週間も何か月も、「庭で水撒きもせずに勉強し続けてきた」のです。そういう人が、頭に霧がかかったように感じたり、頭の反応が鈍くなった、回復力がなくなった、どうしようもなく疲れたなどと感じたとしても当然です。

そのような状態の人が、山の頂上に立ちたい、あるいは飛行機に乗りたいなどと願うのはめずらしいことではありません。そうすれば下の世界を見下ろす感覚を得ることができ、今陥っている「あらゆるものの下に押し込められている」状態から解放されるのではないかと思っているのです。このような人には睡眠が必要です。それも、一日二日ではなく長い期間、充分な睡眠をとることが必要です。睡眠がもたらす、一時も休むことのない不安に満ちた思考からの解放が是非とも必要なのです。

■「カーテン」が引き上げられる

神経症が回復に向かってくると、時々、重く垂れていたカーテンが引き上げられたように感じる瞬間が出てきます。そういう時は、以前のように自由自在に物事を考えられ、考え方の方向もすばやく調整できるようになって、その人は大喜びします。そのように「正常に考えられる瞬間」がはじめて訪れた時には、それはまるで天からの啓示のように感じられるかもしれません。前にお話しした若い男性は、海岸から戻ってから数日後、友人が指を切ったので包帯を巻いてくれと頼んできた時のことを話してくれました。その「治療」を施している間に、突然、例のカーテンが引き上げられ、彼はもう少しで「またはっきりした頭で考えられるようになった！」と声に出して叫んでしまいそうだったそうです。

この男性はとても頭がよく、自分のさまざまな症状を冷静に分析し、あまり他人からの助けを借りずに自分を治すことができるタイプの患者さんでした。彼の話では、友人の指に包帯をしてあげた時に経験した「カーテンが引き上げられたような感覚」は長続きせず、カーテンはまたすぐに降りてきたそうです。そして、また数時間後に引き上げられたような感じがして、その後数日間は、カーテンが上がったと思ったら一分と経たないうちにまた降りてくるというようなことが何度かあり、まったく自信が持てませんでした。それはまるで、頭と心がこわれやすくなってしまい、取扱いに細心の注意を払わなくてはならないとでもいうかのようでした。この男性は心を安定させよう、頭に重いカーテンがかかるのを止めようとして、自分が緊張してくるのを感じました。それから、「浮かんで通り過ぎる」という私の言葉を思い出し、心と身体から力を抜いて、上がったり下がったりするカーテンをそのまま受け入れ、時間が経つのを待つことにしました。

そんな時、遠くに住んでいた友人たちが、遊びに来ないかと誘ってきました。まったく新しい環境に身を置くことが、心と身体に新鮮な風を送ってくれて、例のカーテンがすっかり引き上げられ神経症から抜け出せるかもしれないということはこの男性にもわかっていました。でも、彼は友人のところへは行かず、外からの助けなしに自分のホームグラウンドで回復できることを自分に対して証明する道を選びました。しばらくして、最終的に神経症から解放された時、彼は生まれ変わったように感じたと言っていました。すべてが輝いて見えました。そんなことはかつてなかったことです。さまざまな色が前よりずっと明るく、くっきりと見えました。空の青さは目に染みるようでした。幸福感が胸にあふれ、すべてのものに対して慈しみの心がわいてきて、アリ一匹傷つけることもできないように感じました。そういった感情は失われることなく、彼の中にしっかり残っていたのです。この青年と同じような苦しみを抱えている人は、すばらしい「ご褒美」が先に待っていることを忘れないでください。新しいエネルギーが生まれれば古いエネルギーは消えていきます。行為には結果が伴うという「補償の法則」は、神経症から回復したあと、とても大きな効果を表してくれます。

この男性の例を取り上げたのは、転地の機会があっても、それを拒否すべきだと言いたかったからではありません。あなたは自分に対して何も証明する必要はありません。この青年の例から学んでいただきたいのは、その場を離れなくても神経症から抜け出すことは可能だということです。でも、もう長い間苦しんでいるとしたら、それをあえてさらに長引かせることはありません。完全に環境を変えるチャンスがあったらそれを利用し、少しでも苦しみを和らげてあげましょう。

この章でお話ししたことをまとめると次のようになります。

・自分が納得できる解決策、あるいは妥協策が見つかるまで、慎重に選んだ助言者と一緒に、あなたが抱える問題について話し合う。これまでとは違う見方を探す。

・新しい見方が見つかったら、それをしっかりと維持する。はじめは一日のうち、ごく短時間しかそれを「垣間見る」ことができなくても、それで十分なので、あきらめないこと。

・次のことをよく覚えておく——自分の抱える問題に対して一つの見方を維持することは、疲れた頭を支える杖の役目をする。

・疲労のために集中して物事を考えられない場合は、無理に考えようとしない。疲れた頭に負担をかけないスピードでゆっくり考えればよいのだと自分に言い聞かせる。

・一度消えた恐怖がまた戻ってきても、もうダメだと思わない。後戻りすることがあっても、それをすべて受け入れ、その上を浮かんで通り、回復への道を歩み続ける。

・すっかり治るまでは、自分で決断をくだせなくていい、それは大したことではないと考える。

・転地のチャンスがあったら、それを利用する。

第二十一章……悲しみ

胸を押しつぶすような悲しみが、人生を一時的にめちゃくちゃにしてしまうことはありますが、それに対処するのは、一見解決不可能な問題を抱えている場合と比べると、それほど複雑ではありません。確かに、悲しみがいろいろな問題を引き起こすことはあります。でも、そういった問題は、悲しみがあまりに深いために、その陰に隠されて表舞台にはあまり出てきません。

深い悲しみは、心の葛藤や罪の意識が加わらなくても、それだけで神経症を引き起こす原因となり得ます。でも、そのようにして引き起こされた神経症の原因をくわしく見てみると、たいていの場合は、何らかの形で恐怖が関わっていることがわかります。たとえば、前にもお話ししたように、愛する人を亡くした時の悲しみには、一人で未来に立ち向かうことに対する恐怖が混ざり合っています。

■くよくよ考える

たいていの人は、とても苦しいことがあると、それに圧倒されて押しつぶされてしまうように感じますが、時間の経過と共に人生の流れに乗っているうちに、元気を取り戻し再び幸せを見つけます。でも、中には、悲しみから受けた影響があまりに大きく、また、元気を取り戻させてくれるような環境になかったために、正常な生活を送ることがむずかしくなってしまう人もいます。そういう人たちは、じっとしたまま、自分に降りかかった不運のことばかり考え続けます。暗い気持ちでくよくよ考え続けていると、そのうち、いざという時に心を支える気力がだんだんなくなっていき、そのためにさまざまなことに対する反応が激しくなってしまいます。悲しみがどんどん深まり、絶望の波が次々と襲ってきて、その攻撃にさらされた心と身体は耐え抜く力をどんどん失っていきます。

こうなると、食事も睡眠もろくにとれなくなり、やつれていきます。そして最後には、頭が疲れ果てて、理解したり考えたりする速度がとても落ちてしまい、まわりの人には、その人とコミュニケーションをとるのが不可能のように見えてきます。うつろに宙を見つめるばかりで、たとえ返事が返ってきたとしても、とぎれとぎれで会話にならないからです。

でも、たとえこのような状態になったとしても、何らかの方法で「悲しみ→くよくよ考える→悲しみが深まる」という悪循環を断ち切ることができれば、人生をありのままに受け入れ、再び正常な生活を送ることができるようになります。

■苦しむクセがつく

私たちの苦しみの中には、記憶と習慣から生み出されたものが多くあります。過去の苦しかったことを覚えていても、現実と記憶との違いを正しく認識できれば、今苦しむことは少なくなるでしょう。でも、それができなくて、苦しみ続けることがクセとなってしまうのです。ある女性は六か月前に夫と死別していましたが、夫の死から立ち直れないままでいました。いくら嘆き悲しんでも夫は戻ってきません。大きな農家に住んでいた彼女には、世話をしなければいけない家族もいました。それが彼女にとっての現実でした。一か月入院生活を送ってやっと彼女はそのことを認識しました。治療を受けるまでは、過去を思い出してはくよくよと考えてばかりいました。最後には過去の記憶以外、彼女の人生には何も存在しないかのようでした。実際はそんなことは決してなかったにもかかわらずです。

苦しみは疲労をもたらします。そして、その疲労はさらに大きな疲労をもたらします。なぜなら、「疲れている」と感じることに疲れてしまうからです。でも、この破滅的な思考の中にわずかでも希望の光を灯すことができれば、プロセスを逆転させることができます。将来への希望もまた記憶になります。過去の記憶と違って、私たちを元気にしてくれる記憶です。昨日一日、希望を持って過ごすことができたら、今日はもう少し大きな希望を持って過ごすことができるかもしれません。そして、明日はそれよりもっと大きな希望を持って過ごすことができて、いつかきっと、毎日が希望に満ちたものになるでしょう。また、こういう場合もあります。まわりの状況のおかげで、ほかのことに神経を集中させなければならないような場合です。一般的に言って、幼い子供を抱えた母親の方が子供のいない母親よりも早く夫の死から立ち直ります。

たとえどんなに深い悲しみに襲われても、時間が経てばまた幸せになることができます。悲しみに打ちひしがれた今は信じられないかもしれませんが、時間は驚くほど大きな力を持っています。耐え切れないほどの深い悲しみを抱え、生きる気力をすっかり失った状態から立ち直った女性は、次のような話をしてくれました。悲しみに押しつぶされてしまったように感じていた彼女は、ある日、気力を振り絞って庭に出て、落ち葉を集めて燃やしました。そして、たまたま、まだ枯れていない葉を火の中に投げ入れたのです。その葉が燃える、鼻につんとくるようなにおいをかいだ時、ふっと心が踊りました。するとちょうどその時、いたずらそうな一羽の小鳥が目の前を横切り、彼女のすぐ横の枝に止って踊るように身体を動かしました。彼女はそれを見て思わず微笑みました。この二つの出来事が、悲しみに沈みこんでいた彼女の心に方向転換のチャンスを与えてくれました。自分はまだ喜びを感じることができる、そのような感情はもう自分から失われてしまったと思っていたけれど、完全になくなっていたわけではないのだということを教えてくれたのです。このことが彼女に希望を与えてくれました。今、この女性は普通の人とまったく同じに平穏に、そして幸福に毎日を送っています。

■不必要な苦しみを避ける

もし、亡くなった夫がいつも座っていた肘掛け椅子が心に動揺をもたらすとしたら、つらい思いをせずにそれをながめられるようになるまで、どこかにしまっておきましょう。私の友人は「夫を愛していたのよ。亡くなったからといって、彼を思い出させてくれるものを避けなければいけないなんておかしいわ！」と言って、夫の椅子を片付けようとしませんでした。亡き夫を思う彼女の気持ちは確かに美しいものではありましたが、そんなふうにしていたのでは感情をいたずらに刺激し、すり減らすばかりです。数か月の間、その椅子のそばを通るたびに、彼女は苦しみました。時にほんの少し気分が明るくなった気がしても、椅子を見ると悲しみが新たになりました。それからやっと、彼女は私たちの忠告を聞き入れ、その椅子をしばらくどこかに片付けることに同意してくれました。もっと早くそうしていれば、不必要な苦しみは味わわずにすんだことでしょう。彼女はそれを弱い人間がすることだと思っていましたが、実際はそうではなく、実に道理にかなったことです。苦しみの元からしばらくでも離れることは、時として必要なことです。私たちの無意識は時間の助けを借りて、記憶に結びついた苦しい思いを適切な場所に葬ってくれます。必要もないのにあえてそこを掘り起こすのは賢明なことではありません。

■妻や夫に捨てられる

死別は深い悲しみをもたらしますが、その悲しみに大きな心の葛藤が伴うことはあまりありません。死は最終的なもので、私たちはそれを受け入れるしかないからです。これからは時が私たちを助けてくれます。一方、配偶者に捨てられたというような場合は、なかなか完全に幕を下ろすことができず、つねに悲しみが蘇ってきて、それに耐えるのは死別の場合よりもある意味ずっと大変です。風の便りに相手の消息が伝わってきて、傷口に塩がすりこまれることもあるでしょう。相手が自分より幸せになっていたら、とても不公平だと感じることもあるでしょう。これはとても受け入れがたいことです。でも、たとえそのような場合でも、時はあなたの味方です。年月が次第に悲しみを受容に変え、忘却へと導いてくれます。ある女性は、夫が去ったあと、もう少しで神経症になりそうでしたが、五年後の今は、たとえそれが可能でも、夫とよりを戻すために自分の生活パターンを変えるなどとんでもないと思うようにまでなっています。でも、夫が去った直後に、これほど短期間のうちに、夫がいない方がいいと思う日が来るだろうと彼女に納得させることは決してできなかったでしょう。

私たちはとかくそう思いがちですが、自分自身の幸福は完全に他人に依存しているわけではありません。このことはよく覚えておいてください。私たちがある人に対してどれほど愛情を感じるか、その深さを決めるのは相手ではありません。この感情は私たち自身の一部で、他人によってコントロールされるものではありません。だれかを愛する能力は、どんな不幸に見舞われても私たちのもとから離れることはありません。

ですから、愛する人に捨てられても、世界が終ったなどと思わないでください。あなたはまだ愛する能力をたくさん持っています。別の人を同じくらい、あるいはそれ以上に愛することは可能です。

今このように聞いても、「そんなふうになるわけない！」と否定的に考える人が多いかもしれませんね。でも、これは本当のことです。時間が経つのに任せてみてください。時間が持つ治癒力を信じてみてください。それはきっとあなたを助けてくれます。

■恨みを抱かない

深く傷つけられたからといって、相手に復讐したら、あるいは天罰のようなものがくだったら気持ちが楽になるだろうと考えるのは間違いです。そのような間違いは犯さないようにしてください。相手に「思い知らせたい」と思い続けて、自分を消耗させてしまってはいけません。真の心の平安を得るためには、復讐することは忘れなければなりません。（このことについては、聖書などの経典の中にいいアドバイスがあります。）自分を傷つけた相手にたとえ天罰のような報いが訪れたとしても、たいていは思っていたほどの喜びは感じられません。信じられないかもしれませんが、実際その通りなのです。それよりも、相手に対する興味を失ったり、それどころか「かわいそうな人」と同情さえ感じるようになることのほうが多いのです。ですから、今は復讐心を燃え立たせるのに時間やエネルギーを費やすのはやめましょう。

許すことはできないかもしれません。それでも、できるかぎり寛大な気持ちで対処することを決めれば、克服することが不可能に思えていたさまざまな問題が、まるでコツを得たかのように解けていき、あなたはびっくりすることでしょう。心を憎しみや恨みで満たし、報復の日を今か今かと待って絶えず緊張し、自分を燃やし尽くすよりも、寛大さを持って対処するほうが、どれほど多くの心の平安をもたらし、健全なことか、あなたにもきっとわかっていただけたと思います。

これまでにお話ししたことをまとめると次のようになります。

・悲しみを冷静に受け入れる。
・じっとしたままくよくよと考え込まない。
・自分を忙しくさせる。
・今の状況に希望の光を灯そうと決意する。
・つらい記憶を呼び起こす物はしばらく目につかないところにしまう。
・自分の幸福は他人に完全に依存するものではないことをつねに思い出す。
・あなたを傷つけた相手に対する報復は考えない。それは天に任せる。

第二十二章……罪悪感と恥辱感

■罪悪感

神経の不調を抱える人の中には、罪悪感に苦しめられている人たちもいます。とくに、たとえば献身的な人生を送る宗教家など、高い道徳観念に沿った生き方を自分に課している人たちがそうなりがちです。

■罪の意識を感じさせる考え

罪悪感は行為ではなく考えによってのみ引き起こされることもあります。つまり、「罪深い」と思われることを考えただけで罪悪感を感じるのです。罪悪感を引き起こす考えは、さっき言ったような「聖人君子を目指す人たち」にとっては大問題です。彼らはそれと戦うこと、考えないようにすることで追い払おうと必死になります。私はこのような患者さんに、それらの考えが繰り返し湧いてくるのは、恐怖と記憶が一緒に作用しているからにすぎないと説明します。ですから、そういった考えはそう簡単には頭から離れません。一時的に受け入れることが必要なのです。何週間も、何か月も、あるいは何年も繰り返し現れて来ているその考えは、深く頭に刻まれています。そのことを思うのはすでにクセになってしまっているのですから、「消えろ！」と言ってすぐに追い出そうというのは無理な相談です。それなのに、必死にそうしようとする人はたくさんいます。このような状況で考えを抹殺できるとしたら、その唯一の方法は意識を失うか、夢を見ずに眠ることだけです。

私がそのことを説明すると、患者さんはたいていとても安心します。なぜなら、確かにそれらの考えには、不本意な快楽の要素が含まれているかもしれないが、自分はとくに罪深い人間だというわけではなく、正常に反応しているごく普通の人間なのだということに気づくからです。

理解が恐怖をなくしてくれることはよくあります。恐怖がなくなれば、戦いは勝ったも同然です。招かれざる想念はまだ浮かぶかもしれませんが、もう前ほど大きな意味は持たなくなっています。ですから、次第に、それが頭に浮かぶかどうか自体がどうでもいいことになり、最後には忘れてしまいます。

■持ちたくない考え

自分が「考えたくない」と思っていることが頭に浮かんでも、それと戦うことで追い出そうとするのは間違いです。そのような間違いは決して犯さないようにしてください。そんな考えが頭に浮かんで来ても、身構えずに、浮かぶがままにしておきましょう（「いやだけど、しかたなくそうする」のではなく、自ら進んでそうすることが大事です）。そして、たとえ自分が大きなショックを感じるほどの考えでも、ありのままに見つめましょう。どんなにインパクトがあろうと、それは単に頭の中にある「考え」にすぎません。

自分が持ちたくない考えと戦ってそれを忘れようとする、あるいはほかの考えに入れ替えようとすると、かえってもとの考えに大きな重要性を持たせてしまうことになります。そして、忘れることがどんどんむずかしくなってしまうのです。どんなことでも、意志の力で忘れることはむずかしいものです。心と頭が疲れている時はなおさらです。

心を乱す考えを、過激な反応や恐怖を伴わない「単なる考え」に変えるためには、受け入れることと、その考えを抱えながらも前に進み続けることが必要です。この二つを実践し続け、恐怖が減れば、それまでほとんど抵抗しがたく思えていた考えが、「もうどうでもいいこと」に変わります。目標は忘れることではなく、もうどうでもいいことにしてしまうことです。何かを忘れようとしても決してうまくいきません。記憶はいつまでも漂い続けるのがとても上手です。でも、忘れるのではなく、理解と経験を通してその考えを「もうどうでもいい」ことにできれば、それがそこにあってももうどうでもいいわけですから、心が乱されることはありません。

もちろん、それでも時には、その考えが大きな意味を持って戻ってくることもあります。でも、どんなに短期間であれ、一度「もうどうでもいい」という状態を経験していれば、それがもたらしてくれた自信は決して完全に消え去ることはありません。後戻りすることがあっても、そのたびに「もうどうでもいい」という感覚を新たに取り戻せばいいのです。それを続けていれば、自分の中にどんどん深く刻まれ、また後戻りすることがあっても、次にはもっとすばやく立て直すことができます。もう戦いには勝利しているのですから。

■罪深い行為

過去に罪深い行為を犯し、それが神経症の大きな原因になっている場合には、それを告白し、できれば償いをしましょう。でも、それをしたからといって、期待していたような安堵感がすぐに得られなくてもがっかりしないでください。まだ疲れている、あなたの神経がまた新しい罪悪感を見つけてくるかもしれません。でも、たとえそうなっても動揺しないでください。そのことをありのままに受け止めてください。疲れ切った神経が不安定な反応をしているだけのことなのですから。

罪悪感だけでも神経症を引き起こすことがありますが、よくあるのは、神経症にすでにかかっていて、その経過の中で罪悪感コンプレックスが出てくるケースです。疲労のために過敏になった頭が、本当の罪悪感であれ、ただ思い込みの罪悪感であれ、その人の心にある罪悪感に飛びついてしまうのです。この感情はとてもしつこくて、それに襲われた人は、次々と過去の「罪深い行為」を思い出してしまうこともあります。

ですから、現在感じている罪の意識から解放され、多少なりとも安堵感を得られたら、それを大事にしてください。その安堵感は長く続くかもしれませんし、続かないかもしれません。でも、たとえ長く続かなくてもがっかりしないでください。神経症が治れば、罪悪感に伴う痛みはずっと少なくなりますし、罪悪感自体を冷静な頭で見つめ、正常な大きさに止めておくことができるようになります。

■告白しても許されない罪

信仰を持っている人は、祈りや告解によって懺悔することができます。ですから、たとえ過去において傷つけた相手がすでに亡くなっていても、苦痛を和らげることができます。あなたが同じような状況にあって、宗教に助けを求められないという場合は、現実から目をそらさず真正面から向き合い、何らかの形で償う決心をしましょう。でも、それに伴うストレスがあまりに大きく思える場合は、今すぐ無理に自分にそうさせるのはやめましょう。今は、あとで償いをしようと決心をするだけで充分です。自分に無理にそうさせないように私がここで強調するのは、神経症の治療の原則の一つが、できるかぎりよぶんなストレスを自分に与えないことだからです。前にお話しした適切な助言者がすでに見つかっていたら、その人と話し合い、すぐに告白して償いをすることが病気の回復にとって重要かどうかを見極め、それに従って行動することが大事です。

親、またその親とさかのぼると、私たちには数えきれないほどの先祖がいます。私たちは好むと好まざるとに関わらず、そういった祖先たちの弱さを多かれ少なかれ受け継いでいます。四十歳を越えて、心の戸棚の中に後ろめたい秘密をまったく抱えていないなどという人はほとんどいません。たいていの人はそういう秘密をいくつも隠し持っていますが、うまい具合にその扉を開ける鍵を失くしてしまっているのです。過去の後ろめたい出来事に現在の生活を邪魔させるのは、破壊的な生き方です。そのような出来事が扉から出てきたら、罪は罪として認め、できるかぎりの償いをする――ただし、それに人生をストップさせることなく、普通の生活を続けるのだと静かなる決意を持って――ことが大事です。責任の一部は先祖たちにある、自分をそのように教育した人たち、あるいはそのような行為をしないように教えてくれなかった人たちにも責任の一部はある、そして自分自身にもその責任の一部があるというふうに、冷静に考えるようにしましょう。ともかく、立ち止まってはいけません。これから先（神経症にかかっている場合はそれが回復してから）、有意義で建設的な生き方をすることで償いをするようにしましょう。

■自分に新しいチャンスを与える

もし、罪の意識を持っている人すべてが、そのためにもう生きていけないと決心したとしたら、この世界にはだれもいなくなってしまうでしょう。罪深い行為、それに伴う罪悪感をありのままに受け入れ、元気に生き続ける生き方のほうが、ずっとすばらしい生き方です。そのようにして生き続けることこそが償いにもなるのです。ですから、つねに自分自身に対して新しくやり直すチャンスを与え続けてください。立ち直ろう、誠実な人間になろうと決心しさえすれば、立ち直ることができないほどの深みに落ち込むことは決してありません。穴が深ければ深いほど、よじ登るのも大変ですし、回復に必要な努力も大きくなるのは確かです。でも、最後に勝利を収め、穴からはい出した時には、そのよぶんな努力のおかげで、あなたはよりすばらしい人間となっていることでしょう。

今言った努力とは、つねに目標を自分に思い出させて、歯を食いしばり必死でよじ登ることを意味するものではありません。それが意味するところはもっと単純です。あなたがなりたいと思う人間像を頭に浮かべ、そこまで「時間に自分を運ばせる」ことです。毎朝、ベッドから出る前にそのことについて考えるようにすれば、もっと楽に目標に到達できます。それだけすれば、昼間、目標を思い出すためにそれ以上意識的な努力をする必要はありません。毎朝思い出すことで、自分の潜在意識を強化することができます。一日一回思い出すことが行動を習慣づける助けとなり、それを続けていれば実践の積み重ねによって、あなたが身につけたいと思っている習慣がしっかりと根付きます。そこには戦わなければならない恐ろしい敵などいません。潜在意識は、いいことであれ悪いことであれ、目標を達成するためにいろいろな方法を考え出す強い力を持っています。あなたはその力を利用し、毎朝目標を思い出すことで方向を示し、潜在意識に奇跡を起こさせるようにすればいいのです。そうすれば、潜在意識はきっと奇跡を起こしてくれます。

それから、次のことを忘れないようにしましょう。たとえつまずいても、がっかりしてもうダメだと決して思わないでください。目標を見失ってしまったように感じることもあるかもしれません。でも、あなたがそれを取り戻したいと思えば、いつでも戻ってきます。何か得たいと強く願うことが、あなたの行動を導いてくれます。ですから、あなたがそう願い続けるかぎり、成功のために必要な最大の条件はすでに満たされているのです。そのことを忘れないでください。

■恥辱感

私たちは自分自身が行った行為によって罪悪感を感じます。一方、恥辱感を感じるのはたいていの場合、他人の行為によってです。私の同僚の医師は、知り合いの年取った女性が、息子が刑務所に送られたあと、どんどんやつれていくのをそばで見ていた時のことを次のように話してくれました。その女性をなんとか慰めようと、同僚はこう言いました。「大丈夫ですよ。時間はいつの間にか経って、息子さんはすぐ戻ってきますよ」。すると女性はこう答えました。「先生、そうではないんです。息子がいないのがつらいのではないんです。世間様に顔向けができないと思うとつらいんです」

このような恥辱感から心や身体の調子を崩してしまった人を慰めるのは簡単なことではありません。「時間が経てば人の記憶は薄れる」とか、「はずかしいと思うようなことはいくらでもある。要は気の持ちようだ」とか、「過ちは反省と償いによって埋め合わせができるものだ」とか、いろいろ言うことはできます。また、「恥辱感は、心が傷つけられたこと、誇りが傷つけられたこと、世間の人がどう思うだろうと不安に思っていること、そういったことがまじりあった感情に過ぎない、だから、もしその感情に溺れずに、少し離れたところからそれをながめて、自分に恥辱感を与えた人たち（もしかしたら自分よりももっと苦しんでいるかもしれない人たち）の気持ちを察してあげれば、少し楽になれるかもしれない」などと指摘してあげることもできます。でも、今言ったようなことを聞かされ、いろいろやってみても、恥辱感が耐えがたいものであることに変わりはないかもしれません。

このような恥辱感のために神経症になってしまった人は、人間の心を持っている人ならだれでもあなたに同情こそすれ、非難などしないことを思い出してください。あなたを愛している人たちは、他人の行為によって恥辱感を持たされたあなたを愛さなくなるどころか、前より一層愛してくれるでしょう。他人のその行為にあなたの責任はありません。

もしあなた自身の行為のせいで恥辱感を感じているとしたら、やるべきことはただ一つです。何が悪かったのかよく考え、同じことを繰り返さないと固く自分に誓うことです。そして、たいていの人は、恥ずべき行為を行った人が今度は何かよいことをするのを見たいと思っていることを忘れないでください。人は心のどこかで性善説を信じていて、その気持ちを取り戻したいと思っているからです。口さがない世間の人のおしゃべりは、普段より少し長く続くかもしれません。でも、そんなおしゃべりは、いつだってまったく価値のないものです。本当の友達の言うことだけに耳を傾けるようにしましょう。そして、そういう友達からの励ましをありがたく受けましょう。


罪悪感や恥辱感への対処法をまとめると次のようになります。

・罪悪感を呼び起こすような考えが頭に浮かんでも、無理に抑えず、放っておく。
・罪悪感の原因は、適切な人に告白して、できるだけ償う。
・過去に失敗があっても、やり直すためのチャンスを自分に与える。
・はずかしめを受けたことを恥と思わない。恥ずべきなのはあなたではありません。
・過去の失敗は反省して、同じことは繰り返さないと自分に誓う。

第二十三章……強迫性障害《オブセッション》

前の三つの章でお話ししたように、解決のむずかしい問題や悲しみ、罪悪感、恥辱感は神経症のきっかけとなったり、その進行に大きな役割を果たすことがあります。一方、それらは恐怖を生み出すこともあり、その恐怖が長く続くと、副作用としてさまざまな問題が現れます。これもとてもつらいものです。時にはそのために、もとの原因は陰に隠れてしまうこともあります。このような「副作用」として最も一般的なものは次のようなものです。

・強迫観念・強迫行為にとらわれる
・よく眠れない
・朝起きた時にとてもつらい気持ちがする
・自信を失う
・人との交流が困難になる
・家に戻りづらい（入院、転地などしていた場合）
・いわれのない不安感がある

神経症にかかっている人が経験する強迫性障害の特徴は、苦悩を伴うのにどうしても頭に浮かぶ考え（強迫観念）あるいは、意味がないとわかっていてもどうしてもやらずにいられない行為（強迫行為）が繰り返し現れることです。一つだけでなくいくつもの強迫観念や強迫行為に苦しめられる人もいます。神経症の人の場合は、疲労のために神経がとても敏感になっているので、不快感、心の苦痛を伴う考えのどれもが頭から離れず、強迫観念となっていく可能性があります。

私の経験から言うと、強迫観念（この章では強迫行為も含めてこう呼ぶことにします）には三つの種類があります。一つは、何らかの「儀式的」行為を意味もなく繰り返すという一種の習慣で、一定の場所や状況に対する恐怖が要因となって引き起こされる不安神経症とは異なり、行為自体にはそれほど大きな恐怖は関わっていない場合です。たとえば、細菌に汚染されるのが怖くて手を繰り返し洗うといった行為で、その行為自体はそれほど恐ろしいことではありません。一方、二つ目のタイプの強迫観念には、もっと大きな恐怖が関わっています。たとえば、よくあるのは、神経の不調を抱えた母親が、自分はいつか子供を傷つけるのではないかと恐れているようなケースです。三番目の強迫観念は、神経症にかかった人たちの多くに見られるもので、自分自身と自分の病気のことしか考えられず、そのことが頭から離れないというような場合です。

■一つ目の強迫観念

細菌による汚染が怖くて手を洗い続ける人は、そのうち、自分の頭で作り出した想像上の細菌に対してではなく、行為を続けずにいられない自分の状態に対して不安を感じるようになります。これはこのタイプの強迫観念のどれにもあてはまることです。それはまるで、繰り返し襲ってくる考えのために、脳の一部が回復力を失い、ボロボロになってしまって、自分の行為を冷静に受け入れることができなくなってしまう……そんな感じです。これは大きな不安をもたらします。医師はこのような患者さんを一時的に楽にしてあげることはできるかもしれませんが、効果は長続きしません。しばらくすると、患者さんがどんなに抵抗しても、時間をかけて深く刻まれた思考回路と恐怖がまた蘇ってきてしまうことが多いのです。そのことを考え続けてすっかり疲れ切ってしまった頭にとっては、長期にわたって別の見方をすることはむずかしいのです。この極度の疲労は、強迫観念に従って行為を行った結果引き起こされるものではありません。一日中手を洗っても、後ろめたさを感じることなく自ら進んでやっている場合は、それほど疲れません。手を洗う行為に緊張や不安、怒り、絶望的な気持ちなどが伴った場合に疲労が生じるのです。脳が回復力を失い、疲れ果て、柔軟性を失ってしまうのはこの「第二の恐怖」のせいです。この恐怖はまた、神経を非常に過敏な状態に保つので、そのために、細菌による汚染を恐れるという「第一の恐怖」が不合理なまま存在し続けてしまいます。「不合理なまま」というのは、この細菌に対する恐怖にはきちんとした根拠は必要ではないからです。つまり、それを見つけて解決すれば治療できるという原因がないのです。

このような強迫観念に対して、抵抗したり、押さえつけたり、忘れようとするのは間違ったアプローチですが、このタイプの強迫観念に悩む人は、必ずと言っていいほどそうします。でも、そうしようと必死でがんばっているあいだは、強迫観念から解放されることは決してないでしょう。反対に、もし「自分はこうなのだから」と受け入れ、動揺しないようにして、第二の恐怖を付け加えなければ、少しずつ緊張を取り除くことができ、それと同時に、神経を過敏化させている疲労もとれていきます。強迫観念を自ら進んで、ありのままに受け入れようと決心すれば、きっと心の平安がもたらされます。そして、強迫観念がそれほど恐ろしいものに思えなくなります。受け入れることによって強迫観念がもたらす第二の恐怖が消えるからです。第二の恐怖が消えると、脳が自然に元気を取り戻し、あなたは第一の恐怖（恐怖の対象が何であれ同じです）をもっと冷静にとらえ、その本当の姿を見極めることができるようになるでしょう。

■二つ目の強迫観念

先程言ったように、二つ目の強迫観念には一つ目のよりもずっと大きな恐怖が伴っています。たとえば母親が、自分はわが子を傷つけるのではないかという想いに取りつかれた場合、そこには本当のパニック感が伴います。治療のカギは、このような強迫観念がどのようにして起こるのかを理解することです。これまでに何度も説明したように、神経が過敏になっている人は、何であれ心を動揺させるような考えに対して非常に激しい――実際にその考えが持つ重要性をはるかに超えるほど激しい――感情的反応をします。神経症を患っていたある母親は、最初に「自分は子供を傷つけることができるのだ」という想いにとらわれた時、押しつぶされるようなパニック感に襲われ、それがピークに達した時には、頭の中が激しい感情でいっぱいになり、何も考えられなくなったと話していました。この女性に必要だったのは、恐怖を途中で遮ることなく最初から最後まで見つめた上で、「ええ、確かにその通りよ。でも、私にはそんなことは決してできない」と考えること、そしてそれと同時に、どんな事態になっても自分にはそんなことは決してできないと、はっきりと感じることでした、でも、彼女はそうしませんでした。もしそうしていれば、恐怖を乗り越え、そんなことを考えたこと自体、しばらくしたら忘れていたことでしょう。それをしなかったために、彼女はそんな想いを持ったことに恐怖を感じ、その想いがまた戻ってくるのを恐れながら毎日を送るようになったのです。当然ながら、頻繁にそのことを考え、そのたびに恐怖を感じていれば、その想いは戻ってきます。それがやってくるたびに、彼女は最初と同じ間違いを犯し続け、そのように考え、恐怖を感じることを強迫観念にしてしまったのです。

このタイプの強迫観念に悩まされている人は、まず自分の神経がとても過敏になっているせいでこのような激しい反応が起きているのだということ、そして、過敏化した神経は一晩ではもとに戻らないことを理解する必要があります。しばらくはあるがままの自分を受け入れるようにしましょう。二番目に必要なのは、自分に重くのしかかるこの考えに最初に襲われた時にすべきだったことを今することです。つまり、恐怖をありのままに受け入れることです。ただし、恐怖を最初から最後まで見届けるには、「真実を垣間見る」ように心がける必要があります。真実とは、たとえば先ほどの女性の例の場合、「私は決してそんなことはしない」ということです。あなたは過敏化した神経によって増幅された感情に振り回されているだけです。考えに振り回されているだけです。恐怖という感情的反応を、現実的で事実に基づいた視点から見るようにしましょう。はじめは、ほんの一瞬しか垣間見ることはできないかもしれませんが、それを続けていれば、その視点が根付いていき、最後にはそれにしっかりとしがみつくことができるようになります。そうすれば、強迫観念も次第に重要性を失っていきます。ゆっくりとですが、強迫的な考えをもっと現実的な考えに入れ替えることができるのです。

今お話ししたようなことをするのがどんなにむずかしいことか、私にはよくわかっています。また、このような人には医師から繰り返し説明を受けることや、恒常的にサポートを受けること、つねに「それでいいのだ」とだれかに念を押してもらう必要があるということも知っています。医師が毎回、診療中に会話を録音して患者さんに手渡すようにすれば、患者さんはそれを持って帰り、必要だと感じた時にはいつでも、説明やアドバイスを聞き返し、励みとすることができるので、とても大きな助けになります。おそらく一日に何回も聞き返す患者さんたちもいることでしょう。

■「事実」をちら見する

私の経験によると、強迫観念に苦しめられている人は、だれでもその内容に関して、現実的に考えるとどうなるか理解することができます。理解できるのはほんの短時間だけかもしれませんが、確かにできます。たとえば、自分の家が細菌に汚染されていると信じていて、その想いが強迫観念となっていた女性は、「本当に有害な細菌がいる家などほとんどない」と私が説明すると、その場では事実を理解することができました。私はその時までに、彼女の家の冷蔵庫、水道の蛇口、排水パイプのまわりなど、さまざまなところからこすりとってきた標本を培養したものを用意しておきました。結果はすべて「無害」でした。

その結果を見た彼女は、何度も家中をきれいにして回る（冷蔵庫は時には一日に三度も掃除していました！）のは不必要だということに気がつきました。それなのに私と別れた途端、「家が細菌に汚染されている」という考えがものすごい勢いで戻ってきて、また強迫観念に捕まってしまったのです。

この女性は自分の強迫観念のうしろに隠された事実を、ほんの短時間ですが見つめることができました。私はこれを「ちら見」と呼んでいます。強迫観念に悩む患者さんを治療する時、この「ちら見」をできるだけ頻繁に、毎日試みるように勧めます。その方法はこうです。静かな場所に座り（もちろん立っていてもかまいません）、強迫観念となっていることを頭に浮かべてください。そして、心配していることが起きたらどうなるか、あらゆることを想定し、「怖い」という気持ちがふくらむままにしてください。そうやって恐怖で頭がいっぱいになったら、そのときを狙って、強迫観念のうしろに隠された事実を「ちら見」するようにしてください。ただほかの見方をちょっとしてみるだけでいいのです。

神経が疲れ切っている人（強迫観念はすでに疲れている頭をさらに疲労させます）は、最初はこのようなちら見を一日に一度か二度するのが精いっぱいかもしれません。でも、たとえ一度だけでも、真実をちらりと見ることができれば、頭の疲労がしかけてくる「いたずら」の正体を見極めることができます。また、強迫観念によって駆り立てられる行為が極端に走りがちなのは、その内容が重要なことだからでも、真実だからでもなく、ただ過敏になった神経（強迫観念がもたらす絶え間ない緊張は神経を極度に過敏化させます）のせいで身体の反応が激しくなっているだけだということもわかってきます。

■三つ目の強迫観念

内省的な思考を続けることは、とても頭を疲れさせます。そして、その頭の疲労のせいで、思考が自分の殻の中に閉じ込められている感じがするようになり、ほかのことに興味を持とうとしても、その殻から思考を引っ張り出すことができなくなります。仕事をしたり、人と話したり、何か読んだりしようとしても、すぐに思考が内側に向かい、気がつくとまた自分のことを考えているのです。こうなると、その人は自分の中に閉じ込められた感じがして、自分のすることにしか目がいかなくなります。まるで自分のことから一瞬たりとも目を離せないとでもいうようです。

もしあなたがそんな状態にあるとしたら、次のようなことをやってみてください。

まず、今あなたが持っている強迫観念――自分自身と自分の状態のことしか考えられないという状態――は、単に頭の極度な疲労から生み出された一つの症状にすぎないことを理解してください。

次にあなたがすべきことは、内省的な思考が頭に浮かんできたら、勝手に浮かぶままにしておくことです。それは確かに内側に向かっているかもしれませんが、思考であることに変わりはありません。ほかのいろいろな思考と同じように、自然に頭に浮かんだこととしてありのままに受け入れてください。無理に止めようとせず、そのまま考え続けましょう。ただし、そんなふうに考えている自分や、そんなふうに考えるのをやめようとしない自分に腹を立てたり、心を乱されることのないようにしてください。そして、考えているあいだ、その一方でほかの活動をするように努めてください。それを続けていれば、自分のことばかり考えるというクセが、いつの間にか、どうでもいいことになってきます。

自分の今の状態が頭の疲労によって引き起こされたものであり、その疲労は受容によって徐々に和らいでいくということを理解しましょう。また、あなたは頭がおかしくなりかけてなどいないこと、これまでに多くの人があなたと同じように感じ、私のアドバイスに従って回復していること、この二つのことも頭に入れておいてください。これらの理解はあなたを緊張と恐怖から解放してくれます。そうすれば、思考が極端に内側に向くことが少なくなり、しつこくまとわりつくこともなくなってきます。そして、最後には威力をすっかり失って、ほかのことに関心が向き、自分の殻に閉じこもるというクセから解放されます。はじめはその対象は小さなことかもしれませんが、少しずつ関心が外側に向いていきます。でも、そうなってからも、時には以前の心のクセが戻ってくるかもしれません。ですから、次のこともよく理解しておいてください。たとえ戻ってきても、あなたにはもうそれにどう対処したらいいかがわかっています。もう経験済みのことなのですから。それに、何度か繰り返していくうちに熟練度が増して、立ち直るのがどんどん楽になります。

強迫観念が恐怖と疲労から生み出されたクセにすぎないことを理解すれば、そこからさらに恐怖が生み出されるのを防ぐことができます。そして、恐怖がなくなれば、あとに残るのは記憶だけです。記憶は時間が薄れさせてくれます。

あるドイツ人女性は、このタイプの強迫観念に襲われた時の気持ちを当事者ならではの言葉で私に伝え、さらにその時、友達がどのように回復を助けてくれたか話してくれました。いつものつらい思いが襲って来そうだと感じた時、彼女はよく友人に次のように訴えたそうです。「マリア、またあれが来たわ。またあれが始まりそうなの！」すると、マリアはこう答えました。「アナ、来させればいいのよ。戦おうとしないで。そのままにしておけば、いずれ通り過ぎるわ」。このようにすばらしい友人にアドバイスを求めたアナは本当に賢明でした！

■理解が強迫観念を追い払う

中には、本人を強迫観念のもととなっているものから引き離すことで回復がもたらされるケースも確かにあります。たとえば、住んでいる町の大通りを渡ることに対して強迫観念を持っていた女性の場合です。この女性はたまたま半年ほど自分が住んでいる州から離れることになりました。帰ってみると、うれしいことに強迫観念が消えていたのです。でも、強迫観念はなくなりましたが、それがどうしてなくなったのか、彼女自身、理解していませんでした。ですから、またいつか強迫観念に取りつかれる可能性が十分にあります。私があなたに学んでいただきたいのは、強迫観念について理解し、そこから逃げることなく克服することです。そうすれば、二度と強迫観念に悩まされることはなくなります。

強迫観念に対する対策はこうです。

・ありのままに受け入れ、強いて忘れようとしない。
・戦うのをやめる。
・ほかの見方を「ちら見」する。
・時間の経過に任せる。

もうおわかりだと思います。ここでも回復のパターンはいつもと同じです。

第二十四章……不眠

神経症に悩む人の中には、夜が近づくと午前中よりずっと気分がよくなり、すっかり治ったのかもしれないと思う人がいます。一方、そうではない人たち、とくに悩み事を抱えている人たちは、夜が来るのを恐れます。そういう人たちは、恐怖を伴うさまざまな思いに頭を占領され、パニック状態に陥ったまま、汗をかきながらベッドに横たわり、安定剤が心を落ち着けてくれるのを待つばかりです。部屋に一人でいるのが怖くてたまらなかったり、明かりを消すことをいやがる人もいます。

もしあなたがこのような状態だったら、安定剤や睡眠導入剤を利用することも確かに一つの方法ですが、睡眠を得るためにできることはほかにもあります。

■パニック感をありのままに受け止める

まず、恐怖があなたをひどく動揺させるのは、ただ身体が過敏な状態にあるからだけだということを理解しましょう。つまり、普通なら漠然とした不安を覚える程度のことに対して、身体が過激な反応をしているだけです。疲れ切った身体があなたに「これは恐ろしいことだ！」と信じ込ませているのです。実際はあなたの抱える問題はそれほど恐ろしいものではないのにもかかわらずです。自分が抱える問題について考える時に、そのような過激な反応が起きなければ、おそらくあなたにも対処することができることでしょう。ですから、パニック状態に陥っても、それをありのままに受け止めるように努めてください。ありのままに受け止めるというのは、今言ったように、パニックが疲労した神経による過剰な反応にすぎないこと、必ずしもあなたの抱える問題の本当の大きさを反映した反応ではないことを理解するということです。ベッドに入ったらできるかぎり楽な姿勢をとって、心と身体の力を抜きましょう。それから、パニック感の正体を見極めるつもりでじっくり眺めてみましょう。「パニック感が自分を飲み込んでいくのをそのままにしておくのだ」と心の準備をしてください。心と身体の力を抜いたまま、しばらくの間その感覚に身を任せてみましょう。逃げようとしたり、コントロールしようとがんばってはいけません。

　今言ったようにしていると、みぞおちのあたりにひりひりとした感じがしてくるのがわかると思います。それはパニックの波がそこに落ち着いてきたことを意味します。これを何度も繰り返していると、その感覚に慣れてきます。そして、たとえ感覚がそこに残っていても、眠りにつくことができるようになります。

　このようなパニック感は、あなた自身の考えによってもたらされることもありますし、はっきりした原因はないのに襲ってくることもあります。考えが原因である場合は、それが単に想念、自分が考えていることにすぎないことをしっかり認識してください。大きな恐怖心を伴って襲ってくるため、得体の知れない怪物のように思えるかもしれませんが、考えはあくまでも考えでしかありません。ただ自分が考えていること、思っていることにすぎないときちんと認識し、それらが頭の中からふわふわと浮いて流れ出していくのに任せましょう。それをつかみとり、握り締めてはいけません。

　パニック感と向き合い、それを最初から最後までじっくり見届けるのだと心を決めると、少し安心した気持ちになるかもしれません。そして、その安心感がさらに心と身体の緊張を解き、いくらかの心の平安をもたらしてくれることでしょう。「いくらかの」と言ったのは、はじめは、自分の感覚の大きな変化には気づかないかもしれないからです。頭では受け入れることができても、身体はまだしばらくの間、反応しないかもしれません。でも、思いがけず訪れた心の平安に自分でも驚くことがあるかもしれませんよ（そうなる可能性は大いにあります！）。知らないうちに効果が現われて、気がついたら、自分の関心が自分自身から離れていた……ということもあります。

■問題の解決策か妥協策を見つける

私が「心と身体から力を抜いて受け入れなさい」と言うのは簡単です。でも、極度の緊張状態にあり、パニック感を抱えている人にとって、リラックスするのはとても大変です。それがどんなに大変かは私にもよくわかっています。でも、不可能なことではありません。覚えておいてください。パニック感がそこにあるのは、単にあなたの神経が過敏になっているからです。一度恐怖の発作が起こると、それが次の発作に対する更なる恐怖を生みます。そのために、発作が起こるたびに、それがひどくなっていくように思えるのです。心と身体から力を抜き、その発作を観察するようなつもりで、一時的にそれに身を任せて共存するようにすれば、心の平安が徐々に強く感じられるようになり、それによって「発作↓パニック↓さらなる発作」という悪循環を断ち切ることができます。

未解決の問題のせいで不眠がひどくなっている場合には、問題を解決するか、何らかの妥協策を見つけるために何か行動を起こさなくてはいけません。それをどのようにしてやるかについては、第二十章ですでにお話ししましたので、必要ならば読み直してください。少なくとも、一番大きな問題となっていることに対する何らかの対処法を見つけない限り、不眠はなかなか治りません。決定がくだせないこと、心に葛藤があること、それらが恐怖と疲労をもたらし続けます。そして、心がどんどん弱くなっていきます。何とか決断をくだそうとしても、一つ方向が決まったかと思うと、次の瞬間には別の方向に向いてしまうといった具合で、最後にはどんな決断もくだせないように感じて、ベッドに入っても不安にさいなまれ、汗をかき、ただ悶々として横になっているだけになってしまいます。あなたがパニックに襲われやすかったり、何かあるとすぐ眠れなくなる理由は、このような不安定な状態にあること、決断がくだせずに二つの道のあいだで迷っていることにあります。ですから、必要があればだれかの助けを借りて一つの見方を見つけ、それを維持することが大事なのです。頭が納得して、それを頼りとすることができるような視点が見つかれば、頭を休めることができ、眠ることもできるようになります。

■リラックスの方法

リラクゼーションに関してはたくさんの本や記事が書かれています。ですから、ここでは、多くの方法の基礎となっている一つの方法について、簡単にふれるだけにとどめます。

まず楽な姿勢でベッドに横になってください。身体に何かかけたい時は、あまり重くないものにしましょう。まず、両方の足に神経を集中させて「足が重い」という言葉を頭に浮かべ、その重さを感じるようにしてみてください。それから、上に向けて脚、腹、胸、首、頭へ、次に腕、手というように場所を移しながら、身体のその部分がとても重いと感じるようにしてください。重くて、ベッドのマットレスに沈み込んでいきそうです。頭が重いと感じる時には、あごや舌も忘れずに、鉛にでもなったかのように重たくなったところを想像し、感じてください。動悸の症状を抱えている人が、はじめてお腹をこのようにしてリラックスさせようとした時に、普段よりも強く腹部に脈動を感じることがよくあります。これは、脚に血液を送り込む大動脈の正常な働きを敏感に感じ取っているだけです。そのことを理解して、あまり心配しないようにしましょう。腹部を手で押さえれば、この大動脈が脈打っているのを感じることができます。血液の脈動は生命を維持するための大切な働きです。緊張のためにそれが普段より強く感じられ、そのことに意識がいってしまうからといって、ただそれだけの理由で、まったく正常で生命維持のために必要な現象に不安を感じる必要はありません。

耳の中でドクドクと聞こえる鼓動も、頭部にあって、ほかよりも太い動脈を血液が通り抜ける時に生じる音です。この音が聞こえた時には、枕の位置を変えて聞こえなくしようとする代わりに、自分にこう言い聞かせてください。「ああ、生命を維持する大事な血液がしっかり流れている。よかった！今夜はそれが少し大きく聞こえるけれど、それだからといって、何も心配することはない」そして、リラックスして、鼓動が聞こえても放っておきましょう。そうすれば鼓動は次第に聞こえなくなっていくものです。

■頭の中の音や揺れ

神経症に悩む人の中には、眠りかけた時にピストルの発射音のような音が頭の中でするると訴える人がいます。そのような音が聞こえたら「よかった」と思ってください。なぜなら、それは緊張していた筋肉が緩み、眠りが近づいて来ていることの印だからです。

また、中には、頭が枕の上で振り子のように揺れているように感じる人もいます。これもまた、眠りが近づいて来ている印です。頭から力を抜いて枕の上にゆったりと横たえ、揺れるのに任せましょう。頭が揺れたままで眠りにつくことができればそれでいいのです。振り子のような動きのせいでどこかおかしくなるといったことはありません。それはただ、疲労によって平衡感覚が一時的に乱されているだけにすぎません。

■耳をすませる

眠りを誘うためには、もう一つ方法があります。疲労している頭は、ひどく興奮して過度に活動してしまうことがあります。このような過剰な活動は、脳の感覚受容部の一つを集中的に使う、たとえば聴覚を使って耳をすませることによって落ち着かせることができます。ベッドに横になり、まわりの音に耳をすませてください。そうしていても、いろいろなことが頭に浮かんで来るでしょうが、考えることに意識を集中させている時のようには思いが煮詰まっていかないと思います。また、一つのテーマについて考え続け、感情的になっていくといったことにもならないはずです。私もストレスが多かった一日の終わりに、よくこの方法を使います。なかなか寝付けないと、その日にしたことを思い出したり、次の日にすることをあれこれ考えたくなったりしますが、その誘惑を振り切って、ただ横になり、まわりの音に耳を傾けます。はじめは短い時間でもかまいません。何も考えずにそうしている時間を少しずつ長くするように自分を訓練していきましょう。いろいろな音に耳をすませているうちに、眠りはきっと訪れます。「羊の数を数える」というよく知られている方法も耳をすますのと同じ原理を使っています。羊の群れを想像して、それを数えている時、私たちは脳の中で、視覚信号の受容部を集中的に使っています。それによって、思考に使われる部分の働きを弱めているのです。でも、羊の群れを想像して「見る」というのはなかなかむずかしく、充分な効果が得られる人は少ないようです。実際に存在するまわりの音に耳をすませるほうが簡単ですし、ずっと効果的です。

もちろん、神経が非常に昂ぶっていたり、何らかのストレスがあって大きな苦しみを抱えている人にとっては、このような方法では時間がかかりすぎる場合があります。短時間のうちに眠りにつけないと、充分な睡眠がとれず、前夜ベッドに入った時よりもさらに疲れた状態で朝を迎えることになりかねません。そのような場合は医師に相談するようにしましょう。

でも、よく覚えておいてください。安定剤や睡眠剤だけでは本当の問題の解決にはなりません。完全な快復のためには、「受け入れ、浮かんで通り過ぎる」必要があります。未解決の問題には解決策か妥協策を見つけなければいけません。そのようにして、それまで何週間、あるいは何年と続いてきた苦しみと、それとの戦いによってもたらされた身体の緊張を和らげたあと、それでも残っている緊張を乗り切ることが、安定剤を使う主な目的です。薬は医師と相談しながら上手に使いましょう。

■夜は考えない

神経症に悩む人は、夜ベッドに横になっている時に、何かについてはっきりさせようと考え始め、悶々として眠れなくなってしまうことがよくあります。一日の出来事を思い返し、あんなことになったのはなぜだったのかと分析したり、ああすれば避けられただろうに……などと考え続けてしまうのです。今でも覚えていますが、ある時、夜遅く一人の女性が訪ねてきて、興奮して目を輝かせながら私にこう言いました。「答えが見つかりました！　なぜ腕が痛くて、なかなか眠れないのかわかりました。今日、長い間キーボードを打っていたからです。そうすべきではなかったんです。やりすぎたんです」。彼女はこの答えを得るために何時間もの時間を費やしていたのです。

夜ベッドに横になった時、自分の神経症の正体をつかもうと、ジグソーパズルをやるように、さまざまな断片をつなぎ合わせるようなことはやめましょう。そんなことをしても、毎晩違った絵が現れてきて、不必要に自分を興奮させ、苦しくなるばかりです。神経症からの回復の過程をつねに見守る必要はありません。あえて何かするのをやめて、第十五章でお話しした「戦略的静観」を実践しましょう。そして、夜、枕に頭を横たえた時には、すべてをあるがままに受け止めるようにして、ふわふわと浮かびながら、眠りの中に漂っていくようにしましょう。そうすれば、その日どんなに長い時間タイプを打っていても、いつのまにか眠りが訪れていることでしょう。

■家事・育児の負担を軽くする

幼い子供を抱えた母親が神経症にかかった場合、充分な睡眠がとれないことが大きな問題となります。母親がやっとうとうととしかけると、子供が目を覚まして母親にかまってもらいたがる……そんなことが頻繁に起こります。神経が緊張している人が眠りかけた時に物音を聞くと、感電したような激しいショックを受けることもあります。それはとても心に動揺を与え、まるで痛みを伴うかのように感じられて、眠りかけていた人を瞬時に完全に目覚めさせてしまいます。

このようなケースの場合、私は患者さんの夫に、中断されずに眠ることが妻にとってどんなに大切か説明します。そして、神経症にかかっている女性は子供の世話をする責任、とくに夜中に世話をする責任を担うべきではないことをよくわかってもらいます。すべての夫がそのことを理解してくれるわけではありませんが、それは本当に残念なことです。

そのような状況の時、病院や自治体のソーシャルワーカーが大きな助けになる場合があります。また、市町村によっては、医師の提案を受けて、緊急時の援助として家事・育児サービスを無料で提供してくれるところもあります。でも、私がよく勧めるのは、できれば二か月(一か月では不十分です)ほど家から離れることです。この時、責任を放り出して逃げ出すような気持ちにならないようにしましょう。そんなことはまったくないのですから。

しばらく家から離れることも、家事・育児の手助けを得ることもできない場合は、自分の状況を受け入れるしかありませんが、その時感じるストレスはできるだけ少なくする必要があります。そのためには、自分が眠れないでいるのは、夜中に起きて子供の世話をしなければいけないからではなくて、そのあとにイライラした気持ちでベッドに戻り、隣でいびきをかきながらすやすやと寝ている夫や子供たちにひどく腹を立てたりするからだということを自覚することです。つまり、起こされることではなく、神経が昂ぶってしまうことが問題なのです。

このように冷静に状況をとらえることは、受け入れの大きな助けになります。そのほかにも助けになることはたくさんあります。友人や親切な隣人、それに安定剤や睡眠剤も助けになります。まわりの人や薬がすばらしい効果を発揮したケースを私はたくさん見てきています。それに、この本もきっとあなたの役に立つと思います!

■「眠らなければ……」と思わない

睡眠を妨げる要因はほかにもありますが、中にはちょっと意外なものもあります。その一つは、「眠りたい」という気持ちです。もう何日もろくに眠っていなくて、「これ以上一晩でも眠れなかったら頭がおかしくなりそうだ!」と感じるまでになっている人は「眠りたい」「眠らなければ」と強く思います。ところが、この強い願望そのものが緊張と不安をさらに高め、心の動揺を引き起こして、かえって睡眠を妨げてしまうのです。

このような場合も（先程取り上げた、悶々と考えてしまう人や、幼い子供を抱えた母親の場合も同じです）、この章で紹介した対処法の原則を応用することができます。できるかぎりリラックスして、眠りたいのに眠れないというこの奇妙な現象を受け入れましょう。これまで眠れなかったことや、いつになく強く感じられる動悸、心や身体の緊張、発汗、パニック感などもすべて受け入れましょう。そういったいろいろな症状の後ろには、いつも「自然の摂理」が控えていて、あなたを眠らせようとしていることを忘れないでください。どんなに緊張していても、その陰には眠りが潜んでいてあなたをとらえようと待ち構えています。また、今夜眠れなくても、明日の夜、あるいは明後日の夜にはきっと眠れるということも思い出してください。眠りは必ずいつか訪れます。それはもう何千年、何万年にもわたって、毎晩、人類のもとに訪れてきているのです。その「習慣」が持つ力は、あなたが妨げようとしても止めることができないほど強いものです。

だからといって、眠りが訪れるまで何時間もベッドに横たわって待っていなさいと言っているわけではありません。医師に処方してもらった薬を使って、緊張しながら過ごす時間を短くするのが賢い方法だという場合もあります。今お話ししたような、自然の力に任せようという気持ちが、薬の効果を待っている間にわいてくるかもしれませんし、あるいは、心の状態が少しよくなってきて薬を使わずに眠れるようになった時にそんな気持ちになるかもしれません。ただし、いつもお話ししているように、薬を使う時は必ず医師の処方と指示に従うようにしてください。

この章でお話しした、眠れるようになるための方法をまとめると次のようになります。

・耐えがたい恐怖を感じるのは、疲れた身体が過敏な状態になっているからだということをよく理解する。

・リラックスして、パニック感が自分の中を通り過ぎるのに任せ、それにしばらく寄り添うつもりでいる。縮こまってそれから逃げようとしない。

・パニック感の主な原因は、自分の考えにあることを理解し、単なる考えの脅しに乗らない。

・片付いていない問題があったら、できるだけ早く片付ける。必要なら、適切な人から助言を得る。

・頭の中に聞こえる破裂音のことは心配しない。害を及ぼすものではありません。

・神経が過剰な反応をして興奮状態が続く時は、静かに横になり、まわりの音に耳をすませる。

・夜、「なぜこんなふうになってしまったのだろう」などと状況を分析・解明しようとして、自分を興奮させないようにする。「戦略的静観」をするつもりで、ただリラックスしてすべてを受け入れる。

・昼間がんばりすぎた時に、それについて考えてベッドの中で悶々として時間を無駄にしない。

・睡眠は一つの習慣であり、この習慣の力は、それを妨げようとする力よりも強いということを思い出す。

・必要だと思ったら薬の助けを借りる。ただし、その時には医師の処方、指示に従うことを忘れないようにしてください。

第二十五章……朝のつらさ

朝、目が覚めた直後の時間にはとくに注意を払う必要があります。神経症にかかっている人の大部分が、この時に一日のうちで一番つらい時間を過ごすからです。その理由は、目覚めが再び苦しい一日をもたらすからだけではありません。前の夜に、明日はあれができるかもしれない、これもできるかもしれない……と心に抱いた期待を、また今日も実現することができないかもしれないという想いが襲ってくるからでもあります。神経症にかかっている人は、昼間ずっと調子がよくて、夜には、「とうとうよくなり始めたんだ!」と確信するほどになっていることがよくあります。そして、明るく前向きな気持ちでベッドに入ります。ところが、朝起きてみたら、前日少しよくなったと思っていたのが嘘のように感じられるのです。

朝になると前日の進歩が姿を消してしまったように感じられるというこの「現象」は、不思議と言えば不思議です。患者さんはがっかりしますし、とても当惑します。かなり元気になってベッドに入ったのに、朝目覚めると、前と同じように気が重く、落ち込んでいる、胃がむかむかしている、苦しい一日をどう過ごしていいかわからない、何もかも放り出して布団の中に潜り込んでしまいたい……そんな状態なのですから。それはまるで、朝が回復の足をひっぱっているかのようです。

実は、朝、これほどつらい気持ちに襲われるのはなぜか、納得のいく説明を見つけるのはむずかしいのです。もしかすると、自分を守る態勢を整える前に、「たくさんの問題を抱えていたのだった!」

という現実が襲ってくるからかもしれません。眠っている間はそのことを忘れていたかもしれませんが、目覚めの瞬間があなたを厳しい現実に引き戻すのです。目覚めは頬に平手打ちをくらわせるかのように突然に襲ってきて、あなたは心の準備をする暇も与えられないまま、現実を認識させられ、沈んだ気持ちになってしまうのかもしれません。あるいは、こうも考えられます。過労状態にある身体に睡眠がもたらす緊張の緩和の程度が正常範囲を超えていて、神経が過敏になっている人には、そのような過度の緊張の緩和も、過度の緊張と同じくらい耐えがたいものになるのかもしれません。

朝のつらい感覚が引き起こされる仕組みがどうであれ、次のことは確かです。つまり、目覚めた時、「この世界はそれほど悪いものではない」という感覚が持てるようになったら、それはあなたが確実に回復へ続く道に立っていることを意味します。今あなたがしなければいけないのは、目覚めた時に感じられる苦痛を理解すること、それがよく起こるものだと覚悟して、あまり心配しないことです。そのことがあなたを苦しめようとしても、そうさせてはいけません。朝どんなにつらくても、それだからといってその一日がつらいものになるわけでは決してありません。

■目が覚めたらすぐに起きる

この朝の苦しい感覚への対処法は、目が覚めたらすぐにベッドから出ることです。みじめな気持ちで横になっている時間が長ければ長いほど、そこから抜け出るのがむずかしくなります。朝早く起きるのは時としてとてもむずかしいものです。それは私にもよくわかります。でも、必ずできます。たとえそれが、文字通り「ふとんから這って出る」ことを意味しようとも、きっとできます。ある女性は「弾みをつけて飛び起きるようにします」と言っていました。でも、神経症で苦しんでいる人で、このように飛び起きることができる人は少ないでしょう。ですから、目が覚めたら、ゆっくりとした動作でも、ともかく身体を起こせばそれでOKです。それから、ベッドから離れてお茶を一杯入れましょう。もちろんコーヒーでもいいですし、コップに水を汲むだけでもいいです。朝早く目が覚めて憂鬱な気分に襲われた時には、何をしたらいいかわからないものですが、その気分から抜け出すのに明るい音楽が助けになることもあります。それが助けになりそうだったら、ラジオなど、音楽が聴けるものをベッドのそばに置いておくのもいいでしょう。家族の人はこの「早朝のコンサート」をあまりありがたがらないかもしれませんが、それがあなたの治療の一環だとわかれば、きっと協力してくれます。それに、音を控えめにすれば、そんな心配もいりません。

音楽に耳を傾け、シャワーを浴び、お茶を飲んだあとは、リラックスして、家族が起きるまでの時間を横になって過ごしてもかまいません。あるいは、ベッドに戻るより散歩に出かけるほうがいいという人もいるでしょう。大事なのは、目が覚めたらできるだけ早く何かすることです。そうすることによって、早朝の憂鬱感が居座らないようにするのです。すぐに何かすれば、そのあとは、そう簡単にはまた憂鬱感につかまったりしません。何かをすることは、少なくとも、毛布を頭からかぶってベッドでぐずぐずしているよりましです。そんなことをしていたら、憂鬱感につぶされそうに感じてしまうかもしれません。今言ったような対策で朝を迎えるように心がけていれば、朝目覚めた時のつらい感覚がだんだんと薄れ、最後には音楽やシャワー、お茶などの助けを借りなくても、楽な気持ちでベッドに横たわっていることができるようになるでしょう。

ある若い女性に、目が覚めたらすぐに寝床から出るように勧めた時、彼女は次のように反論してきました。「でも、身体はまだ寝ているんです。身体が機能し始める前に、ベッドから出るなんて無理です！　私の身体は完全に目が覚めるまで、時には数時間かかるんですよ」。私はこの女性に、「身体の機能」はご機嫌をとって働いてもらうよりも、命令したほうが速く反応するものだと説明してあげました。とくに、その身体の持ち主が、ご機嫌をとることばかり考えながら、ただベッドに横になっている時には、命令を与えたほうがいいのです。確かにはじめの三十分くらいはとてもつらいでしょう。たいていの人はそこでめげてしまいます。でも、何とか続けていれば、どんどん楽になります。さっさと寝床から出ることは、身体の目を覚まさせる助けになります。

ですから、もう少し横になっていたいからといって、自分が次々に見つけてくる「言い訳」には耳を貸さないようにしましょう。目が覚めたらできるだけ早くベッドから出ること。それがコツです。

■そばにいてくれる人

目覚めた時に、そばにだれか気持ちの通じ合える相手がいると、大きな慰めとなります。家族のだれかに同じ部屋で寝てもらいたいと思っても、自分は一人で寝起きもできないいくじなしだなどと考えないでください。これはとてもいい治療法なのですから。私も患者さんに勧めることがあります。朝目が覚めた時にそばにだれかがいると、安心感と同時に、この世界で生きているという実感がもたらされます。そして、たとえ少しでもその人と言葉を交わせば、苦しい心にとって大きな慰めとなることでしょう。

同じ部屋でだれかに寝てもらうのが無理な人は、少なくともベッドの位置を変えましょう。そして、窓のある部屋に寝ている人は、目が覚めた時に窓から外が見えるようにしましょう。毎朝、目に入るのは天井の同じ場所だけ、あるいはドアの裏にかけられた着古された部屋着をながめるしかないなどということがないようにしてください。窓越しに、外で何かが動いているのを見るのはとてもいいことです。たとえそれが風に揺れる木の枝だけだとしても、きっとあなたの気持ちをまぎらせてくれるでしょう。そして、あなたが多少なりとも日常的な感覚を取り戻すのを助けてくれることでしょう。

■薬を飲むタイミング

午前四時前後に目が覚めた場合は、また睡眠薬を飲んで眠るか、思い切って起きてしまうか、あるいは横になったままあれこれ考え続けるか、どうするか決めるのがむずかしいですね。家族の人たちはあなたが立てる物音で眠りを妨げられても、あなたのためなら喜んで我慢しようと思っているかもしれませんが、たとえそうでも午前四時は一日の活動を開始するには少し早すぎます。かといって、家族の人たちが起き出すまで、一人起きているには時間がありすぎます。そんな時は、私は患者さんにもう少し薬を飲むように勧めます。このような目的に使うためには、効果が現れるのが速くて、昼間ぼんやりしたりしないように、効果の持続時間が短い薬を処方してもらうことが大事です。睡眠薬を飲んでも眠りに戻れないこともあるかもしれませんが、薬の鎮静作用のおかげで、起きる時間まで横になっていることが少し楽になることでしょう。目が覚めたらすぐにベッドから出るという私のアドバイスは、まだ空に月が輝き、フクロウが垣根にとまっているような時間でもそうしなさいという意味ではありません。あまりに早く目が覚めた時には、もう少し休むことを考えましょう。

■すべてが静まり返る早朝

神経症をかかえた人が朝とても早い時間に起きていると、静けさがひどく恐ろしく、耐えがたく思えることがあります。そんな時は、ゴミを回収する清掃車の物音さえうれしく感じられます。少なくともだれかがそこにいることがわかるからです。まして家の中で人の気配が感じられた時には、どんなにほっとすることでしょう。とくに、カップと受け皿がぶつかる音が聞こえた時の安堵感はたとえようがないほどです！

私はある時、田舎に住んでいる患者さんに、早朝の静けさについて話したことがあります。彼女は笑ってこう言いました。「まあ、先生、先生は今まで一度も田舎でお暮しになったことがないんですね！　うちでは夜が明けるか明けないかのうちに動物の鳴き声が聞こえ、台所を歩き回る重たいブーツの音が聞こえますよ」。朝の目覚めの時がつらい人にとっては、重たいブーツの音も大きな心の慰めとなることでしょう。

決まった時間に規則正しく聞こえる——たとえば、一週間のうちこの日とこの日というように——物音が、病気の回復が順調に進んでいるかどうかを教えてくれる目安となる場合もあります。たとえば、毎週火曜日に清掃車がやってきて、ゴミバケツを動かす音が聞こえてきた時、回復が順調ならその音から慰めと希望を感じるかもしれません。一方、そうでない場合は、「またつらい火曜日が始まった！」と考えて憂鬱になるかもしれません。

朝早くに目が覚めてしまうと、「もっと眠りたい」「もっと眠らなければ」と強く思いがちです。夜が完全に明けるまで、悶々として待つ時間をなくしたいからです。でも、そう強く願えば願うほど、その気持ちが意識を覚醒させ、眠りに戻ることを妨げます。

先程も言ったように私は、神経症の程度によっては、朝早く目覚めた時に安定剤が必要な場合もあると考えています。朝早く目覚めて興奮して眠りに戻れないようだったら、すっかり夜が明けるまでの時間をつらい思いで——何とか過ごせる瞬間があったかと思うと、次の瞬間には苦しくて胸がつぶされるような感じがするといった具合に——過ごすより、この孤独な時間を眠ってやり過ごしたほうがいい場合もあります。

ただし、比較的遅い時間、たとえば五時以降に目が覚めた場合は、薬はとらないほうがいいでしょう。それくらいの時間になっていたら、すぐに起きて、ラジオを聞いたり、本を読んだり、温かい飲み物を飲んだりするほうがいいでしょう。五時以降に睡眠薬をとると、あとで目が覚めてベッドから出ようとした時に、かえって身体がだるく感じられて、起きるのがむずかしくなるかもしれません。

■寝室の模様替え

時には寝室の模様替えをしてみましょう。ただベッドの位置を変える、あるいはカーテンを変えただけで、びっくりするほど心の回復に役に立つことがあります。毎朝目覚めた時に目に飛び込んでくる、すっかり見慣れたカーテン、その模様のこまかいところまで知り尽くしたカーテンは、これまで送ってきたつらい朝のことを思い出させるのに一役かっているかもしれません。そのせいで、あなたは自分を立て直す余裕も与えられないまま、またいつもの泥沼にひきずり込まれてしまうのかもしれません。模様替えといっても、カーテンを変えるといった小さなことでいいのです。何か新しい変化を取り入れましょう。前にも言ったように、どんな小さなものでも、変化はおだやかなショックとして働き、一時的にあなたの注意を内から外へと向けさせてくれます。そして、それが平常心をもたらすのに役立ちます。たとえ短時間でも苦しみに小休止が与えられると、それが元気のもととなります。

この章でお話しした、朝早く目覚めた時のつらい時間への対処法をまとめると次のようになります。
・目が覚めたらすぐにベッドから出て、シャワーを浴びたり、温かい飲み物を作ったり、明るい音楽を聴いたり、時間があれば散歩に出たりしてみる。
・身体がしっかり目覚めて、いろいろな機能が働き出すまでベッドに横になっていなければいけないと考えない。それより、起き上がって、自分でそれらの機能にスイッチを入れるようにする。
・ベッドの位置を変えて、目が覚めたら外の景色が見られるようにする。
・できれば寝室の模様替えをする。少なくとも家具の位置を変えるなどして、変化を取り入れる。
・つらい朝の時間をありのままに受け入れ、その時間を楽に過ごせるようになるまでの間、しばらくつらい朝が続いても、そのことで落ち込まない。たとえ朝がつらくても、それはその日がつらい一日になることを意味しているわけではないことを忘れないでください。

第二十六章……抑うつ感

何か月も不安や心の葛藤が続いたために感情的に疲れ切ってしまった人は、まわりのことにほとんど関心が持てなくなり、感情が麻痺したような状態になることがあります。これが抑うつ状態です。さらにひどくなると、もっとはっきりとした、耐え難い絶望感を伴った抑うつ状態に陥ることもあります。抑うつ感は、みぞおちが重苦しくむかむかするといった身体症状として感じられることもあります。胃は身体の中で最も「共感的な」器官だと言われています。つまり、ほかの器官が具合が悪くなると、それに共感して共に苦しむのです。ですから、胃に抑うつ感の影響がでるのです。

神経症にはいろいろな段階、側面がありますが、抑うつ状態はその中でも最もつらい状態の一つです。なぜなら、それは回復への意欲を大きく失わせるからです。でも、どんなに気持ちの落ち込みが激しくても、それを乗り越え、回復への意欲を維持し続ける人はたくさんいます。それに、薬を使わないで回復する人もたくさんいます。

確かに、現在広く使われている抗うつ剤は、抑うつ状態を改善する大きな助けになります（その人の状態に合ったものを一定の期間使用した場合です）が、これも安定剤や睡眠剤と同様、必ず医師の処方に従うことが大事です。

■自分を忙しくさせてくれるもの

このことについてはあとの第三十一章でくわしくお話ししますが、ここでとくに取り上げたのは、抑うつ症状の治療に大きく役立つからです。

抑うつ症状の最良の治療法は、自分を忙しくさせること、昼間ベッドから離れていることです！

神経症をわずらっていて抑うつ状態にある人は、ほかのいろいろな対処法を実践すると同時に、自分を忙しくさせることがとても大事です。その重要性はいくら強調しても足りないほどです。回復の一歩手前まで行っていたのに、突然仕事を失ったために大きく後退してしまったという例を私はいくつも見てきています。もし抑うつ状態になったら、家に閉じこもって毎日を何とかやり過ごし、時が過ぎていくのをながめているだけで回復できるだろうなどとは考えないでください。あなたにはきちんとした活動計画が必要です。それによって、何日間か先、できれば何週間か先のことを考えられるようにするのです。そして、今から先の時間が何らかの活動で「埋められている」ことを自分に知らせることが必要です。

家族の人たちにこのことの重要性を理解してもらうのはむずかしいものです。家族の人には、神経症を抱えた人にとって、何もせずに過ごす時間がどんなに長く感じられるか、どんなにつらいか、どうしても理解できないのです。神経症の人の関心は完全に自分の内に向けられていて、頭がすっかり疲れ切っています。頭は時の流れをつねに意識していて、一秒たりとも見逃しません。だから一時間が永遠の時のように思えるのです。そして、そのために緊張が耐え難いほどのレベルに達してしまいます。患者さんがこのような状態に陥っているのを見ると、医者はある種の「もどかしさ」を感じます。なぜなら、医者には、何もせずに時間を過ごすこと、それによって生まれる緊張、そして抑うつ状態という三つの要因が最悪の組み合わせであること、そして自分が家族を説得して協力を得られるようにしておけば、そのような事態は避けられたであろうことがわかっているからです。

抑うつ状態に陥っている人に絶対に必要なのは、自分の内ではなく外にあることに興味を持ち、思考回路の一部をそれに占めさせることです。そうすれば時間がもっと早く経ちますし、緊張は和らぎ、抑うつ感も軽くなります。

■毎日のささやかな幸せ

普通私たちは、毎日のささやかな幸せ――自分では気がつかないことが多いものですが――に支えられて、心の元気を得ています。たとえば、朝、顔を洗いながら、これからベッドを整えようか、庭で水撒きをしようかと考えている時、お気に入りのすべすべした磁器製のカップの手ざわりを楽しみ、窓際の鉢植えの真っ赤なゼラニウムに太陽の光がさんさんと降り注いでいるのを見て微笑む……といったような具合です。私たちの心はそういったささやかな幸せから元気を得て、寝室に戻り、いつものいらいらを感じることなく、ベッドの上で寝ている猫をそっとほかに移したりするのです。抑うつ状態にある人は、ゼラニウムで埋め尽くされた庭を見ても、おそらくぼんやりとそれをながめながら、ただこう言うだけでしょう。「ゼラニウム？　どこにそんなものがあるの？」この人の心は自分の抱える問題と自分自身に占められていて、そのために何かを観察する力がすっかり失われ、このようなささやかな喜びを心に取り入れることができなくなっているのです。

今お話ししたようなささやかな幸せは、毎日の生活のあちらこちらで、あなたに元気を与えようと待ち構えています。そのことを思い出してください。今のあなたには未来が真っ暗に見えているかもしれません。でも、実際はそんなに暗いものではないかもしれませんよ。人生に喜びを取り戻すのに、何か特別なこと、大きな喜びが必要だというわけではありません。小さな出来事からもきっと喜びを得ることができます。そのためにあなたに必要なのは、それらを見る「目」です。

■外から元気をもらう

抑うつ状態にある人にとくに勧めたいのは、屋外で活動することです。さんさんと輝く太陽、大きく広がる空、壁のない解放感、まわりの人や物の動き、そういったものはすべて、私たちに元気を与えてくれると同時に、頭の中で悩み事や問題が必要以上に大きくなるのを防ぐ役に立ちます。抑うつ状態にある人は、心の支えとなるような喜びの源が自分の中になくなってしまっているので、その状態から抜け出すには、ほとんど全面的に外の環境に頼らなければなりません。気持ちを明るくしてくれるような環境が必要なのです。物悲しい雰囲気の場所は耐えがたく感じられることでしょう。実際のところ、抑うつ状態にある人は悲しみに対する反応が過敏になっていて、少しでも気が滅入るようなことに出会うと、それがひどく悲劇的なことに感じられることがあります。しかも、その反応はとてもすばやく現れます。神経症にかかっていたある女性が、しばらく滞在するために海辺に到着した時のことです。夕やみ迫る浜辺の町には風が吹き荒れ、空は灰色の雲に覆われていました。車から降りると、海岸の方から一陣の風が吹き付けてきて、近所で練習していた地元のアマチュアバンドが奏でる物悲しい曲が、その風に乗って聞こえてきました。そして頭上を舞う数羽のカラスがカアカアと不気味な鳴き声をあげたのです。気を滅入らせるには効果満点の状況でした。彼女はすっかり気落ちしてしまいました。彼女は、その後二日間、明るい太陽の下で過ごすことでやっと気を取り直すことができたと言っていました。

抑うつ状態にある人は、そのほうが心が落ち着くからといって、一人きりで「孤独な平穏の時」を過ごすより、近所の映画館に出かけたり、人がたくさんいる店やレストランで食事をとったりするほうがいいという場合が多いものです。さびしさを誘う状況や場所は気持ちを一層落ち込ませます。

■息抜きが逆効果になることも

今、映画館に行く話が出ましたが、神経症をわずらっている人の中には、映画館に行くことをいやがる人がいます。理由はさまざまです。たとえば、映画館の中で体験する非現実感が、自分の疲れた神経によって生み出された、恐怖を伴った非現実感をより強く意識させるからだと言う人もいます。あるいは、たくさんの人が楽しそうに笑っているのを聞くと、自分の孤独感やみじめな気持がかえって強くなるだけだからと言う人もいます。また、中には、映画を観ている間は自分を忘れることができても、終わったあとに明るい外に出て現実に引き戻され、自分の苦しい状況に直面する時、あまりにギャップが激しすぎて、自分の状況が前よりも一層ひどく、絶望的なものに思えると言う人もいます。映画を観るという本当なら息抜きのための行為が、ただ苦しみを増す結果を生んでしまうというわけです。

神経症の患者さんは、出口のない迷路に迷い込んだように感じたり、絶え間のない拷問にかけられているように感じることがありますが、その原因の一つは、今、映画の例でみたような「奇妙な体験」——助けになるはずのものが、かえって苦しみを増すといった体験——にあります。この迷路から抜け出すためには、前に進み、このような体験をありのままに受け止める必要があります。いたずらに避けようとしてはいけません。でも、あえて挑戦しようとしたり、不必要にそのような機会を見つけようとしてもいけません。ただ、そういったことを受け入れ、苦しむことなく直面できるようになるまでには、時間がかかることを肝に銘じておいてください。よく覚えておきましょう。自分の苦しみを一時的に忘れたあと、現実に引き戻された時に襲ってくるショックは、一つの「思い」にすぎません。あなたはただその思いに振り回されているだけです。単に頭に浮かんだ考えなどに勝手をさせないようにしましょう。自分を脅かすような考えに振り回されたりせずに、心の慰めとなるようなことを頭に浮かべるように努めましょう。それははじめは簡単にはできないかもしれません。でも練習をすれば、どんどん簡単にできるようになります。あなたもいつかはきっと、「ああ、またあれが戻ってきた！　この心の苦しみから逃げ出すことは決してできないのか！」と思う代わりに、「少しの間でも忘れることができたのだ。これはいいことだ。いつかきっとあのことを忘れる時が来るだろう」と考えることができるようになります。あなたの苦しみを生み出している主な原因が、恐怖を伴う単なる考えであることを思い出してください。そして、ふわふわと浮かんでそれらの思いの上を通り過ぎようと心に言い聞かせてください。練習を重ねればきっとできるようになります。

■不必要な苦しみは上手に避ける

一時的に苦しい状態を忘れることができたのに、あとでまたそれに直面しなければいけないというのは、神経症の人によくあることです。そういった体験をするたびに真正面から取り組み、ありのままに受け止め、希望を持ち続ければ、つらさはきっと少しずつ和らいでいきます。でも、ここで注意しておきますが、だからといって、あなたを恐怖に陥れたり、気持ちをひどく落ち込ませるようなつらい体験を何でも細かく分析し、その一つ一つに真正面から取り組まなくてはいけないというわけではありません。時には、そのような「ぶり返し」を引き起こしそうな体験を避けることのほうが賢い選択である場合もあります。とくに真正面から取り組んでも何もプラスにならないような場合は、避けたほうが賢明です。こんな例があります。ある女性は映画を観たあと、とくに気持ちが落ち込んだり、ひどく動揺することがありました。それで、「今では映画館を目にしただけでもいたたまれない気持ちになる」と言うのです。彼女の場合、映画を見たあとの気持ちの落ち込みを克服したいと思って、わざわざ映画を観に行っていたために、状況をかえって悪くしていたのです。

私はこの女性に、反応がひどくなっているのは、アドレナリンの分泌をつかさどる神経が一時的に過敏になっているだけだ、だから、これから先ずっと、映画を観に行くといつもそんなふうになるわけではないと説明しました。確かに、彼女には、映画館に対して持っている恐怖に真正面から立ち向かい、その正体を知ったうえで「浮かんで通り過ぎる」必要がありましたが、今、わざわざ映画館に行くのは彼女にとってプラスになることではありませんでした。ですから、過激な反応が少し治まるまで、不必要な苦しみは避けたほうがいいと話したのです。でも、避ける際には、次のことにぜひ注意しなければいけません。それは、「怖いから避ける」のではなく、これが賢明な選択であると自信を持ち、いつかはこのような悩みが単なる思い出に過ぎなくなる日が来ることをはっきり認識しながら、希望を持って避けることです。今それを避けるのは単に、「治りかけている傷口」をつついて開けたりしないためだと知っている必要があります。「あとが怖いから」と映画を観ることを避けたり、「これと戦わなくては」と身構えて映画を観に行っていたのでは、早い回復は望めません。今お話しした二つのアプローチの違いがおわかりになったでしょうか？　この違いが回復への一つのカギです。

■だれかと一緒に暮らす

人は健康な時は一人でもうまく生活していけます。なぜなら、まわりの人々の営みに参加するだけのエネルギーと興味を持っているからです。でも、心が折れてしまっていると、一人暮らしが耐え難いほど悲しく、さびしいことのように思えます。ですから、神経がとても参っている時には、一人で生活しないようにしてください。これはぜひ守っていただきたいアドバイスです。一人暮らしをしている人は、しばらくの間、自分の家を離れて友達と一緒に暮らすようにしてください。あるいは、どこか共同生活のできる施設を利用することを考えましょう。ともかく、どこでもいいからだれかと一緒に生活できるようにすることが大事です。でも、今は、自分の家から完全に引っ越しする手配をするのはやめましょう。心が回復したら、一人暮らしの自分の家に対する感じ方も変わってきます。それに、「我が家」と呼べる場所はなかなか得難いものだからです。ですから、引っ越しなど、もとに戻すのがむずかしいことを、衝動的に決めてしまわないようにしましょう。

■世界がひどくなったわけではない

抑うつ状態にある人は、次のこともよく覚えておいてください。それは、抑うつ感は感情をつかさどる神経の極度な疲労が、身体的な感覚として現れたものだということです。恐怖で自分に鞭打つのをやめる、つまり、恐怖を前にして「逃げるか、戦うか」と自分に迫り、身構えるのをやめれば、疲労は次第に回復し、落ち込んでいた気持ちも少しずつ上向きになっていきます。今のあなたの心と身体は、バッテリーがすっかり切れてしまった自動車のようなものです。エンジンをかけようと躍起になってばかりいると、バッテリーに充電のチャンスが与えられません。恐怖や不安で自分を痛めつけずに、ふわふわ浮かんで通り過ぎるようにすれば、人間に自然と備わっている「生きる喜び」が蘇ってきて、自ら充電を始めるでしょう。抑うつ感は一時的なものです。けっして永久には続きません。はじめはどんなに小さなことでもいいのです。希望を持って未来を見つめ、この時期を浮かんで通り過ぎるようにしてください。

何よりも一番あなたに覚えておいてほしいのは、抑うつ感はあなたが「感じている」もので、世界自体がひどいものになったわけではないということです。抑うつ症は風邪と同じように、病気の一つです。自然は人間に病気から回復する力を与えてくれています。その力の働きに任せれば、抑うつ症も治ります。自然はそれを治そうと待ち構えているのです。

でも、抑うつ症と風邪には異なる点が一つあります。それは抑うつ症が悪循環を引き起こすことです。つまり、前の日に苦しかったことの記憶が、新しい日を迎えた時に蘇ってきて、その一日のスタートをつらいものにしてしまうことです。この悪循環から抜け出すためには、次のように自分に言い聞かせるといいでしょう。「確かに昨日はつらい一日だった。今日も調子はよくないかもしれない。でも、一日一日を何とか過ごしていけば、きっと少しずつよくなっていく。自然に任せさえすればいいのだ」。この言葉を唱え、そうなると信じれば、きっと奇跡が起こります。

抑うつ状態を克服するためにぜひ覚えておいてほしいのは次のようなことです。

・どんなに抑うつ症状が強くても、回復できる。
・抑うつ症は一時的な病気にすぎない。
・抗うつ剤が回復の助けとなる場合もある。

・昼間はベッドから出て、自分を忙しくする。できればだれかと一緒に活動する。
・仕事や趣味の時間など、計画を立てて活動する。
・一時的な息抜きや気晴らしによって苦しみが増したように感じられた時には、それが単なる「思い」であることを思い出し、絶望的にならずに希望を見つけるようにする。
・抑うつ症は単なる病気で、自然はそれを治そうと待ち構えている。これはとても大事なことなのでよく覚えておいてください。

第二十七章……自信の喪失

神経症をわずらっている人はほとんど例外なく、自信を失い、そのことで苦しんでいます。中には、「精神がすごく不安定で、まるで人格が崩壊してしまったような気がする」と言う人もたくさんいます。このように感じるのは、苦しみの引き金となるような刺激がほんのわずかでもあると、感情がすばやく、激しく反応し、次々と襲ってきてコントロールができない状態になるからです。ストレスの多い状況における、この感情の「襲撃」は大きな動揺を与え、心を押しつぶします。そのために、襲撃を受けた人は、一段高いところに立って、冷静に考えることができなくなります。さらに悪いことに、そのような状態にある人は、たいていの場合、すでに頭がすっかり疲れ切っているので、何かを考えようとしても、思考がとぎれたり、激しい頭痛がしたりします。そのために、何も決めることができなくなって、自分の思いや他人からの提案に簡単に左右されるようになってしまいます。拠り所となる心の強さ、心の軸が失われてしまったような感じ、つまり、方向を見定めるための「内なる自分」がなくなってしまったような感じがしてくるのです。そのような状態になった人が、それを「崩壊してしまった」とか「ばらばらになってしまった」といった言葉で表現するのは、内面的な調和をとる力――感情と思考と行動の調和をとり、一つにつなぎとめる力――がなくなってしまったように感じるからです。

昔からよく使われる表現の中には、神経症の状態を表すのに驚くほどぴったりした言葉があります。

たとえば、「自分を立て直す」といった意味の〝pull yourself together〟（自分を引き寄せて一つにまとめる）という言葉は、今お話ししたような状態になっている人が「そうしなければいけない」と感じていることをとてもうまく表しています。そういう人は、散らばってしまった自分の人格をかき集めてきちんともとに戻さなければ、心身ともにバランスがとれ、自信に満ちた自分は現れてこないと感じているのです。そしてたいていの場合、それを実現させるためには、神経症の発症の助けとなったかもしれない自分の性格的な弱さそのものを克服しなければなりません。それができれば、神経症から回復すると同時に、人間として成長できます。そうすれば、新たな自信を獲得することができます。

■自分を取り戻す

ある若い医師が私に助けを求めてきたことがあります。この男性医師は家庭で不幸なことが続いたあと、すっかり自信を失ってしまいました。そして、恐怖と不安で神経がすっかり参ってしまい、仕事にも支障が出てきました。患者さんに注射を打つという、普段なら何でもない作業さえもが、大きな努力を要する戦いになっていたのです。彼は毎日、そのような戦いを続けていましたが、とうとう、この仕事は自分には荷が重すぎると思うようになりました。もうどうしていいかわからなくなり、医者をやめたいと思うようになっていたのです。自分の状態を説明するのに、この医師も「ばらばらになってしまった」という表現を使っていました。

私は彼がそのように感じる原因を説明し、職場で「戦い」に直面した時、克服しようと身構えて立ち向かうのをやめて、緊張を解き、自分の現在の状態を一時的なものとして受け止め、そこで引き起こされる感情的な反応を「浮かんでやり過ごす」ようにすれば、必ずうまく仕事を続けられると話しました。緊張しないようにして、できるかぎり冷静にベストを尽くし、その結果に満足するように、そして、頭が疲労しきった今の状況で、それ以上を自分に要求するのは馬鹿げていることを自分に納得させるように言ったのです。また、「浮かんで通り過ぎる」とはどういうことかについても、くわしく説明しました。

しばらくして、この若い男性はまったく別人のようになって戻ってきました。「浮かんで通るテクニックを自分のものにしました!」彼はそう言って、次のような話をしてくれました。病院での仕事に戻ってまもなく大きな試練にぶつかりました。患者さんに麻酔をかけなければならない状況になったのですが、それは彼の当時の精神状態ではとくにむずかしい作業でした。おまけに、メスを手にした外科医が彼のほうを振り返り「この患者の心臓は弱っている。そのことはよく心得ているよね?」と言ったのです。彼は手にしていた麻酔用の器具をテーブルに戻してしまおうかと思いました。その時、私の言葉を思い出したそうです。麻酔をかける技術が自分にあることはわかっていました。そこで、「おまえにはそんなことはできない」という心の中のネガティブな思考の上を浮かんで通り過ぎるようにしたのです。それが単なる「考え」にすぎないことを自分に思い出させ、その考えにとらわれないようにして、すばやく作業にとりかかりました。手術は無事に終わり、そのあと、そのような問題が起きることは二度とありませんでした。

ここで誤解のないように言っておきますが、私は神経症に悩むすべての患者さんに対して、たとえ困難を感じるようになっても、職場や今いる立場に留まるようにアドバイスするつもりはありません。とくに、今の例のように、人の命に関わるような仕事についている場合はなおさらです。ケースごとに状況をよく検討して、判断をくださなければなりません。時には一時的に仕事を離れることが賢明な方法である場合もあります。

「自分がばらばらになってしまったような感じがする」とか「人格が崩壊してしまったような感じがする」という言い方をこれまであまり聞いたことがなくて、今不安になっている読者もいるかもしれませんが、どうか心配しないでください。人格が本当にばらばらになってしまったわけではありません。ただ、恐怖と緊張の連続によってアドレナリンの分泌をつかさどる神経が過敏になり、疲れ切った頭の働きが遅くなっているだけです。そのために自分がばらばらになってしまったような感じがしているのです。過激な感情の反応が治まり、心が落ち着いてくれれば、すぐに自分が一つにまとまった感覚が戻ってきます。あなたは今、ほんの一時的に、神経症の一つの段階を通り過ぎようとしているだけです。自分が一つにまとまった感覚と自信は、同時に戻ってきます。この二つは互いに支え合っています。そして、どちらも心に平安が訪れた時に戻ってきます。

■ぶり返しの原因

一般的に言って、少しよくなっていたのにまた悪くなるという場合、そこには二つの段階があります。第一段階は、苦しみを伴う状況に出会ったり、つらい記憶が蘇った時に、まだ過敏な状態にある神経によって過激な反応が引き起こされることです。それに続いて、以前に抱えていた神経症のさまざまな症状が戻ってきます。

回復に向かっても、過敏化した神経はすぐにはもとに戻りません。その前にストレスが引き金となって、以前抱えていた症状が戻ってくることがあります。でも、そういうこともあるのだとよく納得して、受け入れることができれば、症状は次第に薄れていきます。それができずに不安を感じ、緊張して「ああ、またこんなふうになってしまった！　このままもとに戻ってしまうんだ！」と考え始めて、恐怖に囚われ続けていると、「ぶり返しへの扉」が開いてしまうのです。その人をぶり返しに引き込むのは、この第二の恐怖、つまりぶり返しに対する恐怖です。

神経が過敏になっている身体は、たとえその人がぶり返しについてよく理解し、「そういうこともあるのだ」と納得して、さまざまな症状に動揺させられることのない段階に達したあとでも、ストレスに対して激しい反応をすることがあります。身体の物理的な回復は、頭による理解や受容よりも遅れてやってくることが多いので、時としてこのような過敏な反応が起こることを覚悟しておく必要があります。そして、このように心の準備をしておくことは最良の予防にもなります。忘れないようにしてください。回復にはもっと時間が必要なのです。回復の歩みは止まることはありません。少しずつかもしれませんが、いつも前進しています。

ぶり返しと、そこからの回復を何度か経験していくあいだに、あなたの心と身体は少しずつ力を取り戻していきます。そして、たとえぶり返しが待ち構えていようとも、あるいは本当にそうなろうとも、もう恐れるべきものではなくなります。それが恐れるべきものでなくなれば、たとえぶり返しが襲ってきても、すぐに去っていきます。実際のところ、それはもうぶり返しと呼ぶほどのものではなくなります。そしてそのうち、後退どころか一時停止ですらなくなります。ぶり返しは、単に回復の過程によくある出来事、来ることが予測され、避ける必要すらない出来事の一つにすぎないのです。

■新しい感覚が生まれる

この本を読んですぐは、ここに書かれたアドバイスを心から信じ、確固たる信念を持って実行することはできないかもしれません。それでもいいのです。今のこの段階で大事なのは、「アドバイスに従ってやってみよう」と心に決めることだけです。そう心に決めるだけで、きっと、何か新しい感覚があなたの中に生まれます。はじめは、その感覚はあまりはっきりしたものではなく、生まれたと思ったら消え、消えたと思ったらまた生まれる……そんな感じがするかもしれません。でも、新しい感覚は必ず生まれてきます。そして、その新しい感覚を励みに、少しずつでもアドバイスに従ってやってみているうちに、効果があることがわかってきて、それと共に自信と希望がわいてきます。自信を取り戻すことは、回復に大きな役割を果たします。思い出してください。筋肉はあなたが自信を持ってそれを使えば、それだけの力を必ず発揮してくれます。

これからも何度も絶望に襲われることがあるかもしれません。でも、あなたが「私は完全に絶望したりしない。いつも何とか自分を取り戻し、先に進むのだ」という心構えを忘れずにいれば、何度絶望に襲われようと関係ありません。その心構えを持っていれば、あなたが今とても必要としている自信がいつかきっと戻ってきます。自信は神経症に伴う、普段と違うさまざまな心の状態や身体の症状を、身構えずにありのままに受け入れることから生まれます。決して敗北を認めず、あきらめずに先に進むのだという決意から生まれるのです。ある女性にこの話をした時、彼女はこう言いました。「決して敗北を認めないなんて、どうやったらできるのですか?」答えはこうです――「先に進むぞ」という心構えを持つことです。先に進む意志がある限りは、決して負けることはありません。

■いい時もあれば悪い時もある

回復までの道のりは、まさに「山あり谷あり」です。下り坂があまりに多いので、上に向かっていることをなかなか実感できないかもしれません。回復への道は上ったり下ったりするのが当然なのですが、それはとても疲れますし、あせったり、じれったい気持ちになります。今も覚えていますが、ある若い男性はこんなふうに言っていました。「少し上向きになったと思ったら、次の瞬間には落ち込んでいる。そんなことが続くのにすっかり疲れてしまいました。ずっと落ち込んだままのほうがまだましだと思いそうになることがあります」

確かに、峠を越して少し状態がよくなったと思った矢先に、ひどいぶり返しに襲われることもあります。そして、なぜそんなふうになってしまったのだろう……と原因を見つけることに無駄にエネルギーを使ってしまうこともあります。中には、こんなことを言う患者さんもいました。「先生、先週はずっと具合がよかったんですよ。これまでにないほどに。それなのに土曜日と日曜日はつらくてたまりませんでした。最悪でした。どうしてこんなことになるんでしょうか？」

ぶり返しをもたらしたのは、ほんの些細な出来事だったかもしれません。でも、原因を見つけることがそれほど大事なことでしょうか？　不思議と言えば不思議ですが、なぜか、患者さんにはそれがとても大事に思えるのです。でも、本当に大事なのは次のようなことです。つまり、昨日が、あるいは今日がどんなにつらい日であったとしても、明日になれば新しい日が訪れます。そして、その明日はこれまでになかったほどいい日かもしれないのです。回復の度合いを一日ごとに測るのはやめましょう。**回復を信じて、希望を持って明日を待つ**ことが大事です。それはあなたの大きな助けとなるでしょう。そのような心構えでいることが、あなたが過去の日々を乗り越え、今日を生き、未来の日々を生き抜いていくのを助け、回復に導いてくれるのです。

ぶり返しに落ち込んでいく過程を理解するのは簡単です。神経症にかかってしまった人は、恐ろしい記憶に満ちた過去を抱えているので、ほんのわずかなぶり返しの兆候があっても、記憶が戻ってきて、それに呑み込まれてしまうのです。でも、そのようなぶり返しを何度か乗り越えていくうち、そのたびに感じる絶望感の強さが弱まっていき、少しずつ自信が戻ってきます。自分の努力によって取り戻したこの自信は、何ものにも奪われることはありません。これから先またぶり返しが来ても、自信が完全に失われることはありません。絶望的な気持ちになっている時には、自信が姿を消してしまったように感じられるかもしれませんが、それまでに重ねてきた成功——どんなに小さな成功でもいいのです——の記憶が、あなたに再び立ち上がる勇気を与えてくれます。あなたはもう完全に打ち負かされることはありません。

ですから、次のことをしっかり覚えておきましょう。

・自分がばらばらになってしまったような感覚は、心と頭の疲労が生み出したものだ。感情が過激な反応をするようになっているところに、考えるスピードが遅くなった頭脳による混乱した思考が加わって引き起こされた一時的な状態にすぎない。
・心と身体の状態が安定してくれば、自分がばらばらになってしまったような感覚はなくなる。
・つらい時期があっても、ひたすら前に進み続けていれば、きっと自信がわいてくる。
・回復の過程で、いい時期があったり悪い時期があったりするのはごく普通のことだ。山あり谷ありの道でも、全体として見れば、必ず頂上に向かっている。
・自分自身の経験を通して得られた自信は、決して完全に失われることはない。

第二十八章……人とのつき合いがうまくできなくなる

前の章でお話ししたように、神経症を抱える人の中には、自信が持てなくなったと言う人がたくさんいますが、それだけでなく、自分がまわりの世界の一部ではなくなったように感じると訴える人もたくさんいます。そういう人たちはよく、こんなふうに言います。「他人と関わることができないのです。まるでほかの人がいる世界と自分のいる世界が違っているかのようです。どんなにがんばっても、みんなのいる世界に戻る道が見つけられないように思えるのです。私は頭がおかしくなりかけているのでしょうか?」

だれでも、自分の悩みにすっかり心を奪われている時に、近所の人の新しい車に興味を持つなどということは、なかなかできないものです。神経症を抱えているとなったらなおさらです。神経症に悩む人は、いろいろなことに対する興味が失われることがよくありますが、このことが、自分以外の世界から引き離されていく感覚につながります。人と話をしている時でも、思考が内部に向いていて、ずっと自分のことを考えていたとしたら、当然、人とつき合うのはむずかしいでしょう。それに、神経症を抱える人の場合、このように思考が内側に向かった自分の世界が大きな苦しみに満ちているため、何の悩みもないかのように気楽に笑っている(ように見える)人たちと共感することは不可能なのです。思考が自分にばかり向き、その中で苦しみ続けているために、普通の生活が営まれている世界から自分を孤立させているのです。興味の対象が自分だけでなく、外の世界に向けられれば、その世界に属しているという感覚は必ず戻ってきます。

まわりの世界の一部になることができないというこのような感覚は、今自分がいる世界から「正常な」世界へ早く戻りたいとあせる気持ちがあると、かえって強く感じられます。たいていの場合、その世界に戻る過程はゆっくりと、徐々に進みます。自分がその一部であることを実感できるほど、日常の生活に興味が持てるようになるためには、何週間も、あるいは何か月もかかることもあります。

■正常な感情が「凍りつく」

患者さんの中には、人とうまく関われないというこの感覚がとても強く感じられて、以前愛していた人たちに対して——わが子に対してさえ！——愛情を感じることができなくなったと訴える人もいます。それはまるで、心の中で感情があるべき場所に何もなくなってしまったかのようです。でも、これは単に、正常な感情をはぐくむ力を酷使し、それを使い切ってしまったために、外界からの断絶感が複雑になっているだけです。恐怖を伴った感情をあまりに強く、そしてあまりに長く感じ続けたためにそうなってしまったのです。

このような人が何とか正常な感情を取り戻そうと心の中を探しまわったり、無理矢理引き出そうとしたりするのは、間違ったやりかたです。感情は必ず戻ってきます。それを待たなくてはいけません。今は正常な感情が凍りついているだけです。解け出すのを待たなければいけません。ある女性は、何か月ものあいだ夫や二人の子供たちと心の触れ合いを感じることができないといって悩んでいました。家族から離れて六週間治療を受けたあと、家族が訪ねてくる日がやってきました。この女性は、家族の訪問が決まるとすぐに、今度は以前より親しみを感じられるだろうかと心配し始めました。私は

「そんなふうに心配しすぎることで、かえって状況が複雑になっているんですよ」と説明しました。この女性は長いあいだ家族との心の触れ合いを失っていたために、その状態が習慣になってしまい、それが六週間で変わることなどあり得ないと思っていました。自分の置かれた状況をとても不安な気持ちで見ていれば、そう思って当然です。この女性に必要だったのは、状況が変わるにはもっと時間がかかることを理解して、それをじっくり待とうと心に決めることでした。家族が会いに来るたびに、今日はどのくらい回復しただろうかと自分の状態を分析したり、もっと回復しなくてはと自分に求めたりするのは逆効果です。そうするのをやめて、もっと時間をかけよう、じっくり待とうと覚悟を決めれば、極度の緊張と不安から解放され、いつのまにか家族と再び楽しい時を過ごせるようになっていることでしょう。

■他人の行動がおかしい！

神経が不調になっている人は、今お話ししたような外界からの断絶感のせいで、家族の輪から遠く離れたところにいるように感じ、ほんのちょっとしたことでも勘ぐって悪くとり、感情的に大きく動揺してしまうことがあります。先程例に挙げた女性の場合は、家族と打ち解けられないと感じると同時に、子供が自分をもう必要としていない、それどころか自分がいないほうがいいと思っているのではないのかと考えるようになっていました。このまま時間が経っていけば、彼女がさらに想像をたくましくして、自分自身を追い込んでいくのは目に見えていました。

私は、子供たちの態度は、彼女自身の態度を反映したものにすぎないと説明しました。子供たちがぎこちなさを感じていたのは、母親がぎこちない態度をとっていたからです。子供たちが言ったりしたりすることに対して母親がとても敏感になっていたために、子供たち自身も自分の言ったりしたりすることを強く意識をするようになってしまっていたのです。もし母親が、「ただ母親でいる」ことに注意を向け、以前のように宿題を手伝ったり、子供たちの友達と自然に話したりして、子供たちが自分についてどう感じているのだろうかとか、なぜそんな行動をとったりするのだろうかなどと分析をすることをやめれば、子供たちはすぐにもとに戻り、ごく自然な親子関係を取り戻すことができるでしょう。そのことこそが、子供たちの最大の望みなのです。

■家族との絆が強くなりすぎる

神経症にかかっている母親の中には、子供との関係が希薄になってしまったように感じるのとは反対に、家族と一体化してしまったように感じる人もいます。そういう母親たちはこんなふうに言います。「病気なのに、家族全員を幸福にする責任を負わなければいけないなんておかしいです。家族みんなを幸せにする役目をなぜ母親がいつも背負わなければいけないのでしょう？　こんな時くらい、家族のほうが私を幸せにしようとしてくれてもいいのではないでしょうか？　それなのに、私が調子を崩すと、家族はすぐばらばらになってしまうんです！」

この問に対する答えは簡単です。母親が元気な時には、家族を一つにまとめるひもの役目を担っています。病気になるとそのひもが緩み、家族はばらばらになったように感じます。そして、母親がまたすべてを元通りにしてくれるのを期待し続けるのです。家族には、母親の役目を肩代わりし、自分たちでひもを手繰り寄せようとすることなど考えも及びません。ただ、力なくため息をつき、揺りかごを揺らし続けていた手が再びそれを揺らし始めるのを待つだけです。私は患者さんの若い娘さんにこう言ったことがあります。「食べ物は冷蔵庫にたくさんあるでしょうに。何が不満なのですか？」するとと彼女はこう答えました。「ただ冷蔵庫を開けて食べ物を出すだけなんていやなんです。食べる時にママにそばにいてほしいんです！」母親が元気な時には、それが母親の役目でした。この娘さんはそれを求めていたのです。たとえ病気でも、そうするのが母親の役目で、娘さんはそれが当然と思っていたのです！

■私のことを噂している？

神経症にかかっている人は、外界から切り離されているように感じているために、他人の一挙一動に敏感になり、疑い深くなりやすいものです。友達が自分のことを噂していると感じる人もいるでしょう。確かに、その通りのこともあります。友人たちはその人の疲れきった様子、なりふり構わない外観、ぼんやりとした表情などに気づいて、心配になっています。ですから、その人が部屋を出てすぐにそこに戻った時、彼らが急に話をやめることがあるのも当然です。他人の自分に対する態度がおかしいと思っても、そのことを不安に思ったり、問い詰めたりするのはやめましょう。すべてそのまま受け入れましょう。肩をちょっとだけすくめて、こう考えてください。「私は馬鹿なことをしたりしない。時間がたてば何もかもよくなる。時間が治してくれる」

そうです。時間はすべてを正常に戻してくれます。いつかきっと回復し、心の平安が戻ってくることを信じて、時があなたをそこへ運んでくれるのに任せましょう。

この章の要点をまとめると次のようになります。

・通りを歩いていて、「まわりの人と同じ世界に戻れる日が、いったいいつか来るのだろうか……」と考え始めたら、自分の中にある恐怖に満ちた世界に対する関心が薄れれば、すぐに戻れるのだということを思い出す。
・「正常な感覚」を強いて取り戻そうとしない。時がそれを戻してくれるのを待つ。
・他人が自分に対して変な接し方をしているように感じられても気にせず、肩をすくめてやり過ごす。

第二十九章……家に戻りづらい

早く回復してもらうために、患者さんを今の環境から連れ出して、一時的に別の環境に移すという方法が効果的な場合がよくあります。その場合、遅かれ早かれ、十分に回復し家に帰れる日が来ます。もしかするとあなたも今そんな状況にあって、いよいよ家に帰るのだという思いが黒い雲のように頭の上に垂れ込めているかもしれませんね。あなたの心の中には、「家に戻ったら自分はどんな反応を示すのだろう？　またもとに戻ってしまうのではないか？」そんな思いがあるかもしれません。もしあなたが「浮かんで通り過ぎる」ことと「受け入れる」ことを実践して回復したのだったら、家に帰ってからどうしたらいいかよくわかっているはずです。なぜなら、同じ原則をあてはめればいいからです。戦わないことです。自分の感情にスポットライトをあてないことです。「これでいいのか？」「あれがいいのか？」などと、自分の感じ方を確かめるような質問をしないようにすることです。

はじめて家に戻る時にどのように感じるかは、あまり気にしないようにしましょう。複雑な心境になるのが当然です。家に戻れるのがうれしい、家に戻るのが怖い、苦しい思いをした場所をまた見るのがつらい、愛する人々と一緒に暮らせるのがうれしい、でも、また具合が悪くなってその人たちをがっかりさせるのが怖い……いろいろな感情が湧き上がってくることでしょう。ここでしっかり知っておいてください。今挙げたような感情はどれも永遠に続くものではありません。ですから、どれも本当に大事なことではないのです。そういう感情を持っていることを認めるのはかまいません。でも、それを大げさに考えないようにしましょう。家に帰ってからしばらくの間は、いろいろな感情が入り混じった複雑な心境になるかもしれません。そのことを受け入れましょう。同じような状況になったら、だれでもそんなふうに感じて当然です。あなたの心に寄り添ってくれそうな家族の人と、そのことについて話し合ってみましょう。心の中の不安や恐怖は、言葉にして外に出すと和らぐこともあります。でも、ぜひ心に留めておいてください。最終的にそれらを消し去ってくれるのは、あなたの心にある奇妙な感情や感覚と折り合いをつけて——共存していこうと決めて——そのまま受け止めることです。そうすれば、時間はかかるかもしれませんが、いつか必ず楽になります。神経症に伴うさまざまな感情や感覚を和らげるために、受け入れが役立つことはもうみなさんは経験してきたはずです。家に戻る時の不安も、受容によって和らげることができます。

■はじめはつらくて当然

あなたがいろいろな決意を胸に家に戻ったとしても、はじめの頃は、前より状態が悪くなったように思えるかもしれません。家族が外出し、一日中一人で過ごさなければならないこともあるでしょう。家を離れていた時はつねにだれかがまわりにいました。自分の家で一人きりでいる孤独感は、はじめは耐え難く思えるかもしれません。また、家のあちこちに染みついた苦しい思い出は、たとえ心の準備をしていたとしても、実際にその場に立ってみると、自分でも驚くほど動揺し、現実と記憶との境目がわからなくなってしまうかもしれません。そのため、家の中を歩き回っているうちに、苦しい思い出にさいなまれ、パニックに陥って、自分はまたおかしくなり始めているのではと考えたりすることもあるでしょう。「自分の家なのに、なぜ幸せな気持ちになれないのか？　なぜこんなに苦しまなければいけないのか？　私は前よりも少しもよくなっていない。家から離れている間、あんなに具合がよかったのに。いったい私はどうなってしまったのだろう？」

　確かにあなたがいるのは、あなたが愛する我が家です。でも、それと同時に、そこはあなたが深く苦しんだ場所でもあります。そのような苦しみを簡単に忘れることなどだれにもできません。普通の人間には不可能と言ってもいいでしょう。前に、「自分をしっかりつかまえておくことができない」と言っていた女性を治療したことがあります。この女性は順調に回復に向かい、ある時、休日明けに私に電話をしてきて、どんなに気分がいいかうれしそうに報告し、次の日に会いに来ると言いました。私のところに来た彼女は、確かにだいぶ具合がよさそうでした。でも、前の日に電話してきた時ほど元気そうには見えませんでした。実際のところ、彼女の顔には以前と同じ不安の影が浮かんでいました。そんな彼女に私はこう言いました。「家に戻り、見慣れた椅子に座った途端、以前と同じ恐怖が戻ってきてびっくりしているのでしょう？」女性はこう答えました。「先生、それよりももっと早く戻ってきましたよ。部屋に足を踏み入れたとたん、戻ってきたんです！　いったい私はどうなってしまったのでしょう？」

　私はこう続けました。「その場にまつわるつらい記憶を、簡単に消し去ることができたとしたら、あなたは魔法使いですよ。そんなことできなくて当然です。でも、それが単に記憶にすぎないことをよく理解してください。記憶が仕掛けてくる脅しに乗ってはいけません。ふわふわ浮かんで通り過ぎるようにしてください。そうすれば、次にあなたがここに来る時までには、簡単に部屋に入れるようになって、自分でも驚いていますよ」。私の言葉を聞いて、この女性は安心して元気を取り戻し、家に帰っていきました。

ですから、あなたももし同じような状況にあるとしたら、帰宅後しばらくは苦しい思い出に悩まされるかもしれないと覚悟して、そのことを受け入れるようにしてください。日が経つにつれてそれらの記憶はどんどん薄れていき、最後には楽しい思い出がそれに取って代わります。そのことを信じて、浮かんで通り過ぎるようにしてください。また、その過程において、「自分は回復しているのだ」としっかり認識するようにすれば、そのこと自体が喜びと安心をもたらしてくれて、過去の苦しみを忘れるさらなる助けとなります。友人と椅子に腰かけ、静かに語らう……はじめはこれまでできるとは思ってもみなかったすばらしい体験、喜びに感じられるそういったことも、次第に正常な生活の一部として受け入れることができるようになります。そして、それこそがあるべき姿なのです。

■ぶり返しがあっても大丈夫

家に帰ってしばらくして――数週間か、時には何か月もたって――心が折れそうに感じていた頃の、胸を刺すような痛みを忘れ始めた頃、突然に心に残っていた何かが頭をもたげてあなたを襲い、一時的に以前のような苦しい感覚が戻ってくることがあるかもしれません。そんな時、はじめはひどく恐ろしくなって、「ああ、またあんなふうになるのか！　そんなのいやだ！」と思うかもしれません。でも、そのあときっと、次のようなことを思い出すことでしょう。つまり、あなたは自分の力でここまで回復してきたのですから、必要とあれば同じことができるはずだということです。そのことを思い出せば恐怖は和らぎ、あなたはきっとこう思うに違いありません。「またあんなふうな状態が始まるのを黙って見ている必要はない」。そうです。そんな必要はありません。心を動揺させるそんな「きっかけ」は浮かんで通り過ぎればいいのです。

今はもう自分の軸となる自信があなたの中にできています。それはどんなに破壊的な思いや出来事が襲ってきても、岩のように固く、しっかりとそこに根を張っています。これこそが、これから先、心が折れそうになった時にあなたを助けてくれる「保険」です。あなたは自分の心の仕組みをしっかり理解しています。ですから、もう恐れたりしなくていいのです。心が折れてしまうのはどうしてか、あなたは知っています。でも、それと同時に、そこから抜け出す方法も知っています。**あの「迷路」であなたが迷子になることはもう決してありません。**もうどうしたらいいかわからない状態からは抜け出ているのです。

ですから、次のことをしっかり心に留めておいてください。

・「大丈夫」と自信を持って家に戻る。
・記憶と現実との違いをしっかり認識する。
・記憶、思い出の「こけおどし」に乗らない。

■家に戻る理由

神経症から回復して家に戻ろうとしている時に、もし家族の人たちが「家は何もかもすっかり変わったよ。病気の原因が何だったか、よくわかっている。それはなくなったから、もう心配ないよ」と言ってくれたら、どれほど勇気づけられることでしょう。あなたは何の心配もなく、意気揚々と家に戻ることができます。でも、多くの場合、家族の人たちは何かが変わったとか、原因がなくなったとか、そんなことは何も言わず、ただ、「何か月も家から離れていたんだ。もうすっかりよくなっているはずだ。だから、できるだけ早く帰って来たらいい」などと言ったりします。

しばらくのあいだ問題の原因から遠ざかっていたおかげで、あなたには感情を落ち着かせるための時間が与えられました。ですから、いろいろな問題のことを考えても、以前より過敏な反応はしなくなっているかもしれません。「状況を少し離れたところからながめる」のを手助けしてくれる、ある種の防護壁を築く時間が与えられたからです。ほかの言い方をするとこうなります。以前はアドレナリンの分泌をつかさどる神経が疲れ切っていて暴走しがちでしたが、つねにストレスを引き起こしていた原因からしばらく離れていたことで疲労から回復する時間が与えられ、悩みのもととなっている問題について考えても、もうそれだけでは過激な反応をしなくなったのです。今のあなたはあまり感情的にならずに物事を考えることができます。

ここまではなかなかいい感じです。でも、ただ単に前よりも冷静な状態に戻り、これからもうまく行くようにと祈るだけでは十分ではありません。それだけではまだ心は傷つきやすい状態にあります。前よりは冷静に考えられるようにはなったかもしれませんが、心の底ではまだ、この「新しい鎧」がいつまで壊れないでいてくれるだろうか……と不安に思っています。もっと安心した気持ちになるためには、しっかりとした「行動計画」を持って家に戻る必要があります。家に戻る前に、自分の抱える問題をどのようにとらえるか、よく考え、自分が受け入れることができるような見方をしっかりと持っている必要があります。

当然ながら、もしあなたの過去の苦しみが神経症を引き起こすほど大きなもので、家に戻るとその苦しみの源とまた向き合わなければならないとしたら、なぜ家に戻るのか、とてもしっかりした理由を持っていなければなりません。そうでなければ、反対に家から逃げようとするほうが自然です。

ほかに行くところがないからという理由で家に戻る、お金がないから、手に職を持っていなくて生活費を稼げないから、あるいは、そうすれば家を離れて心静かに暮らせるかもしれないとわかっていても、だれにでもできるような仕事には就きたくないからといった理由で家に戻る場合は、「自分は憐れな一文無しで、お金のために苦難に耐えざるを得ない運命にあるのだ」などと考えないようにしてください。そうではなく、自分はごく普通の人間で、自ら進んでこの道を行くのだと考えるようにしてください。苦難を耐え忍ぶ殉教者になったかのように考えてはいけません。そんなふうに考えないようにすれば、家の状況はそれほど耐え難いものには思えないかもしれません。実際のところ、理由ははっきりしませんが、家に戻るのは自分が選んだことだとしっかり認識していると、家に戻ってから起こるいろいろなことが、それほど悪いことには見えないものです。

たとえば、あなたが何人かの子供の母親で、毎晩外出して酔っぱらって帰ってくる夫の元に戻ろうとしているとしたら、その理由は明らかでしょう。あなたは、夫はしらふの時はそれほど悪い父親ではないと思っていて、子供にとっては父親がまったくいない家庭よりも、いる家庭のほうがましだと信じているからそうするのだと思います。ですから、あなたは夜夫が出かけているあいだ、気をもみながら待つのはやめて、彼のための食事をいつでも出せる状態にしておいたら、あとは自分の興味をほかに向けるようにすればいいのです。あなたは子供のために家庭を維持しようと決めたのですから、そこを戦場にするのではなく、家庭らしくするように努力すべきでしょう。状況に対する見方を変えれば、びっくりするほど状況自体が変わってくることもあります。

ですから、家に戻ると決めたら、次のことを忘れないようにしてください。

・自分がなぜ家に戻るのか、理由をきちんと理解する。
・その理由をしっかり心に刻み、いつも忘れない。
・どうしようもないと思い詰めず、自分が置かれた状況を最大限に利用する。

第三十章……不安感

■影の影

神経症が回復し始めると、以前のようにむやみに恐怖が襲ってくることはなくなりますが、不安感がなかなか抜けないことがあります。そんな状態になった人は当惑して、こんなふうに考えます。「治ったはずなのになぜ、この漠然とした不安感が続くのか？　まるで何か恐ろしいことが待ち受けているみたいじゃないか。もう心配することは何もないはずなのに。なぜこんなふうに感じなければならないのか？」

このような感覚は、朝起きた直後に襲ってくることが多いようです。朝起きて、自分の置かれた状況に対する以前より前向きな見方を思い出し、態勢を整えるには少し時間がかかります。その時間が経過する前に襲ってくるのです。これは「感情的なクセ」あるいは「心のクセ」と言えます。何か月も、あるいは何年も実際に不安を抱え続けてきたために、それがクセになってしまったのです。実体のない「影の影」と呼んでもいいでしょう。

神経の不調を抱える人に限らず普通の人でも、たいていの人が人生の一時期、このような不安感を持ちます。人は中年をすぎると、いろいろな喪失を体験します。その悲しみの中で当惑する多くの人たちが、同じような感覚に襲われます。ある程度の年齢になると、前は当然のように思っていた健康がそこなわれたり、気遣いなど無用だった身体が思うように動かなくなったりして、大きなショックを受けます。今まで縁のなかった病院にお世話になることもあるかもしれません。また、家族のことでいろいろな問題が出てくるのもこの時期です。年老いた両親が長わずらいをして面倒を見なければならなくなったり、亡くなったりすることもあります。成長した子供たちも、大きな心配の種となりかねません。明け方彼らが帰ってきて玄関の鍵を開ける音を聞くまで眠れない……そんな日もあるでしょう。問題は次から次へと襲ってきて、たとえ何も問題がない時でも、次の問題が舞台裏で出番を待っているように感じられるかもしれません。

時間の流れに任せ、ありのままを受け入れていれば、必ずこのような不安感はなくなります。でも、それには時間がかかります。中には早く回復したいと思って医者の助けを求める人もいます。

このような患者さん（多くの場合、女性です）は自分の状態を説明する時、よく「実際にウツ状態になっているとか、つらくてたまらないというわけではないんです。ともかく何もする気がしない、気力が出ないいんです」などと言います。何かをやろうとしてもすぐにめげてしまうのです。「友達のアリスに会ったらきっと楽しいに違いないわ」と思っても、シャワーをかかり、身支度を整えることを思うとその気がなくなってしまいます。アリスが今すぐその場に現れて、ちょっとおしゃべりができたら、どんなに楽しいことでしょう。「でも、着替えをして、バスに乗るの？　だめだめ、そんなの大変すぎる！」実際のところ、この人にとっては、何か楽しいことをしようと計画すること自体が重荷なのです。

こういう人の中には、今にも泣き出しそうな状態で医者のところにやって来る人もいます。彼女たちは自分に何か深刻な問題があると思っています。いったいどうしたらもとの自分に戻れるのだろうか？　頭がおかしくなりかけているのではないだろうか？　それとも、これは単なる更年期障害なのだろうか？　それだったらいいけれど……などとあれこれ考え、悩んでいるのです。

たいていの人は、人生のこの時期に差し掛かった多くの人が同じような経験をしていると聞くと、とても安心します。とくに、自分の不安な状態が病気ではなく一つの感情的なクセにすぎず、それをなくすことは可能であると聞くと、とても元気づけられます。

■楽しい記憶や感情に置き換える

もしあなたが神経症からの回復期にあって、わけのわからない不安感が頭のうしろにいつもこびりついているように感じているとしたら、いまお話しした女性たちの場合と同じ対処法が使えます。つまり、「不安感をどこにでも持ち歩くクセ」をなくすようにすればいいのです。まず、少しがんばってアリスに会いにいくことです。悪いクセはなくしましょう。「影の影」など消してしまいましょう。そのための一番の近道は、頭の中でつらい記憶や感情が占めている場所に、ほかの記憶や感情を置くようにすることです。「影の影から自分を解放しよう」と心に決めて、ちょっと努力をしてみると、深く埋もれてしまったと思っていた「正常な感情」が、実はすぐそばにあることがわかって、きっと自分でもびっくりすることでしょう。アリスに会いに行こうと決めて何とかバスに乗っても、はじめはバスの行先すらどうでもいいような、すべてに無関心な感じが続くかもしれません。でも、アリスの話に三十分ほど耳を傾け、あなたも一時間ほど自分の話をしたあとには、彼女に会う前よりずっと気分が楽になっているのに気がつくことでしょう。そして、帰りのバスの中では、自分から進んで身体を動かして他人のために場所を空けてあげるかもしれません。他人に注意を払うなど、それまでは考えもしないことでした！

家に閉じこもり、ただ自分にあれこれ言い聞かせながら、時間が経つのを待っていたのでは、今話したような元気はなかなか出てきません。家にいると影の影がとても濃く感じられてしまうからです。ですから、家から出ること、他人と会うことがとても大事なのです。中年にさしかかった女性の中には、このような不安感をなくす助けになるのではと思ってパートタイムの仕事を始める人がたくさんいます。仕事で毎日違った経験ができることが大きな助けとなり、しばらくのあいだだけと思って始めた仕事をずっと続ける人もたくさんいます。

■自分を甘やかす

クセになった毎日の感情のパターンに変化をつけるために役立つ方法はほかにもあります。その一つは、毎日少しだけ「自分を甘やかす」ことです。たとえば、この方法で自分の状況を克服したある主婦は、次のような話を雑誌に投稿しています。「花屋の店先ですみれの鉢を見た時、いつもならば『すみれがこんな値段だなんて！　とんでもない贅沢だわ！』と思って通り過ぎていたのですが、ある時、そんなふうに考えないようにして一鉢買って帰りました。そして、その日一日、何度も花のところに行って香りをかぎ、可憐な姿をながめて、自分をうれしい気持ちにさせました」。この女性はすみれの花を使って幸せな瞬間を生活に取り込み、意識的に感情のパターンを変化させたのです。

あなたもこんなふうにちょっと自分を甘やかしてあげてください。そうすれば幸せな感覚が戻ってきて、それを繰り返すうち、その感覚に心が慣れていきます。そして、次第にそれがクセとなって、不安にとって代わっていきます。小さなことでいいのです。ちょっと努力して、影の影が通り過ぎていくのを後押ししてあげましょう。すみれの鉢のことをいつも思い出してください。

回復に向かっているのになかなか不安感がとれない時には、次のようなことが役に立ちます。

・今の不安な状態は病気ではなく「心のクセ」だということを理解する。
・多くの人が同じように不安な時期を経験し、そこから抜け出していることを思い出す。
・つらい記憶や感情を楽しいものに置き換える。
・自分を甘やかす。

第三十一章……三人の強い味方――仕事・勇気・信じる心

ここまで読んでこられたみなさんにはもうおわかりと思いますが、神経症とは「感情と頭脳が極度に疲労した状態」にほかなりません。それ以外の何物でもないのです。この状態はたいていの場合、恐怖が引き金となって始まり、その後も恐怖によって維持されます。実際のところ、程度の差はあれ、普通の生活を送っていれば、たいていの人は同じようなつらい状態を体験します。ですから、神経症といっても特別なものではなく、よくあるそのような体験が増幅されたものにすぎないと考えていいと思います。あなたを飲み込もうと、得体の知れない怪物が待ち構えているわけではありません。一瞬気を抜いたらころげ落ちてしまう崖の縁を歩いているわけでもありませんし、そこを越えたら回復がとてもむずかしくなるという特別な通過点があるわけでもありません。神経症になったとしても、恐怖さえなくせば、いつでもそこから抜け出せます。すぐにというわけにはいかないかもしれませんが、今のあなたには思いもよらないほど短期間できっと抜け出せます。

回復するまでには、運命のいたずらのようなものがあちこちで待ち構えていて、押し戻されそうに感じることがあるかもしれません。でも、そんな時、次のことを思い出したら、きっと元気が湧いてくると思います。運命がどんないたずらを仕掛けてこようと、あなたを決して裏切ることのない三人の強い味方がいます。それは、仕事（あるいは自分が打ち込める何か）、勇気、そして信じる心です。

■仕事の効用

神経症を抱える人にとっては、何もしないでいることがとても苦痛に感じられるものです。何もせずに過ごす時間は、一瞬一瞬が永遠のように感じられ、耐え難く思えます。疲れ切った頭は、興奮した状態で猛烈なスピードで活動する一方、時が経つのを一秒毎に見守っています。どんなに自分でがんばっても、それを止めることはできません。疲れ切った頭を支えて休ませてくれるものがないかぎり、この状態から自分自身を解放することは不可能に思えます。そんな時、一番効果的な「支え」は、だれか、できれば複数の人と一緒に仕事をすることです。でも、ここで大事なことがあります。それは、悩み事がまだ未解決で心が混乱し切った状態で、その悩み事と戦う一つの方法として仕事に没頭しようとするのではだめだということです。そのような状態で仕事をするのでは、疲労と混乱をさらに大きくするばかりです。

これまでに何度もお話ししていますが、そのような状態にある人は、まず自分の抱える問題に対して何らかの解決策、あるいは妥協策を見つけるようにしましょう。そのためには、信頼のおける人にアドバイスを求める必要があるかもしれません。

何よりもまず、戦うのをやめて、回復に向かってふわふわと浮かびながら進んでいくのだという心構えを持つようにしてください。仕事に打ち込む努力をする一方で、神経が仕掛けてくるさまざまな「いたずら」をすべて受け入れるようにすることが大事です。

少し比喩的な言い方になりますが、何かに打ち込んでいるあいだ、あなたの頭は二つの部分に分かれます。苦しみ続ける部分と、すべてを受け入れ浮かびながら進んでいく「新しい部分」です。仕事に打ち込むというこの新しいアプローチを試しても、ある程度の苦しみは続くかもしれません。悩み事はつねに頭のどこか後ろの方に漂っています。ここで大事なのは「後ろの方に」という点です。仕事に打ち込むことが回復の大きな助けになる理由はここにあります。仕事が注意を引きつけてくれるので、たとえ一部分にせよ、あなたの頭は苦しみから解放されます。それが疲れた頭を支える添え木のような役目をしてくれるのです。

あなたが個人的な問題のことばかり考えていたら仕事になりません。仕事をするには、個人的な問題とは関係のないことを考えなければなりません。そして、そんなふうに頭を使っているあいだは、つらい思いがわきに追いやられます。その状態が続くと、心の痛みは次第に遠ざかっていきます。大切なことなのでもう一度繰り返して言いますが、このような効果を得るためには、すべてを受け入れる心の準備ができている必要があります。つまり、今の状況に抵抗する気持ちや、憤りや恐怖にとらわれることなく、また、必死で戦おうと身構えることもなく、いつか訪れる回復を待ち望む気持ちで仕事に取り組めばきっと効果が現れます。

ここで問題なのは、神経症にかかる人の多くは中年以上で、適切な仕事を見つけるのがむずかしいことです。それまで主に家事に従事してきた中年の女性の場合は、男性の場合よりもさらにむずかしくなります。そういう人は、仕事に代わるような趣味や活動を見つけることが大事です。男性は多くの場合、それまでやってきた仕事を続けられますし、そうすればたいていは毎日変化のある生活が送れて、いろいろな人と触れ合うこともできます。ですから、ぜひ無理のない範囲で仕事を続け、回復の支えとしてください。

■ゆっくり時間をかける

会社を代表して海外での事業展開に関わっていたある男性は、精神的なストレス、他社との競争、時間との厳しい戦い、睡眠不足などにつねに悩まされていました。そして、状況に合った判断をするために冷静さを最も必要とされる時に、すっかり消耗しきった彼は失敗するのではないかという思いにとらわれ、パニックに陥ってしまいました。何とか仕事をやり遂げて帰国したものの、すでにかなり神経的に参っていて、それから二年間神経症に苦しむことになりました。さまざまな治療を受けましたがあまり効果がなく、私に会った時には、もうかなり絶望的な気持ちになっていました。彼によると、自分はかなり具合が悪くて、何についてであれ、考えること自体が苦痛になっているという話でした。エンジニアとして、細かいところまで考えることを要求されていた彼にとって、それはとくに大きな問題でした。何度も仕事に復帰しようと試みましたが、そのたびに無理だとわかって、一層みじめな気持で家に帰って来たという話でした。「私はがんばりました。あれ以上はだれにもできなかったと思います」彼はそう言いました。私は彼がやったことのどこが間違っていたかを指摘して、どうしたらいいか助言しました。すると彼はこう言いました。「先生のおっしゃることは、簡単すぎるように思えます。でも、ともかくおっしゃる通りにしてみます」

この男性は身体もすっかり疲労し切っていたので、私は二、三週間、古い車の修理をするなど軽い作業をしながら家で過ごすように勧めました。二、三週間後にはかなりよくなっていましたが、まだ会社の仕事に戻ったら失敗をするのではないかと恐れていました。この時もまた、以前の間違いを指摘しました。彼は自分の脳がどうかなってしまったと思っていましたが、私はそうではないと言って、頭は前と同じように複雑な思考をするだけの能力を持っていること、ただ前よりゆっくりとしたペースでしかそれができなくなっているのだと説明しました。私はまた、これまでは仕事で何か計算をしようという時に、何よりもまず失敗に対する恐怖が先に立ち、自信が持てないでいたことが問題だったのだと話しました。疲れ切っていて、ちょっとしたことにも動揺しやすくなっている頭で、そのような恐怖に打ち勝ち、満足のいくように仕事を成し遂げられるわけがありません。彼の頭はネガティブな思考による攻撃につねにさらされて疲れ切っていたのですから、ゆっくりとしか前に進めなくて当然です。当然どころではありません。そのような状況のもとで、たとえわずかでも機能できるなんて、私たちの身体の仕組みはなんとすばらしいことでしょう！

私はこの男性に、エンジニアとして仕事を楽にこなせるようになるまでには、時間をかけて何度も取り組む覚悟をする必要があると話しました。今のところは、自分では解決できない問題がいくつか――もしかするとたくさん――あるかもしれませんが、そのことを受け入れる必要があったのです。「自分にはできる」ということを自分自身に示そうとして、問題を解決すること自体を「問題」にしてしまってはいけません。できるかぎり気持ちを楽にして、静かに落ち着いて呼吸し、疲れた頭脳に無理のないゆっくりしたスピードで考える心構えでいればいいのです。こんなに厳しい状況にあって、脳がすばやく考えることなどできるわけがありません！

また、他人の目に自分がどんなに愚かしく映っているだろう……などと心配する必要もありません。他人がどう思おうといいじゃないですか。もしかしたら、その中のだれかが、いつかあなたの助けを求めてやってくるかもしれませんよ。

この男性は私の助言通りにし、数か月後には回復しました。それは決して簡単ではありませんでした。でも、どんなことであれ、すばらしいことをやり遂げるのは容易ではありません。今この男性は会社の幹部として指導的立場にあり、病気になる前よりずっと心身ともにバランスのとれた人間に生まれ変わっています。これだけでもすばらしいことですが、大事なことがもう一つあります。それは心が強くなったことです。神経が前と同じようないたずらを仕掛けてきても、彼は気持ちを楽にしてそれをありのままに受け止め、戦うようなことはしなくなりました。気持ちを楽にして受け入れれば、神経がいたずらを仕掛けてきても、それが大ごとになるのを止めることができます。

この男性の場合、回復の助けとなるいい環境にあったことも幸運でした。会社は一時休職扱いにしてくれたので、彼の望み通りにゆっくりと時間をかけて職場復帰することができました。それに、理解ある妻がいつもそばにいてくれました。彼女も時には傷ついたり、不安や当惑を感じることもありましたが、それでも離れずにいてくれました。このような配偶者であれば、医者が時間をかけて説明してあげれば患者さんの状態を理解してくれて、回復の大きな助けとなってくれます。

でも、このケースとは違って、夫と妻の関係がスムーズにいかなくなる場合もあります。神経症にかかった夫は、疲れ切った頭で考えても何も決めることができず、細かいことについてまでいちいち妻に聞かなければならなくなるかもしれません。そして、そんなことをする自分をふがいなく感じ、男らしさを取り戻さなくてはいけない、自分自身と妻に対して夫としての威厳を示さなくてはいけないと思って、妻の言葉にわざと逆らってみたりするかもしれません。このような場合、妻が絶望的な気持ちになったとしても不思議はありません。

■家に一人きりでいる

男性の場合は普通は仕事場が家から離れているので、夫が出かけたあと話し相手は幼い子供だけという状況で家事をしなければならない専業主婦の場合よりも、自分の問題を客観的に見ることができて、病気からもより早く回復することができます。専業主婦たちの仕事には、気持ちを紛らわせる効果があまりありません。無意識のうちに手を動かして片付けられることもありますし、そもそも、つらいことを思い出させる場所に留まったまま作業をするわけですから。最初に激しい動悸の発作に襲われたのが食器を洗っている時だったとしたら、台所の流しに立つたびに恐怖に襲われるかもしれません。また、中年を過ぎた女性の場合、子供たちがすでに巣立っている場合もあって、家事の量が前より少なくなっていて、遅くとも昼ごろには終わってしまいます。そして、何もすることのない午後の時間をつらい気持ちで過ごさなければなりません。たとえ近所の人がどんなに協力的であっても、ずっと一緒にいるわけにはいきません。

神経の不調を抱え、孤独に苦しんでいたある主婦は、朝、家族が出かけてしまったあと、自分がどのように感じたか次のように書いています。(この文は彼女が書いたままに引用してあります。)「奇妙な感覚が私に覆いかぶさってくる。身体が熱くなり、顔が火照る。のどに変な感じがして、何度も唾を飲み込まずにいられない。唇が乾き、震え始める。涙が出る。息が詰まりそうな感じがする。お腹がぐるぐる鳴る。一人きりになりたくない。両手を握りしめる。手はこわばっている。首の筋肉が緊張し始める。両足から力が抜けてグラグラする。頭が締め付けられ、気が遠くなっていく気がする。両手を強く握りしめたい。ベランダのテーブルに向かって座ってみた。これまで、こんなことはできなかった。これまでは、このような感覚に襲われると、外に出て歩き回るしかなかった。今は少し楽になっている。夫は出かけてしまった。彼の車が行ってしまった時、とてもつらかった。これから何とか気を取り直し、家の中に戻って顔を洗い、子犬に話しかけてみよう」

この翌日、彼女はこう書いています。「目が覚めた時、今日は夫について出かけたほうがいいと思った。でも、夫はそれはできないと言った。そのあと、一人でいる寂しさに耐えきれず、苦しくてたまらなかった。明日は家族は早くに出かける。それがすごく大きな問題に思えて、どうしたらいいかわからない。息苦しくて、四方の壁が迫ってくるように感じる。まだ緊張しているが、がんばって少し家のことをしてみよう。みんなが帰ってくるまで、一日を何とかすごさなければいけない。それがすごく大きな問題に思えて、どうしたらいいかわからない」

この文を読めば明らかです。この女性は、家族が帰宅するまでの長い時間をどう過ごそうかと悩みながら、一人きりで苦しんでいます。このような状況はできるだけ避けたいものです。

このような場合、一時的に家を離れて療養できるといいのですが、それができない時は、医者が自宅を訪問して、患者が置かれている環境を実際にその目で見ると、治療のための大きな助けになることがあります。今例に挙げた女性の場合がそうでした。私は診療に来たこの女性に、家の中に閉じこもっていないで、ポーチに座っているように勧めました。彼女はできるだけそうするように努めましたが、あまり効果はありませんでした。あとで彼女の家に行ってみてはじめてわかったのですが、ポーチは木製の高い垣根に囲まれていて、座った位置からでは外が見えませんでした。そのことを知った私は、すぐに垣根を低くするように勧めました。そして、まずとりあえず、この女性を家の外に連れ出す方法を考えました。

患者さんが専業主婦の場合、私は何か創造的な「仕事」を見つけてあげるようにしています。家事とは別のことで、その人が興味を引かれること、それでいて神経が疲れるほどの集中力を必要としない作業です。こんな時には、家で家族のために夕食を作るよりも、造花を作るクラスに出席するほうがその人のためになるのですが、そのことを夫に納得させるのはなかなかむずかしいものです。「造花をいじることができるのなら、夕食が作れないはずがないじゃないか」。夫はそんなふうに思ってしまいます。

もしあなたが主婦で、神経症をわずらっているとしたら、食事のあとの片付けを後回しにして、造花を作ったり、犬の世話をしたり、庭いじりをしたいと思っても、自分が悪いことをしているように感じたりしないでください。心が弱っている女性が、家事に興味を持って積極的に取り組むというのはとてもまれです。興味を持つことこそがあなたをベッドから起き上がらせ、病気を治す大きな原動力となるのですから、ぜひ何か探してみてください。

■ペンキ塗り

最近、ある女性の家に呼ばれました。彼女は話をしているあいだ、ずっとソファーに横になっていました。そして、家が散らかっていること、とくに裏庭に面しているベランダがひどい状態になっていることをしきりに謝りました。そのベランダはもう何か月も前にペンキを塗り替える時期が来ていたのですが、そうする気力が出ないと言うのです。

私は翌日からペンキ塗りを始めるように言いました。彼女は驚いた顔で私を見ました。別の部屋に歩いて行くのもやっとなのに、家のペンキ塗りなんてとんでもない！　彼女の顔には、「自分のところに派遣されてきたこの医者は一体何を考えているのだろう！」という表情が浮かんでいました。

私は彼女に、どのくらいソファーに座ったままでいるのか聞きました。彼女は「三か月です」と答えました。

「それで、よくなってきていますか？」私はそう聞きました。

彼女はしばらく考えたあと、「いいえ。だからみんなが先生を呼ぶことにしたのだと思います」と答えました。

私はまず、ペンキ塗りを始めるように言ったのが決して冗談などではないことを彼女にわかってもらいました。夫はそれでもまだ納得がいかない様子でしたが、ともかく、翌日までに必要な道具をそろえるように頼みました。窓枠の古いペンキをはがすことなら彼女にもすぐ始められそうでした。古いペンキがひび割れて、すでにはがれそうになっているのが見えていたのです。実際にやってみればそれほど大変なことではなさそうでした。

私はまた、最初はほんの数分間しか作業ができなくても、それでいいから気にしないようにと言いました。大事なのはやってみることです。ソファーから起き上がって、新しい作業に取り組む努力が大事なのです。私はこの女性に、それくらいの作業をしても決して身体に無理がかかるようなことはない、それどころか、筋肉が正常な機能を取り戻す助けとなると話しました。筋肉の正常な機能を取り戻す方法は、一つしかありません。それは使うことです。しばらく使っていなかった筋肉を使い始めると、いつだって筋肉はぶつぶつと文句を言います。筋肉痛は単に、怠けていた筋肉がすねてちょっと抵抗を試みているだけです。使い始めたせいで筋肉が傷ついたとか、どこかおかしくなったわけではありません。実際のところ、たとえ筋肉痛があったとしても、使わないで休めておくよりも、使ったほうが早く筋肉は回復し、正常な強さを取り戻します。

数日後、この女性のところに行ってみると、彼女は疲れた時にすぐ座れるようにと近くに置いた椅子に時々腰かけながら、窓枠の古いペンキを注意深くはがしていました。一週間たってまた行ってみると、もう下塗りを始めていました。私たちは仕上げにどのような色を使うか、熱心に意見を交わしました。その結果、壁は少し緑がかった灰色、ドアは明るい紅色にすることになりました。彼女は紅色のドアにするというアイディアにすっかり夢中になり、「弱り切ったかわいそうな脚」のことなどすっかり忘れて、そのペンキを私に見せようと、ガレージまで駆けるようにして取りにいきました。その次の週には、私たちは病気のことはほとんど話さず、もっぱらペンキ塗りのことを話しました。

この女性はペンキ塗りという、これまでの生活にはなかった活動に興味を持つことによって、病気から救われました。自分が本来持っている力を思い切って使ってみることが大事です。使うことによって自信が生まれます。

私は、「この女性が感じていた大きな疲労感は思い込みだけからきていた、だからベッドから出て何かするだけで簡単に回復したのだ」などと言うつもりはありません。神経症の人たちが抱える疲労感は現実のもので、毎日休息が必要な場合もあります。ただし、ここで注意しなければいけないのは、必要なのは「適度な休息」だということです。それ以上は必要ありません。

患者さんはよく「とても疲れていて、仕事などできない」と訴えます。確かにその言葉通りのこともよくあります。注意してください。「よくある」のであって、百パーセントではありません。精神的なストレスのせいで何も食べられなくなり、体重は大幅に減ってしまったかもしれません。でも、どんなに気力、体力がなくなったと感じていても、ベッドから出て、何かしていたほうがいいのです。心が落ち着いて来れば、身体は自然と回復していきます。その心の平安はあれこれ考えて悶々としているよりも、何かしている時のほうが見つけやすいものなのです。それに、適度な仕事、作業をしていたほうが、パニックを起こしそうになりながら一時間ベッドに横になっているよりも、疲れません。

今あなたは本当に疲れ切っているように感じているかもしれません。でも、どんなに疲労を感じていたとしても、あなたの身体は無理のない範囲ならどんな要求にも応えることができます。その準備はできています。何かする時に大事なのは、やっていることに興味を持つことです。「無理をしすぎてあとで困るのではないか」などと不安に思い、自分の身体の状態にばかり注意を向けながら何かをするのではうまくいきません。

■精神的疲労

第一次大戦後、赴任先のギリシャで働き過ぎてしまったアメリカの女医さんの例をお話ししましょう。任務が終わり、母国へ戻る間際、彼女は疲れ切って倒れんばかりの状態でした。そして、もう一日たりとも働けないと言っていました。数時間後、南ロシアにすぐに赴任するようにという電報が届きました。帰国に際しての彼女の心残りの一つは、ロシアに行くチャンスがなかったことでした。彼女は新しい任務にとても興味をそそられました。そして、精力的に仕事を始め、倒れそうだったことなどすっかり忘れてしまいました。私たちは、肉体的なことよりも精神的なことによって疲れることのほうが多いものなのです。でも、疲労をすべて神経のせいにしてはいけません。いつも疲労を感じるようだったら、まずきちんと医者に見てもらい、それが「単に神経的なもの」であることを確かめておくことが大事です。

患者さんは何かやろうとすると、やりすぎてしまうことがよくあります。とくに最初の頃に、そうなりがちです。疲れすぎない程度に何かをするというのはどの程度なのか、なかなかわからずに、ジレンマに陥ることもあります。この問題に対する私の答えはいつも同じです。明らかに過労をもたらすような作業を無理にするのは賢明なことではありませんが、疲れすぎるのをおそれて何もしないよりも、そのリスクを冒してもやってみるほうがあなたのためになります。でも、一つ大事なことがあります。それは、疲れすぎるようなことがあっても、そのために自信を失ったり、後悔したり、「なぜこんなに疲れるのか？」と思い悩むことに余分なエネルギーを浪費しないようにすることです。すっかり回復するまでには、やりすぎたように感じることが何度かあるかもしれません。それに動揺することなく、「あ、少しやりすぎてしまったようだな」と、疲れてしまったことをそのまま受け止め、休息をとってまた仕事を始めるようにしましょう。そうすれば、一歩後戻りして二歩前進するように、結果的には前に進めます。

■心の回復のための施設

どんな場合でも、医師が患者さんのために仕事を見つけてあげるというのはなかなかむずかしいことです。神経症に悩む人たちが家から離れ、神経を集中させて何かできるような施設があったらどんなに助けになることでしょう。そのような施設が医学の専門家たちの手によって作られ、患者さんたちが気軽に利用できるようなシステムになっていたら、医師の仕事はとても楽になると思います。それに、患者さんに苦痛を与えかねない治療をしなければならないケースもずっと減ることでしょう。断っておきますが、ここで私が言っているのは、同じような問題を抱える患者さんを集めた病院や施設、神経症やその治療法、合併症などについての話ばかりが交わされるような場所ではありません。私が考えているのは、むしろ農園や学校に近い施設で、患者さんたちのためにベッドと仕事や作業を提供する場所です。患者さんたちはごく普通の環境の中で生活し、回復を目指すことができます。神経症の治療に入院が効果を現すことがありますが、それは、これまでのつらい環境から患者さんが離されたことによるところが大きいと思います。心配そうな目でつねに家族から見られているというストレスから解放されることだけでも、患者さんにとっては大きな救いとなるに違いありません。

確かに病院も役に立っています。私はその効果にケチをつけるつもりはまったくありません。ただ、病院で治療を受けた人よりも、日常的な環境の中で回復に努めた人のほうが、人格の統合、社会復帰といった面で早期回復の可能性が大きいと思うのです。なぜなら、先程お話ししたような施設で治療を受ける場合、その治療そのものが社会復帰のためのリハビリになるからです。それに、患者さんも「ああ、とうとう入院することになってしまった」などと気落ちせずにすみますし、詮索好きなまわりの人たちに面倒な説明をする必要も減るでしょう。

■約束の時間が重荷に

この章のはじめのほうで紹介したエンジニアの男性のように、回復するまでの間、これまで通りの仕事に就いていることができれば、それはとても大きな助けとなります。やるべき仕事はすでにそこにあるわけですから探す必要もありませんし、病気で長い間休んだあとに職場復帰する際の戸惑いや、気詰まりな状況にぶつかるストレスも避けることができます。また、病気が原因で引き起こされていたさまざまな不快感、違和感からも短期間で解放されます。普通の生活パターンの中に自分を置くことが、正常な感覚を取り戻す助けとなるからです。でも、これまで通りの仕事に留まるのがむずかしい場合もあります。なぜなら、決められたスケジュール通りに仕事をすることが、自分の限界を超えた重荷に思えることがあるからです。神経症を抱えた人は、自分のペースでやれば多くのことを成し遂げられますが、決められた時間働くよう求められたり、約束の時間を正確に守ることを求められると、できるかどうか不安になって、そのことが重荷になってしまうことがあります。

たとえば、こんな例がありました。その女性には二人の息子がいました。しばらく家庭から離れて療養していましたが、とても順調に回復していたので、家の掃除や夕食の支度の手伝いのために毎日数時間、家に戻ることができるようになりました。そのうち学校が休みに入り、父親が勤めに出たあと、毎朝、子供たちのそばにだれかいる必要が出てきました。父親は、母親がその役をしてくれることを期待していました。その頃には、母親はそのほかのことならほとんど何でもできるまでに回復していたので、父親は、昼間いつでも来られるのなら、毎朝八時に来ることだってできるはずだと考えたのです。父親にとっては昼間来ることと朝来ることに大した違いはなかったのです。でも、まもなく、妻の様子から、そこに大きな違いがあることを知らされました。決められた時間に何かをすることは彼女にとってただけで、彼女はひどく動揺してしまったのです。毎朝八時に家に戻ることを聞い大きなストレスであり、彼女はそれを受け止めることができませんでした。彼女の話によると、次の日の朝八時までに家に行かなければいけないと思うだけで、夜まったく眠れなくなったそうです。朝が来るのをじっと待つつらさに耐え切れず、すぐにでも家に駆けつけてそのつらさから解放されたいという衝動に駆られてしまうのです。

回復を始めたばかりの患者さんに、このような重荷を与えないようにしましょう。これはとても大事なことです。私はそのことをよくわかってもらおうと、いつも家族の人に説明するのですが、私の話を聞いてもわかってもらえないことがあります。家族の人たちは、やらなければならないことがあれば、母親はかえってよくなるのではないかと考えるのです。確かにそれができれば、おそらくそのほうがいいでしょう。でも、自分の意志に反してやむなくそれをするのではだめなのです。

■仕事と人との触れ合い

患者さん一人一人に合った仕事を見つけるのは、とても大事なことなので、ここでぜひ強調しておきたいと思います。もし私の言葉だけで足りないようなら、同じ患者さんの金曜日の様子と、何もすることがないまま週末を過ごしたあとの月曜日の様子を比べてみればすぐわかります。たいていの場合、月曜日のほうが調子が悪いものです。「日曜日がつらくてたまらない」と言う患者さんはたくさんいます。

治療方法の一つに隔離療法という時別な方法があります。「神経」に不調を抱える患者さんを入院させ、外界との接触を断つ方法です。確かに、この方法が効く患者さんもいるかもしれませんが、それに伴うリスクはとても大きいと思います。心が疲れ切っている人にとっては、何日も続けて何時間もの間、自分だけを頼りに過ごさなければならない状態に置かれることは、耐え切れない重荷になりかねません。ですから、ここでまた繰り返して強調しておきます。何かして自分を忙しくしてください。仕事や趣味、ボランティアなど、何か活動をすることを回復への歩みを助ける杖としてください。

でも、くれぐれも誤解しないようにしてくださいね。何もせずに時間を過ごすのが怖いからといって、仕事を探して走り回ったり、仕事をしすぎたりしないでください。何事も適度にすることが大事です。仕事も適度に休息をはさんでやるようにしましょう。でも、もしどちらか選ばなければいけないとしたら、休息を取りすぎるより活動しすぎたほうが結果的にはいいかもしれないということを覚えておいてください。

ほかの人たちと一緒に過ごすことも、仕事と同じくらい大事です。数年前、ある男性が、神経症からの回復期の貴重な体験を話してくれたことがあります。そのとき彼は友人たちと田舎で過ごしていましたが、一日の大部分は友人たちは不在で、家に一人でいました。ところがある時、友人の一人の予定が変わり、二週間ほど家にいることになりました。そのために、短い期間ではありましたが、この男性はいつもだれかと一緒にいることになったのです。二週間後、彼はとても具合がよくなっていましたが、それから先のことを思うと絶望的な気持ちになりました。あと二三日でいいから友人が一緒にいてくれたら、それだけできっと疲れた心が休まり、めちゃくちゃになってしまった自分の思考回路を立て直せるに違いないと感じていたのです。彼の心配は的中しました。一人になるとまたもとの状態にずるずると戻ってしまい、せっかくよくなっていたのにまた前と同じ状態になっていく自分をただ黙って見ていなければなりませんでした。それはつらいことでしたが、それを止めるために彼にできることはあまりありませんでした。彼にはそれがわかっていました。ただ冷静さを失わないようにして、その状況を受け入れ、時間が経つのを待つしかなかったのです。

この男性に必要だったのは、田舎での静かな休日ではなく、毎日だれかと一緒にいられるような仕事でした。神経が参っている人に静かな環境で過ごすように勧めるのはよくあることですが、これは間違ったアドバイスになりかねません。静かな田舎で孤独な時を過ごすよりも、気を紛らせてくれるものが溢れた都会の喧騒の中にいたほうが、神経症からの回復に役立つ場合が多いからです。

ですから、次のようなことを頭に留めておいてください。

・仕事を回復への歩みを助ける杖とする。

・仕事に集中しようとしている時に、神経がいろいろな「いたずら」を仕掛けてきても、すべてそのまま受け入れる。
・心と身体をリラックスさせて、思考速度が一時的に遅くなっていてもそのまま受け入れる。疲れた頭のできる範囲で、無理をせず時間をかけて考える心づもりでいれば、心の動揺が抑えられ、時間の経過とともに完全な回復が訪れます。
・家庭の主婦は一日中一人で家に閉じこもっていないようにする。何か興味が持てるものを探し、外に出る。
・ほかの人たちと一緒にできる仕事を見つける。
・軽い作業をするよりも、パニック状態で一時間ベッドで過ごすほうがずっと疲労が大きいということを忘れない。ともかく、そのベッドから出る！

●昼間ベッドで休む

「先生の著書にはためになることがたくさん書いてありますが、『昼間はベッドに近づかない』というアドバイスにはどうしても賛成できません。身体中の神経が『休みたい！』と悲鳴をあげているときに、休まずにがんばっていると、本当に疲れ切ってしまいます。ついさっきもだれかが電話をしてきて、そのベルの音にびっくりして心臓が止まってしまうかと思ったほどです。長い間神経症に悩まされてきた私にとって、先生のアドバイスはとても役に立ちました。でも、昼間ベッドから離れているようにというアドバイスにはどうしても納得がいきません。正直なところ、これなら何とかうまくやっていけるのではと思い始めていました。先生のアドバイスがどんなに助けになったか、かかりつけのお医者さまにもお話ししようと思っていたところでした。でもあのアドバイスを読んで、気持ちがめげてしまいました。もし、先生が昼間はベッドから離れているようにというあのアドバイスで何をおっしゃりたかったのか説明してくださったら、とても助かるのですが……」

この女性は七十歳で、少し前に事故に遭っていました。そのとき怪我をしたところが感染症にかかり、何週間も入院し、そのあとも治療のために通院を続けなければなりませんでした。このような場合はもちろん、昼間もベッドやソファーで休みをとるべきです。医者が何か話したり書いたりするときに慎重に、そして意図を明確にしなければいけないのはこのような例があるからです。私も十分に注意を払ったつもりでしたが、大きな怪我をした人たちのことまでは考えに入れていませんでした。

昼間はベッドから離れているようにという私のアドバイスに戸惑った人はほかにもいると思うので、ここではっきりさせておきたいと思います。私がこのようなアドバイスをしたのは、次のような人たちのことを考えてのことでした。たとえば、ウツ状態の人で、ベッドを「避難所」にして、そこに横になったまま病気のことをくよくよと考え、起き上がって病気に関して何か手を打つだけの体力も気力もないと思い込んでいる人たちです。あるいは、ウツにはなっていないが、何もやる気が起きず、ベッドに横になったまま自分が抱えている問題について悶々と考え、しばらくして起き上がってみると、横になっていた時よりもさらに精神状態が悪くなっているような神経症の患者さんたちです。不安や心配で頭がいっぱいになっている人にとっては、ソファーやベッドがとても大きな誘惑になるものです。

今お話しした七十歳の女性のように、昼間ベッドで休むことが自分の身体のためになるとわかっている人は、もちろんそうすべきです。私も全面的に賛成です。

■勇気

勇気は「本気で求めれば得られる」という、すばらしい性質を持っています。ですから、あなたが勇気を持ちたいと本気で思っているなら、きっと手に入ります。もし手に入らなかったら、自分のことをもう一度よく振り返ってみてください。自分を誤った方向に導いてはいませんか。ただ「自分は勇気を持ちたいと思っている」と考えているだけで、実際にその強い欲求を感じていなかったのではありませんか。強い欲求を自覚するためには、自分の中に強く「感じ」なければいけません。それは身体の中心、みぞおちのあたりに感じられるはずです。「ここにある」とその場所を指で指し示すことができるほどはっきりした感覚です。つまり、言葉を変えて言うと、この欲求は意識の前面にしっかりと出てこなければいけない、ただ「そうなればいいのに」と願うだけで心の底にしまわれていたのではだめだということです。

あなたはこの感覚をしっかりと持ち、自分の一部になるまで育てる必要があります。これはむずかしいことでも、途方もない話でもありません。ちょっとしたコツのようなものだと言っていいでしょう。そうです。水に浮かぶ時のコツのようなものです。横になって目を閉じ、じっとしたまま、自分がほしいと強く願っていることについて考えてみてください。その渇望を感じる場所、それが大事な「場所」です。勇気や自信もそこで感じられます。それは先程も言ったように、たいてい身体の中心あたりにあります。はじめは、勇気を持ちたいという欲求が少しでもそこに感じられたら、それでよしとしてください。何度も繰り返し感じるようにしていると、いつかきっとそれが勇気そのものになります。ここで大事なのは、まずそれを「感じる」ことです。お腹のあたりに渇望を感じてください。

頭の中で考えるだけではだめです。感じてください。

勇気や自信といった前向きな感覚を自分の中に育て、それを自分のために役立たせることはとても大事ですが、残念なことに私たちが受けてきた教育はあまりその助けになりません。学生時代、私たちは教育システムによって組み立てられたパターン通りに反応して行動したり、考えたり、感じたりするように訓練されます。自分の真の姿、真の可能性はベールの下に隠されたまま、姿を現すことはほとんどありません。ですから、生まれてから死ぬまで、本当の自分が何を本当に考え、信じ、感じているか知らないまま過ごしてしまうこともあります。実際のところ、たいていの場合はそうです。

今あなたが「勇気がほしい」（手に入れたいものがほかの何でも同じです）と強く願っていたら、ただそれを願うだけでよしとしないでください。今お話ししたような方法で、その欲求に精神を集中させて、「かならず手に入れるぞ」という固い決意になるまで育ててください。きちんと時間をかけてそれを育てれば、回復への旅はずっと楽になります。

勇気や自信といった感覚が、頭ではなく、「身体の真ん中あたり」に感じられるというのは、少し奇妙に思えるかもしれませんね。でも、実際のところ、ここはそのような感覚を感じるのに適切な場所と言えるのです。身体の真ん中にそれを感じると、「背骨《バックボーン》」に力が入ります。背骨は気骨、不屈の精神に通じます。

普通の生活の中では、すばらしい勇気の持ち主に出会うなどという機会はなかなかありませんが、医者はそのような貴重な機会に恵まれています。何年も医療に携わっていると、たいていの医者は、人間に対する尊敬と大きな愛を抱くようになります。人間はだれにでも欠点があります。でも、人間には勇気も与えられています。その勇気を目の当たりにすると、欠点など簡単に許すことができます。

だいぶ前のことになりますが、私の患者さんで八十二歳になる女性がいました。彼女は、多くの苦痛を伴う難病にかかっていました。とくにつらかった一日が終わったある夜、私は彼女が悲嘆に暮れているだろうと思いながら病室を訪れました。ところが、女性はラジオを聴きながら短編小説を集めた本を読みふけっていたのです。

私はびっくりしてこう言いました。「そんなふうに楽しそうに本を読んでいらっしゃるとは思いませんでしたよ」

彼女はけげんな顔で私のほうを見て、こう言いました。「暗闇で泣いたところで何の役にも立たないでしょう?」今では故人となったこの患者さんに、本書を捧げたいと思います。

このような勇気を持つためには、それを心から欲しなくてはいけません。きちんと時間をかけて手に入れれば、そのあとずっと、どんな逆境に遭ってもその勇気があなたを守ってくれます。たとえ失敗しても、そこから立ち直らせてくれます。先ほどお話ししたようなやり方で、勇気を見つけてください。そして、それを失くすようなことがあったら、また探して見つけ出してください。そうすれば、もう暗闇で泣くことは決してないでしょう。

■信じる心

信仰を持っている人は神が助けとなってくれることを信じています。そうでない人は、「神を信じて祈りなさい。そうすればきっと助けてもらえるから」と言われても、何の慰めにもなりません。確かに、そういう人たちも、もし神の助けを信じて祈れば、もちろん回復に役立ちます。なぜなら、そのように信じて祈ることは、私たちの考える「正面から向き合い、受け入れ、浮かんで通り過ぎ、時間の経過に任せる」という回復への道にたどりつく、一つの確実な方法だからです。でも、信仰を持っている人でも、回復への具体的な道筋を示してもらう必要がある時があります。というのは、信仰の篤い人たちは時として、これは神に試されているのだ、あるいは悪魔が誘っているのだと考えて、神に対して自分の強さを証明するため、あるいは悪魔を退治するために必死で戦い、自分をさらに疲れさせてしまうことがあるからです。

忍耐（より多くの時が経つのにまかせること）と、ある種のあきらめ（ありのままに受け入れること）、そして、神が自分を癒やしてくれるという信頼を持って苦しみを耐え忍んでいる人は、もうすでに回復への道を見つけていると言っていいでしょう。でも、その旅の途中で道に迷ったり、信仰をどのように役立てたらいいかわからなくなってしまう人もたくさんいます。

たとえば、信仰を持っている人が神経症になった時、自分と宗教との距離が遠くなったように感じると訴えることがあります。前に、神経症のために子供との関係がうまくいかなくなった母親の話をしましたが、それと同じです。これはさらなるストレスの元となります。とくに、祈りの中に慰めを見いだせなくなると、不安は大きくなります。そういう人たちも、自分がそんなふうに感じるのは、ただ感情が疲れているからにすぎないということがわかれば、気持ちがずっと楽になることでしょう。「神を信じて、神が治してくださるのを待ちなさい」というアドバイスに効果があるのは、強い信仰を持ち、それをどう役立たせたらよいかわかっている人たちに対してだけです。そういう人たちは文字通り神に祝福された人たちと言えるでしょう。そうでない人たちは、別の方法を見つける必要があります。つまり、宗教的ではない、その人独自の心の拠り所を見つけ、それを通して、信仰のある人と同じような忍耐と受容と信心（回復を信じる心）を手に入れ、回復の道を見つける必要があるのです。

第三十二章……こうすればよくなる

1．恐怖から逃げないようにしましょう。恐怖を見つめ、分析して、それが単なる身体的な感覚の一つであり、それ以上の何ものでもないことをしっかり頭に入れましょう。単なる身体的感覚の「こけおどし」に惑わされてはいけません。

2．神経の不調が引き起こすさまざまな身体的症状、奇妙な感覚、感情的反応などは、すべてそのまま受け入れましょう。戦おうとしてはいけません。ふわふわと浮かんで通り過ぎるようにしましょう。それらはすべて一時的なものだということをいつも忘れないようにしましょう。

3．自分のことを憐れに思うのはやめましょう。

4．問題はできるだけ早く解決するようにしましょう。具体的な行動によって解決することができない場合は、新しい見方を受け入れることによって解決しましょう。

5．「あのとき、ああしていたら……」「あのとき、あれがああだったら……」などと考えて時間を無駄にしないようにしましょう。

6．悲しい気持ちから目をそらさず、真正面から見つめて、時がそれを癒してくれることを思い出しましょう。

7．何かやることを見つけて、いつも忙しくしているように心掛けましょう。ベッドに横になってあれこれ考え続けていてはいけません。ただし、自分を忘れようとがむしゃらに何かをするのはよくありません。静かな気持ちで取り組むようにしましょう。

8．筋肉の力は、あなたが「できる」と信じて使えばきっと出てきます。信じる心の強さによって筋肉の強さが決まることを忘れないようにしましょう。

9．どうしても湧いてくる強迫観念、そうせずにはいられない強迫的行為はそのまま受け入れ、一時的に共存するつもりでいましょう。戦って追い払おうとするのはやめて、時が経つのに任せましょう。

10．「あなたを治すことができるのはあなただけだ」「回復できるかどうかはすべてあなた次第だ」などと言ってくる人がいても、必ずしもそうではないことを忘れないでください。今のあなたには本当に助けが必要なのかもしれません。その場合は、恥ずかしいと思ったり、みじめに思ったりせずに、自ら進んで助けを求め、ありがたく受けるようにしましょう。

11．神経の具合が悪い時期に、いろいろなことが決められなくても、自分はダメだなどと思わないようにしましょう。回復すれば、必ず前と同じように決定をくだすことができるようになります。

12．一日ごとに自分の回復の度合いを測るのはやめましょう。自分はいったいいつからこんな状態でいるのだろうと、後ろを振り返って絶望的な気分になるのはやめましょう。たとえどんなに長く不調が続いていたとしても、いったん回復の道に足を踏み入れれば、必ず回復にたどりつきます。

13．決してあきらめてはいけません。忘れないでください。チャンスはいつでも与えることができます。自分に新たなチャンスを与えるのに遅すぎることは決してありません。

14．真正面から向き合いましょう。受け入れましょう。浮かんで通り過ぎましょう。時の経過に任せましょう。

これらを実行し続ければ、あなたもきっとよくなります。

第三十三章……再発が不安だったら

神経症にかかったことがある人の多くは、「またいつか同じようになるのではないか」と不安に思っているのではないでしょうか。「もう二度とあんなふうになりたくない」と言う人はたくさんいますが、「もう二度とあんなふうにはならない」と自信を持って言える人はあまりいません。私はあなたにはぜひ、「もう二度と神経症にはかからない」と自信を持って言えるようになってほしい、そして、その言葉が本当であることを知ってほしいと思っています。

再発を恐れている人は、それについてできるだけ考えないようにしているかもしれませんね。そのことが頭に浮かんできたら、その思いを頭のうしろのほうに押しやり、「またあんなふうになりませんように」とひたすら願う、そうすればきっと何とかやりすごせる……もしかすると、そんなふうに思っているかもしれません。でも、それだけでは十分ではありません。この状態では、あなたは無意識のうちに緊張しているので、かえって恐れていることにつけいる隙を与えてしまいます。何を恐れているのかと聞かれたら、おそらくあなたは少しためらったあと、起こる可能性のある恐ろしいこと――どれも過去のつらい経験に関係のあること――を次々と並べたてることでしょう。そのような恐怖を持っているうちは、なかなか緊張は解けません。私はあなたに将来を正しく見通し、唯一の敵は恐怖であるということを知ってもらいたいと思っています。あなたの防御力を弱めているのは、恐怖以外の何ものでもありません。恐怖をなくせば再発を完全に防ぐことができます。単純な理屈です。

そして実際単純なことなのです。神経症は、長く続いた恐怖が身体的な症状として現れたものにすぎません。つまり、神経症のさまざまな症状は、恐怖によって引き起こされた身体的症状にすぎず、疲れた神経のせいでそれが通常より強く感じられるだけのことです。

ですからまず、**あなたの防御力を奪うことができるのは、恐怖だけであり、それ以外には何もない**ということをよく頭に入れてください。再発を防ぐためには、「またそうなるのではないか」という思いと戦わなければならないわけではありません。不安な思いを頭のうしろのほうに押し込める必要はありません。疲れすぎて、また神経が参ってしまうのでは……とつねに注意を払っていなければいけないわけではありません。これから先の再発の可能性を根こそぎなくすためにしなければいけないのは、恐怖の仮面をはがして光のもとにさらし、それを分析し、理解し、過去において心が折れてしまった時に、恐怖がどれほど大きな役割を演じたかをはっきり認識すること。それだけです。恐怖がなければ、アドレナリン分泌神経系は刺激されることなく、体内の器官を興奮させてさまざまな症状を引き起こすこともありません。そのことをきちんと理解しましょう。落ち着いた気持ちでいることが大事です。気持ちが落ち着いている時に神経症が現れることは決してありません。

科学者たちは神経症を予防しようと、アドレナリン分泌神経系の働きを鎮めるための薬をいろいろと開発しています。でも、このような鎮静効果、予防効果はあなた自身で生み出すことができます。そのために必要なのは、神経症の再発という不安から逃げようとせず、それに真正面から向き合い、将来の再発を防ぐために今何ができるか見極めることです。

■再発を防止する

再発を防止するためにあなたにできることはたくさんあります。まず、以前、神経がひどく不調になったときの状態を分析し、自分に正直になって本当の原因を見つけましょう。これはそう簡単にはいかないかもしれません。なぜなら、前に「これが原因に違いない」と思っていたことよりも、もっと根本的な原因を見つけるために、心の奥深くまで探らなければいけないからです。でも、それをやってみると、本当の原因が恐怖であったことに気づくに違いありません。それがわかったら、その新しい発見の光をかざして以前の状態を振り返り、もしあの時、恐怖に屈することがなかったら、問題を解決するために何か別のことができたのではないかと、よく考えてみてください。本当は何か解決策があったのではありませんか？　もっと別の見方ができたのではありませんか？　このように考えることによって、あなたははじめて、自分に正直に神経症に立ち向かうことになるかもしれません。そして、神経症の本当の姿がわかって、自分でも驚くほどほっとした気持ちになるかもしれません。

過去を振り返ったら、次は未来に目を向けてください。そして、同じような状況になって心をかき乱されそうになったら今度はどうするだろうかと、自分に聞いてみてください。以前のように、自分が恐怖に振り回されるのを黙って見ていますか？　きっとそんなことはしないと思います。今のあなたは、恐怖にとりつかれなければ神経症に襲われたりしないということを知っているのですから。

あなたはもう恐怖にがんじがらめにされることはないと思いますが、それをもっと確実にしたかったら、先程お話しした方法を続けてください。つまり、恐怖の仮面をはがす、正体を暴露することです。今度、恐怖の発作に襲われたら、以前のよう縮こまって必死に忘れようとしたり、感情をコントロールして恐怖を押しとどめようとしたりしないでください。その代りに、あなたにしてほしいのは次のようなことです。つまり、自分の中を通り過ぎていく恐怖を観察するつもりで、じっくりながめてみてください。恐怖が引き起こすさまざまな症状、感覚の細かいところまで注目して、心の中で、あるいは声に出して、それがどんなものか自分に説明してみてください。「恐怖が後ろから迫ってくる感じがする」「不安で胸が締め付けられる」「心臓がドキドキする」「頭がジンジンする」——どんな言葉でもかまいません。自分の状態を説明してみましょう。

今言ったようにしてみると、恐怖の波は襲ってきた最初の時が一番強いということ、そして、あなたが自分を見失わず、心と身体を緊張させずにいれば、その波は静まり、去っていくことがわかるでしょう。恐怖に対処する方法を身につけ、それを単なる身体的な感覚の一つとして見ることができるようになれば、「恐怖に対する恐怖」は感じないですみます。悪循環から抜け出せるのです。恐怖の発作はまだ時折襲ってくるかもしれませんが、無視できるようになります。そしてそうしているうちに恐怖は次第に力を失い、たとえ襲ってきてもあなたはそれに気がつかないほどになるでしょう!

■再発の不安がぬぐえない

ある男性は次のように書いています。「もうほぼ完全に治っていると思うのですが、あのつらい症状がまた戻ってくるのではといつも不安です」

症状が戻ってくるのではと不安に思っている限り、いつまでも心のどこかに恐怖が残っています。回復してからあまり時間が経っていない場合には、記憶がまだ新しいので、つらかったことが鮮やかによみがえってきます。そのような記憶がいつも不安をかき立てて、「あれが戻ってくるかもしれない。怖い!」という思いを起こさせるのは当然です。

この男性は「ほぼ完全に治っている」と書いています。そこまで回復しているのなら、すでに神経症の症状のいくつかについては、受け入れることによって和らげる方法をマスターしているはずです。ですから、これから先も同じことがきっとできます。そのことを思い出して、自分を元気づけるようにしてください。そして、再発を防ごう、押しとどめようと緊張した状態のままでいるのではなく、再発に対する不安、恐怖を真正面から見つめ、いろいろな症状が現れても放っておく心づもりでいましょう。たとえ症状が戻ってきたとしても、そのままにしておけばいいのです。どんな強さで襲ってきても、「来たければ来るがいい」という気持ちで放っておくことです。そうすれば、症状は必ず治まりますし、それを繰り返していくうちに、再発に対するしつこい恐怖も次第に治まっていきます。一度だけでなく何度か症状が戻ってきても、やり過ごすようにしていれば、そのたびに恐怖が治まるのにかかる時間がどんどん短くなっていきます。大事なことはいつも同じです。「そんなこともうどうでもいい」と思えるようになることが、恐怖のない、心安らかな未来を手に入れるためのカギです。

今私は「恐怖のない」と言いましたが、実際にはそれはそう簡単にはいきません。再発が「もうどうでもいいこと」になったとしても、恐怖心を持ち続けることがクセになってしまっていて、しばらくのあいだそれが続くこともあります。でも、ここでも対処方法は同じです。受け入れること、そして時の経過に任せること、この二つが必ずあなたをもとの状態に戻してくれます。

■最初のショックを受け流す

次に、身体的な感覚となって現れていた恐怖を克服した場合、それが神経症の再発を防ぐのにどのように役立つか見てみましょう。神経症の主な原因が恐怖だったことに気づき、そのことに納得できれば（もしあなたが自分に正直であれば、必ずそうできます）、恐怖が理性的な思考能力を鈍らせたために神経症になってしまったのだということがよくわかるに違いありません。恐怖を克服し、その影響を受けなければ、思考能力、行動能力はもっとずっと効率的に働くはずです。そして、効率的に考え、行動することができれば、たとえ恐怖が戻ってきても、一番激しい最初のショックを受け流し、それが通り過ぎるのを静かに待ち、それから問題に対処することができるのではないでしょうか。

前に、恐怖を浮かんでやり過ごすようにというアドバイスをしました。これは、言葉は違いますが、この章で今紹介したアドバイスと同じことです。「浮かんで通り過ぎる」という言葉は、恐怖の波が押し寄せてきたら、それが通り過ぎるまで放っておくこと、そして、それにはかまわず、自分が今やっていることをやり続けることを意味しています。それができれば、冷静に考え続けることができて、苦悩の嵐に翻弄させられることはなくなります。神経症の再発の恐れはもうなくなるのです。

ここで断っておきますが、私は、恐怖の波が近づいて来るのを感じたら、いつでもそれに正面から立ち向かい、分析を加えなければいけないと言っているわけではありません。この章で紹介した方法を使って、「恐怖に対する恐怖」を感じる回数が少なくなっていけば、恐怖の発作自体がその意味を失っていき、あなたがそれに払う注意も少なくなっていきます。たとえたまにいつもより強い恐怖が襲ってきたとしても、あなたはそれを受け入れ、必要以上の注意を払うことはなくなることでしょう。

この本のアドバイスに従って実際にやってみると、次第に理解の程度が深まり、それと同時に自信が戻ってきます。その自信こそが、将来を冷静に見つめるためにあなたにとって一番必要なものなのです。決して忘れないようにしてください。**恐怖がなければ、これまでに神経症に何度かかっていようと、あなたの防御壁が壊されることはありません。**

第三十四章……家族へのアドバイス

神経症の患者さんを抱えた家の人はよく、患者さんが自分のことしか考えないエゴイスト（利己主義者）になってしまったと嘆きます。母親の中には次のようにこぼす人がよくいます。「娘がただわがままになってしまったのではなく、本当に病気なのだとはっきりわかれば、もう少し我慢できると思うのですが……。でも、先生、娘は自分のこと以外、本当にまったく考えなくなってしまったんです。自分のせいで私がどんなに疲れているかとか、このままでは家族全員が病気になってしまいそうだといったことは、少しも気にしていないようなのです！」

もしかすると、あなたも神経症の患者さんを抱える家族の一人で、この母親と同じように感じているかもしれませんね。そんなあなたにも本書はきっと役に立つと思います。理解が深まり、いろいろなことがわかってくるでしょう。そして、ただのエゴイストにしか見えない家族を、もっと寛容な気持ちで受け入れられるようになると思います。

作家や作曲家が作品を産み出す苦しみと格闘している時、彼らは仕事にすっかり没頭し、まわりで起こっている出来事はほとんど目に入らなくなります。まわりの人たちが与えてくれる快適さや静けさがあってこそ仕事ができるのに、そういう環境は与えられて当然のように受け止めてしまいます。まわりの人たちがどんなにさびしく思っているか、気遣いを無視されているように感じているか、あるいはすっかり愛想をつかしているか、そんなことは気にもしません。完全なエゴイストですね。でも、彼らがそうなってしまうのは、創作活動に神経の集中がどうしても必要だからです。簡単な理由です。

神経症にかかっている人たちも、これとよく似たタイプのエゴイストだと言えるかもしれません。神経症は、解決がむずかしい問題、悩み事が引き金となって引き起こされることがよくありますが、その場合を考えてみましょう。悩み事について絶えず考え続け、そのために身も心も疲れ果て、神経が過敏になって心と身体にさまざまな症状が現れた状態が神経症です。そして、そのような状態になると、他人の抱える問題など自分の問題に比べれば取るに足らないもののように感じてしまうのです。でも、もしそうならず、他人にも気を配っていたら、自分のことを心配している家族のことがとても気になり、それが新たなストレスとなって、さらに苦しむことになるでしょう。ですから、自己防衛本能が働き、そのような家族への気遣いをしないようになるのです。そして時には、その傾向が強く出て、他人の目には無神経、あるいは自分勝手と映ることもあります。

また、神経症の人は何か必要だと感じた時には、その必要をすぐに満たされなければならないと強く感じることが多いので、一刻も早く楽になりたい一心で、他人が何を必要としているか、あるいは他人がどう感じるかなど、まったく気に留めず平気で無視してしまうこともあります。

もしあなたが、このような状態になっている家族を、「今は病気なのだからしかたない、健康な時にはほかの人と比べてとくにエゴイストだというわけではないのだから」というふうに見ることができれば、患者さんを寛容な気持ちで受け入れ、助けとなってあげることができるでしょう。もちろん、もしその人が普段からエゴイストで、今の状況は単にそれに拍車がかかっただけという場合は、そのような気持ちで受け入れることはむずかしいかもしれません。でも、たとえそうであっても、その人が苦しんでいること、絶望的な気持ちになっていることは事実なのですから、その気持ちを思いやったり、救いの手を差し伸べるのをやめないでください。

■同情と理解

患者さんの家族は、あまり同情しないようにと言われることが多いのですが、残念なことに、この言葉を文字通りに受け取り、患者さんに対して厳しくしすぎる傾向があります。同情していること、理解してあげたいと思っていることを表に出すのはその人のためにならないのでは、などと考えるのはやめましょう。同情と理解は、ボロボロになった心に大きな慰めと励ましを与え、緊張を和らげてくれます。でも、患者さん自身が自分のことを憐れに思うような方向に導くことはしないようにしてください。同情を寄せると同時に、その人が抱えている問題が、今はどうにもならないもののように思えるかもしれないけれど、心が回復するにつれて、きっとそうではなくなるということを思い出させてあげてください。とくに大事なのは、できるだけ早く、その人が問題に対する解決策あるいは妥協策を見つけられるよう手助けをしてあげることです。そうすれば、悩み続けて疲れ果ててしまうのを防げます。絶え間なく続く不安、堂々巡りをする思考、やむことのない緊張感、この三つは大きな疲労をもたらします。これらを少しでも和らげてあげることが大事です。

たとえ問題が解決不可能な場合でも、手助けはできます。問題に対して少しでも楽な見方ができるように、そして、解決できないまでも、その問題と共存して生きることができるように助けてあげましょう。その人がそのような見方ができるようになり、自分のものとしてそれをしっかり維持できるようになるまでには時間がかかるかもしれません。何度もあなたのところにやってきたとしても、どうか辛抱強く話をしてあげてください。

■適度な忙しさ

つらい気持ちでいる人が時間をもてあますことがないように、いつも何かしていられるように手助けしてあげてください。でも、だからといって、何もしないでいるのを見かけたら、そのたびに何かするように言わなければいけないということではありません。そうではなくて、その人がいつでも取りかかれるように、あまりきつくない仕事や作業を用意してあげてください。患者さんは一つのことを続けてやる力が弱くなっている状態なので、はじめは気が向いた時だけ少しやるくらいかもしれませんが、それはそれでいいのです。何もしないでいる時間はとても長く、永遠の時のように感じられることもあります。そんな時間を少しでも短くするのが目的なのですから。

患者さんが家庭の主婦である場合は、絶対に一日中一人にしておかないようにしましょう。夜になって帰ってきた家族からどんなに同情と援助が与えられたとしても、一人きりで苦しみ、考え続けて過ごした昼間の時間を癒すには不十分です。前にも言いましたが、大事なことなので繰り返し言っておきます。とくに家庭の主婦にとっては、昼間、ほかの人と一緒にやる仕事や作業がとても大事です。どうかできるだけ早くそれを見つけてあげてください。

多くの場合、家族の人は病気の治療のための費用は惜しみませんが、患者さんを忙しくさせておくための仕事や作業を見つけることに関しては、あまり積極的ではありません。これは医者としてはとても歯がゆいことです。なぜなら、医者は患者さんを導き、ある程度のところまで回復の手助けはできますが、完全に回復するためには、この「自分を忙しくさせておく何か」が必要だからです。私はいつもご家族にこの点を強調してお話しするのですが、なかなか理解してもらえません。そして、それをやらないでいることに対する言い訳を聞かされることが多いのです。どうか、患者さんが忙しくしていられるようなものを見つけるために、できるだけのことをしてあげてください。

神経が疲れ切っている患者さんのためにどこか気持ちの休まるところはないかと考えているうち、遠く離れたおばさんのことを思い出すといったこともよくあります。おばさんは、川を見下ろす丘の中腹に立つかわいらしい家に住んでいる。川に沿って三十分歩けば、丘の反対側にまた別のかわいらしい小さな家が立っている。こんなにのんびりとして静かな環境で新鮮な空気を吸い、しぼりたてのミルクを飲んでいたら、病気もきっとよくなるに違いない……そんなふうに考えるのも無理はありません。でも、残念なことに、なかなかあなたが思っているようにはなりません。つらい思いで毎日を過ごしている人に必要なのは、一緒にいてくれるだれか、適度な刺激を与えてくれる変化、注意をほかにそらしてくれる何か、気持ちを紛らわせてくれる何かなのかもしれません。どんなに澄んだ空気の中でも、さびしげに鳴くフクロウの鳴き声ばかり聞いているのでは、気持ちが落ち込むばかりかもしれません。山の中の孤独な静けさや新鮮な空気よりも、たくさんの人が出入りする喫茶店で何か飲みながら、まわりの人の様子を眺めることのほうがずっと大きな助けになるということもよくあります。気持ちが落ち込んでいる時には、まわりの環境が助けになることがよくあります。神経の不調を抱えて苦しんでいる人は、自分を支え、気持ちを上向きにするための喜びの源を自分の中に持てないでいます。彼らの心は、風向きによって向きを変える風見鶏のように、外界からの影響を受けやすくなっています。孤独で物悲しい環境の中にいると、経験した人でなければ決してわからないような絶望の底に落ち込んでしまうこともあります。ですから、本人も望んで田舎に行ったとしても、すぐに家に戻りたいと言ってきたら、何も文句を言わずに連れ戻してあげてください。

■ささいなことが大きな助けに

もし、苦しんでいる家族の抱える問題があなたに解決できるものだったら、たとえそれがどんなにささいな問題に思えても、ぜひ解決してあげてください。たとえば、神経症を抱えたある女性は、コンクールで優勝したこともある犬を二匹飼っていて、彼らのことをとても心配していました。彼女が治療のために家を離れなければならなくなった時、夫は彼女の不在の間、獣医のところに預けると約束しました。でも、いざそうしなければならなくなった時、夫は二匹の犬のためにそれほど多くのお金をかける気にどうしてもなれませんでした。それに、ほかで急にお金が必要になったこともあって、そちらに使ったほうがいいだろうと考えて、妻との約束を守りませんでした。妻は順調に回復していましたが、犬たちがまだ家にいることを伝え聞いた途端、ひどく心配し始めて、三週間の治療の成果がゼロに戻ってしまいそうになりました。私は彼女の夫に、無駄使いのように思えるかもしれないけれど、今何かにお金を使うとしたら、おそらく犬のために使うのが一番いいことなのだとわかってもらうように説得しました。

この例を挙げたのは、あなたも同じような問題にぶつかることがあるかもしれないと思ったからです。あなたはなぜ患者の要求を聞いて、自分の側が折れなければならないのかと疑問に思っているかもしれません。どうか「自分が折れる」というふうに考えないようにしてください。ただ単純に、苦しんでいる家族の精神的、感情的苦痛を和らげてあげるのだと考えてください。患者さんの感情は起伏が激しく、とても傷つきやすくなっています。あなたにとってはほんのささいに思えることでも、患者さんにとっては重大なことなのです。でも、だからと言って、なにもかも言うことを聞いて、満足させてあげなければいけないわけではありません。常識的に考え、また断固とした態度も適度に交えて、理解と同情を忘れずに接すれば、対処法を間違えることはまずありません。

■「がんばって！」「しっかりして！」は禁句

苦しんでいる人に「がんばれ」と言わないようにしてください。ここで「がんばれ」というのは「戦え」という意味です。がんばらないで受け入れるよう言ってあげてください。上手に「がんばらない」、つまり戦略的静観に徹するようにして、解決のむずかしい問題の上を「浮かんで通り過ぎる」ように励ましてあげてください。神経の過労から生じるさまざまな身体的症状はしばしば恐怖を引き起こします。その恐怖の上を浮かんで通り過ぎるのを手伝ってあげてください。苦しんでいる人に必要なのは、浮かんで通り過ぎることです。戦うことではありません。これまでに何度も言ってきましたが、大事なことなのでここでもう一度言っておきます。浮かんで通り過ぎることが最善の方法です。

「しっかりしなくてはだめ」とアドバイスしたくなったら、話している相手が病気であることを思い出してください。神経症のために気力を奪われ、すっかり心が弱くなっているその人に、「しっかりしなさい」と言うのは「自分の力で病気を治せ」と言っているのと同じことです。つまり、事実上あなたは病人に向かって「今すぐ自分の力で治りなさい！」と言っているようなものなのです。本当に苦しんでいる人の気持ちを一番落ち込ませるのは「しっかりしなさい」というアドバイスです。私が知るかぎり、これ以上ひどいアドバイスはほかにはありません。なぜなら、しっかりすることができないために混乱していて、そこから何とか抜け出そうとして苦しんでいる、その状態こそが神経症なのですから。この言葉をどうしても使いたくなった時には、自分が相手に何を要求することになるのかきちんと認識し、どうしたらしっかりできるか、その方法を相手に具体的に示すだけの準備をしてからにしてください。神経症に苦しんでいる人はどうしていいかわからないでいるのです。あなたにはわかっているのでしょうか?

「そんな馬鹿なことをやっていないで、さっさと仕事に戻ればいい」。そんなふうに言えば、どうしたらいいか示すことができるなどとは決して考えないでください。「そんな馬鹿なこと」をやめることができないから苦しんでいるのです。それをやめる方法を見つけることこそが、最大の問題なのです。そのことを理解するよう努めてください。あなたには「そんな馬鹿なこと」に見えることの多くは、患者さんにとってはとても深刻なことなのです。条件反射のように出てきて、自分ではどうしようもないものなのです。そうなってしまったものをさっさとやめることなど、だれにだって簡単にできるものではありません。

確かに、仕事に復帰するだけで神経症が治ってしまう場合も時にはあります。仕事がさまざまな問題から頭を一時的に解放してくれて、その状態がある程度長く続くと、心がリフレッシュされて平静さを取り戻し、感情的な激しい反応を起こさずに問題に向き合うことができるようになるからです。また、毎日の仕事場の「正常な雰囲気」が、神経症によって現実から引き離されている自分の状態をその人に自覚させ、そんな非現実よりも頼りになる、希望に満ちた「正常な瞬間」を垣間見させてくれるという効果もあります。

でも、問題や恐怖を引きずったまま仕事に復帰した場合は、あまり効果は期待できません。何も変わらないことにがっかりした患者さんは、病気を抱えたまま、また仕事を離れて家に戻らなくてはいけません。それでさらに体面を失ったような気持ちになって、激しいぶり返しを経験することになりかねません。「馬鹿なまねをして物笑いの種になっただけだ」と感じてしまうのです。ですから、仕事に復帰するのは、たとえばこの本で示されているような、回復のためのしっかりした計画を立ててからにしたほうが安全です。自分を支え、導いてくれる指針があれば、失敗する可能性を小さくできます。もう一度繰り返し言っておきます。神経の不調を抱える家族や友達に「そんな馬鹿なことはやめて、仕事に戻ればいい」とアドバイスする時には、その「馬鹿なこと」をどうやってやめたらいいか、その方法をまず示してあげるのを忘れないようにしてください。

この章を読んだことで、あなたの患者さんに対する思いやりと、このような心の問題に対する興味が増し、本書のほかの部分ももっとくわしく読もう、神経症に苦しむ家族や友達を助ける方法を学ぼうという気持ちになってくださったら、本当にうれしく思います。

第三十五章……神経症にかかりやすい人

だれでも神経症にかかる可能性はありますが、中には、ほかの人たちよりもそういう状態になりやすい人、つまり恐怖に振り回されやすい人たちがいます。だれでも耐え切れないほどの心の重荷や悲しみ、心の葛藤を抱えると、自分を極度な疲労に追い込んでしまいがちです。もしその人が、疲れ切った神経によって生み出されたさまざまな症状に恐怖を感じ、それと戦うという間違いを犯すと、「恐怖→戦い→恐怖」という悪循環に簡単に陥ってしまいます。それが神経症です。

人は子供の頃の教育や環境によって、プラスの方向にも、マイナスの方向にも影響を受けます。子供の頃、酔っぱらって帰ってくる父親を緊張と恐怖に震えながら暗闇の中で待っていた人は、早くベッドに入ってよく眠れるようにと両親が気を配ってくれる幸せな家庭で育った人と同じように穏やかな反応をする神経系を手に入れるのはむずかしいかもしれません。また、両親が興奮しやすく、いつもびくびくしながら暮らしていた人は、落ち着いた環境で育った人よりも、何かあった時に神経が過敏に反応しがちです。よいことに関してであれ、悪いことに関してであれ、過剰な興奮を子供に経験させることはよいことではありません。何か楽しい出来事が先に待っている時、子供にそれを楽しみにさせるのはいいことですが、過度に興奮した状態でそれを待たせることはよいことではありません。そんな時、両親からの穏やかな一言が大きな違いを生みます。たとえば、「クリスマスまであと二週間よ！　どうする？　待ちきれないわね！」と子供に声をかけるより、「サンタさんが来るまでまだ二週間あるわ。そのあいだにほかにもいろいろ楽しいことができるわね」と言ってあげるほうが、いたずらに子供を興奮させることなく、安定した気持ちを保たせてあげることができます。

■中庸の大切さ

私たちは学校で歴史や数学などを学びますが、何事も極端に走らないようにすることや自分を律することを教えてもらうことはあまりありません。それを子供に教える役目は両親に委ねられているのです。ところが、その両親たち自身、それを実行することはもとより、言葉の意味すらはっきりとは理解していないことが多いのです。中庸と自己規律は、人間に与えられた自己防衛メカニズムの中で、最も重要な役割を担っています。精神的に成熟した人は、どんなことに関しても節度を保つことができ、感情に流されることなく、適度に熟慮したのちに行動に移ることができます。感情に左右されずに行動するというのはむずかしいものです。理性的に考えるために不快な感情をわきに押しやらなければならないという場合、だれでもその感情的な障害を乗り越えるのをむずかしく感じるでしょう。私たちは不快な感情を持つことを恐れています。もしそれに真正面から取り組んだら、さらに不快に感じるのではと思っています。そのため、受け入れることを拒否し、その感情が根を下ろす前に消し去ってしまおうとするのです。

子供の嫌いなものがあればすぐに好きなものに取り換えるような甘い親に育てられ、感情を快適に保つことが自分にとってとても重要なことになってしまった人にとっては、不快な感情が受け入れがたいものです。そのような人は、不快なことがあるとそこからできるだけ早く解放されることを望み、感情が落ち着くのを待ってから行動するようなことはほとんどしません。

もし学校での教育の中に、不快なことをそのまま受け止め、最初のショックをやり過ごして、もっと冷静に考えられるようになるまで待つための訓練が含まれていたならば、耐え切れないと思える状況の多くが、対処し得るものとなることでしょう。そして、神経症に陥ることを避けられるケースがどんなに増えることでしょう！　なぜなら、神経症というのは、これまで何回も重要な点として強調してきたように、不快感や恐怖心を長く持ち続けた結果生じる感情的、頭脳的疲労にほかならないからです。中国の格言の中に、不快をやり過ごすことの大切さをよく表している次のような言葉があります。「困難は私たちが通り抜けるべきトンネルであって、頭を打ちつけて自分を傷つけるための壁ではない」

ある程度の苦しみは人間にとってプラスになります。とくに若い時の苦労はそうです。私たちはあまりに過保護にされるべきではありません。今の苦しい経験が、これから先のあなたの人生の糧となってくれることを心から願っています。

第三十六章……内なる声を育てる

みなさんご存じのように、神経症を治すにはたくさんの方法があります。私が今お話ししているのは、強迫性障害《オブセッション》や恐怖症《フオビア》を伴うものも含めた、不安神経症全般についてです。

最近私は、神経症の治療法として、現在一般的に使われている方法のほとんどすべてが紹介されている本を読みました。この本に紹介されたさまざまな方法は、どれもかなりの成果をあげているように書かれていました。でも、どんな治療法を用いるにせよ、それが成功するかどうかは患者さんの姿勢次第だと私は思っています。

当然ながら、患者さんが、その治療法が自分の助けになると信じていれば、成功の確率はあがります。「すべて本人の考え方次第だ」とよく言われますが、まさにその通りです。でも、一方、私はこうも思います。つまり、効果に対する信頼に大きく依存した治療は、一時的な効果しか持たない場合があるということです。治療を受ける人がその効果を信じ続けるかぎりは、おそらく大丈夫でしょうが、医学的治療にかぎらず、外部から与えられ、頼りにしてきた「支え」に疑いを持ち始めた時、その人の足元は揺らぎ始めます。

■内なる声を手に入れる

それでは、回復を確実なものにするにはどうしたらいいでしょう。そのためには、患者さんの心の奥底に一つの「特別な声」を根付かせる必要があります。それは、ぶり返しがきたり、とてもつらい瞬間が訪れた時に、「大丈夫。これはもう経験済みだ。私はここから抜け出す方法を知っている。それに効果があることも知っている。同じことをもう一度やればいいんだ。私にはできる！」と自分に語りかける声です。この声は、患者さんが自分自身で勝ち取ったものでなければなりません。そうすることではじめて、言葉が力を持ち、慰めをもたらすことができるようになるからです。この声を勝ち取る方法はたった一つです。つまり、苦しい症状やつらい体験を、「そんなことはもうどうでもいい」と思えるようにすることです。「もうどうでもいい」というのがカギです。何らかの治療法を用いて、苦しみを取り除いたり、心の痛みを麻痺させることが問題なのではありません。苦しい症状、つらい体験を「もうどうでもいいと思えるようにする」というのが重要なのです。

今言ったように、「大丈夫、なんとかなる」と語りかけるこの内なる声は、患者さん自身が獲得しなければいけないものですが、だからといって外部からの助けを借りてはいけないというわけではありません。たとえば、状況を理解してあげる、方向を示してあげる、あるいは、ストレスに満ちたつらい状況をできるかぎり楽にしてあげるといったような外からの手助けは、大いに役に立ちます。

中には、この内なる声を手に入れるのがとてもむずかしい人たちもいます。回復のためにどうしたらいいかわからず、興味を持って取り組める仕事や趣味もなく、一日中一人きりで時間を過ごさなければならない人たち、たとえば疲れ切った心と身体に鞭打って家事をこなさなければならない家庭の主婦や、まだ手のかかる幼い子供を抱えた母親など、また、自分は病気で弱っているから仕事はできないと思い込んでいる人、あるいは本当に病気で弱っている人、大きなストレスにつねにさらされ、アドレナリンが枯渇してウツになりかけている人、そんな人たちが、今お話ししたような内なる声を手に入れるまでに登らなければならない山の高さは途方もないものです。とくに、パニック症状やそのほかの症状があって、症状のことを考えるだけで、それが現れてしまうといった場合はなおさらです。

今、例に挙げたような人たちの頭は、回復の邪魔をする方向に向いています。どんなチャンスも見逃さず、バリケードを築こうと手ぐすねを引いて待っているのです。頭はすべてを覚えています。苦しいことをあなたに思い出させたり、希望をくじいたり、しつこく責め立てたりして、一瞬たりとも心を休ませてくれません。思考はねじ曲がり、向きを変え、堂々巡りをし、あちこち飛び回ります。そして、いつも内側へ内側へと向かっていくのです。まるで強力な粘着剤のついた触手が絡み付くようです。

でも、このような苦悩と混乱の嵐の中にあっても、大きな慰めをもたらすあの内なる声は心の奥底のどこかにあって、だれかが見つけてくれるのを待っています。神経が疲れて、何も考えられなくなっている患者さんは、どのようにしてそれを見つけたらいいか、方法を示してもらう必要があります。つまり、今の苦しみを「もうどうでもいい」と思えるようにする——苦しみを「和らげる」だけでは十分ではありません——にはどうしたらいいか、だれかに教えてもらう必要があるのです。また、苦しんでいる人が自分でどれだけ努力するか、どれだけ助けてもらうか、そのあいだには絶妙なバランスが必要です。ですから、手助けしようとする人は、外からどのような助けを与えたらよいか、十分注意を払いながら手助けすることが大事です。

■完全な回復は可能

みなさんの中には、私が「回復」という言葉を使うことに疑問を感じている方もいらっしゃると思います。とくに、「完全な回復」という言葉に異議があるかもしれませんね。セラピストの中に、神経の病気に完全な回復はないと信じている人が多いことは私も知っています。何年か前、ニューヨークで内科医と精神科医と私の三人でラジオ番組に出演したことがあります。その中で、私が回復という言葉を使った時に、精神科医から「ウィークス先生、それは寛解（一時的に症状が軽くなったりなくなったりした状態）のことですよね。神経性の病気から回復するという言い方は私たちは決してしません！」と強く言われました。私はその女医さんに、これまでに数えきれないほどの神経症の患者さんが回復したのを見てきているので、その言葉を使うことにまったく躊躇するところはないと伝えました。

私が思うに、もし人が殺されるのを目の当たりにしたら、そのことを完全に忘れる可能性はないと言ってもおそらく間違いはないでしょう。神経性の病気は完全に治すことはできない、ただ症状を軽くすることができるだけだと一部のセラピストが言うのは、そのような意味合いがあってのことでしょう。そういう人たちは、記憶は必ず戻ってきて、一度神経症にかかったことのある人は、過去の体験のせいで神経が過敏になっているために、その記憶に対して過剰な反応をしてしまい、神経症が戻ってくると信じているのかもしれません。神経性の病気は完全に回復することはないと主張する人たちは、おそらくそのような意味で言っているのだと思います。また、神経症の完全な回復を否定するセラピストの中には、「精神的に弱い人は、いつまでたってもそれは変わらない」と思っている人もいるのかもしれません。これは私の推測にすぎませんが。

もちろん、一度神経症にかかった人の頭は、神経症の原因となったことやさまざまな症状を記憶していて、いつでも思い出すことができます。つらい記憶が戻ってくると、不安に満ちた自分の中の声が、いまこそ自分の出番だとばかりに、張り切って大声で叫びます。「全部戻ってきたぞ！　あれもこれも全部！　家族全員勢揃いだ！　みんな出てきた。さあ、どうする？　回復するわけがないんだ。そんなことわかり切っているだろう?」この「間違った声」はとても大きな力でその人を揺さぶります。でも、自分の力で勝ち取った「正しい声」が心の底にあれば、それが助けに来てくれます。「大丈夫。これは経験済みだ。ここから抜け出す方法はわかっている！」この声を聞けば、たとえぶり返しにショックを受け、一時的に精神が不安定になっていたとしても、どうすればいいか思い出し、また前に進むことができます。

私の言う「回復」とは、今言ったようなことを意味しています。つまり、ぶり返しや絶望、当惑が襲ってきた時に、その人を支え、それらを乗り切るのを助けてくれる正しい内なる声を持つことです。その声を持てることが完全な回復なのです。一度神経症にかかった人がつねに落ち着いた精神状態でいられるとか、ぶり返しは二度とやってこないとか、そういうことではありません。もちろん、不安定になったりぶり返しがやってくることはあることでしょう。人間なのですからそういうことがあって当然です。私の言う「回復」とは、ぶり返しが来た時（それは何年もあと、時には何十年もあとに突然やってくるかもしれません）、それを受け止めることができるようになっているということです。つまり、内なる声によってぶり返しをコントロールできるようになっている状態です。内なる声こそが本当の「精神安定剤」なのです。このような意味で私は「回復」という言葉を使っています。

ぶり返しを乗り切るたびに、内なる声は強くなります。そして、力強さを増したその声によって、さらに多くのぶり返しを乗り切っていけば、そのたびに自信がつき、自尊心が戻ってきます。このように、正しい内なる声を根付かせ、「心のガイド」の役目ができるまでに育てる過程において、ぶり返しはとても重要な役目を果たします。必要不可欠と言ってもいいでしょう。そのことがわかっていただけたでしょうか？

■知ることが幸せにつながる

一度も神経に大きな不調をきたすことなく人生を送れる人は幸運な人なのだと思います。でも、よく考えてみたらそうとも言い切れないかもしれませんね。神経症を経験すると、思いやり、感謝、同情といった、人間の幅とでも呼ぶべきものが広がり、人生を楽しむ力さえも強くなるからです。

もちろん、その人はつらい記憶として心に傷跡を抱えて生きなければいけません。確かに「知らないのが幸福なら、知ることは愚か（知らぬが仏）」という言葉にも一理あるでしょう。でも、正しい内なる声をしっかりと育てることができれば、知ることは決して愚かなことではなく、ありがたいことになるはずです。正しい内なる声を持っていなかったら、すべてを運に任せるしかありません。これはとてもリスクが大きいやり方です。また、なぜだかわからないが運よく「回復した」「治った」（本当の意味での、回復、治癒ではありません）、あるいは、外からの支えによって回復し、それに頼り続けているというような場合には、その人が得ることができるのはただ「無知による心の平安」だけです。本当の心の平安とは違います。単に一時的な静けさに過ぎません。幸運が続くかぎりは、もしかすると大丈夫かもしれません。でも、運は変化します。自分の人生、自分の命を運任せにするのは馬鹿げています。忘れないでください。今私たちが話しているのは、病気のことではないのです。まさしく、人間の人生、命そのものについて話しているのです。

私がこれまで、自分の仕事を通じてやろうとしてきたのは、患者さんに「正しい内なる声」を育てる方法を示すことだと言っていいと思います。私が提唱する四つの方法——正面から向き合う、受け入れる、浮かんで通り過ぎる、時間の経過に任せる——は、苦難に満ちた人生の一時期を乗り切るための一つの「正しい方法」です。この方法を使い、正しい内なる声を育てれば、きっと真の回復を手に入れることができるでしょう。

でも、この道は決して楽な道ではありません。障害物もたくさんあります。この道を選ばなければおそらく避けたであろう、ストレスの多い状況に自分を置かなければならないこともあるでしょう。ですから、つまずくこともしばしばあると思います。失敗することもあります。でも、私はいつも患者さんに次のようなことを知ってもらうようにしています。それは、心の平安はパニックの向こう側にある、失敗の向こう側にあるということです。こちら側では決して見つかりません。

ある時、カナダのトロントにある、神経症の治療を専門とするクリニックの所長さんが、私の著書の中からいくつかの文を使わせてもらいたいと言ってきました。文をボールペンの上に印刷し、患者さんに配りたいというのです。彼が選んだ文の一つは「回復はあなたが恐れる場所や体験の中にある」というものでした。まったくこの言葉通りだと思います。私はいつも患者さんに、恐怖を感じる場所や体験があるからといって、それらに回復の道の邪魔をさせてはいけないと話します。それらはむしろ救いをもたらすものです。なぜなら、そのような場所や体験に向き合い、受け入れ、その上を浮かんで通り過ぎ、時間の経過に任せることによってこそ、真の回復がもたらされるからです。

■薬の使用について

自分が恐れる場所にあえて行ってみる、あるいは恐れる体験をあえてしてみようとする人、あるいは何らかの事情でそうしなければならない人は、当然ながら、それを避けた場合よりも神経が過敏になります。そこで、薬を使うかどうかという問題が出てきます。

私も患者さんに一時的に薬を処方することがあります。でも、もちろん、その人に合わせて種類や分量を調整します。正しい内なる声を手に入れるには、頭がはっきりした状態で恐怖の対象を乗り越えるという体験が必要です。そうしなければ、「正面から向き合う、受け入れる、浮かんで通り過ぎる、時間が経つのに任せる」という方法が実際に効果を持つことを実感できないからです。常に薬を摂り続けていたのでは、そのことは決してわかりません。いつも私が言っているように、薬剤投与はとても慎重に行われるべきものです。必ず、その人に合ったやり方で行われなければなりません。

患者さんの中には、本当に厳しい状況を薬なしで乗り切ることができる人、あるいはそうしたいと希望する人もいます。でも、大部分の人は病気が一番ひどい時期には、薬に助けてもらいたいと思いますし、そうすることが必要だという場合も少なくありません。

神経症はとても大きな疲労をもたらします。肉体的、感情的、精神的な疲労だけではありません。魂の疲労というものもあります。それは、生きる気力を失わせます。このような段階に至った場合は、安定剤や睡眠薬を使って、ほんの数時間でも眠らせてあげると、状況が大きく変化することがあります。数時間の睡眠が気分を一新させてくれて、再び歩き出す勇気と力を与えてくれるのです。

私は、薬はこのような目的で使うのが一番いいと思っています。つまり、苦痛がほとんど耐えがたいものになった時、疲労をとり、苦痛を和らげるために使うというのがいい使い方だと思います。

今私が「ほとんど耐えがたい」という言葉を使ったのは、中にはとても大きな苦痛にも耐えられる人、実際にそれに耐え切る人がいるからです。でも、どの患者さんにもそのような強さを求めることは、絶対に避けなければいけません。耐え切れないような苦しみに耐えることはだれにも求めてはいけないのです。うまく薬を使って乗り切ることも一つの方法です。ただし、よく注意してください。私がいつも言っているように、薬は一時的に使うものであって、長期間にわたって使うものではありません。また、繰り返しになりますが、必ずその人に合った使い方をしなければいけません。

■最後に

最後に一つ提案をして、私の話を終わりにしたいと思います。

まず神経症の治療にたずさわっている医師やセラピスト、家族のみなさんへの提案です。どうか、患者さんの内なる声がどんなことを言っているか、注意深く耳を傾けてみてください。私たち医師が患者さんを「治した」と思っても、先程からお話ししている「正しい内なる声」を患者さんが手に入れていなければ、たとえどんな方法を使ったとしても、患者さんを治したことにはなりません。どうか、患者さんがこの声を手に入れる手助けをしてあげてください。

次は患者さんへの提案です。神経症に苦しんでいる方は、ぜひ自分の内なる声が何と言っているか耳を傾けて聞いてみてください。自分に正直に、ありのままの声を聞き、受け止めてください。もしそれが、「大丈夫。あなたにはできる」という声だったら、安心してください。本当に大丈夫です。でも、そうでなかったら、「正面から向き合う、受け入れる、浮かんで通り過ぎる、時間が経つのに任せる」という方法を実践して、新しい声を見つけてください。そして、次のことをいつも思い出してください――恐怖と共に歩み、生きていくことを学んだら、いつかきっと恐怖を持つことなく歩み、生きていけるようになります。

この章は、一九八三年五月七日、ニューヨークのホワイト・プレインズ病院医療センターでPhobia Society of AmericaとPhobia Clinicの主催で開かれた、『第四回全米恐怖症会議』において、ゲストスピーカーとしてウィークス医師が行ったスピーチをもとに書かれたものです。

監修者あとがき

不安と向き合うため、この本を手に取られたあなたはとても努力家に違いありません。なぜなら、本を読んでアドバイスを試そうと思うことはとても大きなエネルギーがいるからです。きっとあなたはこの本に辿り着くまでにもいろいろな方法を試されたことでしょう。本当にここまでよくがんばってこられました。

でももう、がんばって無理に自分を変えるのは終わりです。ウィークス先生が今、「新しい人生を摑むチャンス」を差し出してくれました。先生は「不安」と向き合う方法を優しく、温かく、根気強く語りかけてくれます。不安に捉われていた人がこの本を読むと「私の心と身体はおかしいわけじゃない！　自律神経の興奮のせいでひどい症状が出ていただけ。治すことができる！」とホッと安心されることでしょう。

先生に習って「がんばらず戦わず、ふんわり浮かんで「不安」を通り過ぎて受け入れ、時の流れに委ねる方法」を学ぶことで、あなたの人生は大きく変わることでしょう。

ただこの方法、最初はかえって不安を感じる人もいるかもしれません。なぜなら、がんばったり戦ったりしないことは、がんばり屋な人ほど難しいことだからです。努力している時、私たちは「よくやっている」と自分を肯定しやすいものです。でも、ラクをしている時は、怠けているように感じ、自分を責めてしまいやすいのです。

実は、この「責める心」が苦しみや不安を生まれやすくします。「責める心」は、「責める自分」と

「ダメな自分」を生み出し、二人の間で戦いを引き起こすのです。しかも、どんなにがんばっても良くならない時ほど、「責める自分」は大きくなり、「私がダメだから……」と自分を傷つけてしまいます。こんな風に、心の中で自分同士が戦い続けていたら、不安や苦しみでいっぱいになり、平安な気持ちになれないのは当然です。だから、がんばればがんばるほど、不安は大きくなり、回復しなかったのです。

ですからもう、自分を責めるのはやめましょう。がんばることや戦うこともやめましょう。そして、**「責める自分」をも責めない**でください。「責める自分」は、「その時、一番いいと思うこと」を一生懸命やってきた**努力家でがんばり屋な自分**です。そして、「ダメな自分」もまた、何もできず動けない時ですら、「なんとかしたい」と必死にもがき、人知れず涙していたはずなのです。だから、**今までのすべての自分**に、

「これまで本当に一生懸命よくがんばってきたね」

と声をかけ、しっかり**ねぎらってあげて**ください。「新しい良き自分」になるために、「今までの自分」を変えたり、無くしたりする必要はありません。それより、あなたの心の中にウィークス先生のような温かい味方を育ててあげて下さい。

方法は簡単です。もし本の中であなたの心に響く言葉があれば、ぜひ拾い出してみてください。

「大丈夫、安心して下さい。これ以上悪くはなりません。きっと回復します……」

最初は、こうした言葉に実感がわかず、信じられないこともあるかもしれません。それでも大丈夫です。ただ**呪文のように言い続けて**みてください。すると、**時が経つと自然に言葉は真実となる**のです。

それでも、どうしても嫌な感覚、感情、記憶がわいてきて止まらないこともあるでしょう。そうした時、あなたの心の中には「ホラー番組ばかり映すテレビ」があるようなものです。しかも、このテレビは自分でスイッチを入れなくても、何かの拍子にスイッチが入ってしまうばかりか、楽しい番組に切り替えてもすぐまた「ホラー番組」に切り替ってしまいます。だから、ホラー番組のスイッチが入ったら、**何度でも繰り返しスイッチオフ**にしてください。そして、花や動物、音楽やお笑い、クイズやゲームといった穏やかで楽しいものに目を向けてみましょう。

そして、ウィークス先生の勧める「浮かんで通り過ぎる」を試してみて下さい。本書で紹介された方法以外にも、自分なりに想像しやすいイメージを作るのもいいと思います。たとえば、「アニメのアルプスの少女ハイジが雲の上に寝そべりながら、街を見下ろしている姿」とか、「羽の生えた天使になって、ふわふわ飛んでいるつもり」とか……。

座禅を組んで瞑想するのもいいでしょう。座禅を組む時にはこんな風に指導されます。「様々な感情や思考がわいてきても、そこに注意を向けないでください。感情や思考は、浮かんでは消える「炭酸の泡」だと思って、ただボーっと眺めていて下さい」

そんな感じで、嫌なことがしゅわしゅわっと、泡のようにはじけて浮かんでいくのを想像するのもいいでしょう。

嫌なことはじっくり注視すればするほど、心の中いっぱいに広がり、一日の大半が嫌なことで埋め尽くされてしまいます。

たとえば、山や海や川をボーっと眺めていると、とても美しくて、心が和み、癒されますね。でも、しっかり目を凝らして細部まで景色を見つめると、枯葉、藻屑、捨てられたゴミなどが目につき、

「ああ汚い」とげんなりした気分になってしまいます。日々の嫌なことも同じです。だから、細かい部分に焦点を合わせず、浮かんでいるようにボーっと見るといいのです。

それでも、なかなか消えてくれない嫌なことには「大切な意味」があります。それは、「前にこんな大変なことがあったから、気をつけて！」という心と身体からの危険信号のサインだったり、「あの時すごく辛かったのに、十分慰めてもらえなかった」という悲しみだったり、「大切なことだから辛くても忘れたくない」という想いだったり……。

今はわからなくても、心と身体が落ち着いた時にはいつか「ああ、私の心と身体が全力でサインを送っていただけだ」と思う日がきます。だから、無理に無くそうとしたり、目を逸らしたりせず、やさしく声をかけてあげましょう。

「嫌なことは好きになれないし、理解も出来ないけど、なにか大切な意味があるんだ。でも、ずっと見ているのは辛いから、飛んでいって……」

そんな言葉の翼をつけて手放し、空に飛ばしてあげましょう。そして、少しでも癒される言葉を呪文のようにつぶやき続けてみましょう。

たとえすぐに効果が出ず、安心できなくても大丈夫です。それでもめげず諦めず、ただただ**ルーチン（定番の習慣）を続けるように**コツコツ続けてみましょう。それが**最大のコツ＝時に任せる**です。

するといつしか、辛い時には自然にウィークス先生の言葉が心に浮かぶようになります。そうなった時こそ、あなたの心の中に先生のような存在が芽生え始めた瞬間です。この**心の中の優しく強い主治医**がどんどん大きくなれば、この先のあなたの人生、ずっとそばにぴったりと寄り添い、最高の味方となってどんな時もサポートしてくれます。そうなればもう、何が起こっても安心していられます。

人生で一番大切で重要なことは、「自分自身が世界で一番の自分の応援者になること。そして、**自分自身を幸せにすること」**ではないかと私は思います。

幸せな人が一人いると、周りの人は自然に幸せになります。なぜなら、幸せのオーラは波のように周りに伝わるからです。だから、あなたが自分を幸せにすれば、他には何もしなくても、自然に周りのたくさんの人々をも幸せにすることになります。それは、学校に行ったり仕事をしたりすごい業績を挙げたり家事をしたり子供の世話をしたりする以上に、「価値のある素晴らしい仕事、生き方」です。

たくさんの苦しみを経験したあなたならばきっと、一輪の優しい花や柔らかな春の太陽のように、ただ存在するだけで静かに温かく幸せの光で周りを照らす人になれることでしょう。

だからまず、「あなた自身を幸せにする仕事」から始めてみて下さい。

森津純子

【編集部より】

本書は、クレア・ウィークス医師のベストセラー"Self Help for Your Nerves"(邦訳は『不安のメカニズム——心の病から脱出するために』高木信久訳　講談社ブルーバックス　一九七四年)とその続編"More Help for Your Nerves"を一冊にまとめたものの全訳です。この本が、不安により引き起こされるさまざまな症状で苦しむ方々の回復に役立つことを心より願っています。

クレア・ウィークス
(1903—1990)
オーストラリアの医師。開業医としてまた顧問医として、40年にわたって患者の「心の不安」と向き合ってきた。不安や神経症、パニック障害についての彼女の著書は長く読み継がれ、死後も版を重ねている。

白根美保子
翻訳家。訳書に『家族を亡くしたあなたに──死別の悲しみを癒すアドバイスブック』(ちくま文庫)、『改訂版 金持ち父さん　貧乏父さん』(筑摩書房)ほか多数。

森津純子
ホスピス医、心療内科医。現在はカウンセリングルーム「ひまわりの部屋」を主宰。著書に『こころに天使を育てる本』(筑摩書房)、『「がん」になったら真っ先に読む本』(ベスト新書)ほか。

Complete Self Help for Your Nerves
Dr. Claire Weekes

First published in English in Sydney, Australia
by Angus & Robertson Publishers in 1962.
This edition published in 2008
by HarperCollins Publishers Australia Pty Limited.
This Japanese language edition is published
by arrangement with HarperCollins Publishers Australia Pty Limited
through the English Agency (Japan) Ltd.

完全版《かんぜんばん》 不安《ふあん》のメカニズム

ストレス・不安《ふあん》・恐怖《きょうふ》を克服《こくふく》し
人生《じんせい》を取《と》り戻《もど》すためのセルフヘルプガイド

2016年12月10日　初版第1刷発行
2024年 4 月10日　初版第7刷発行

著　　者　クレア・ウィークス

訳　　者　白根美保子（しらね・みほこ）

監 修 者　森津純子（もりつ・じゅんこ）

発 行 者　喜入冬子

発 行 所　株式会社　筑摩書房
東京都台東区蔵前2-5-3　〒111-8755
電話番号　03-5687-2601（代表）

装　　幀　井上則人（井上則人デザイン事務所）

印刷・製本　中央精版印刷株式会社

ISBN978-4-480-84310-4 C0011

◉筑摩書房の本◉